高级汉语读本
Advanced Modern Chinese

Advanced Modern Chinese: Learning through Contemporary Film aims to develop advanced-level Chinese students' language skills through movies and broaden their knowledge about China, while also developing their appreciation of the artistic characteristics of film.

This textbook is based on the principles of content-based instruction and ACTFL Foreign Language Proficiency Guidelines for the "advanced" level. The authors carefully selected ten movies, of which eight were released after 2015, by filmmakers from mainland China, Hong Kong, Taiwan and the United States. Rich themes are covered in this book and placed in ascending order from easy to difficult. The authors provide an informative movie critique in each lesson, followed by exercises on new words and grammar, pre-class preparation questions, in-depth classroom discussion points and after-class exercises on reading and writing. The authors also provide commentary on film cinematography covering topics such as film type, lens type, sound, editing and light in order to allow students to explore and analyze the artistic characteristics of film more systematically.

This textbook is specially designed for advanced-level Chinese students to learn Chinese through movies.

Yujia Ye is an assistant instructional professor in the department of East Asian Languages and Civilizations at the University of Chicago, USA.

Shu Zhang is an instructor in the department of Asian and Middle Eastern Studies at Duke University, USA. She has co-authored *Test Syllabus Interpretation for International Chinese Language Teacher Certificate*.

"The textbook incorporates the most recent Chinese films (after the 2010s) into the advanced Chinese language teaching and learning, which is innovative and informative. The textbook answers the call of involving more culturally and socially embedded topics into the day-to-day Chinese language teaching and learning practice."

Dr. Shasha Wang, School of Arts, Culture and Language, Bangor University, Wales, UK

高级汉语读本
当代中国电影赏析

Advanced Modern Chinese
Learning through Contemporary Film

Yujia Ye and Shu Zhang
叶雨佳　张舒

Routledge
Taylor & Francis Group

LONDON AND NEW YORK

Cover image: Yura Gridnev via Getty Images

First published 2023
by Routledge
4 Park Square, Milton Park, Abingdon, Oxon OX14 4RN

and by Routledge
605 Third Avenue, New York, NY 10158

Routledge is an imprint of the Taylor & Francis Group, an informa business

© 2023 Yujia Ye and Shu Zhang

British Library Cataloguing-in-Publication Data
A catalogue record for this book is available from the British Library

Library of Congress Cataloging-in-Publication Data
Names: Ye, Yujia, author. | Zhang, Shu (Chinese language instructor), author.
Title: Advanced modern Chinese : learning through contemporary film = 高级汉语读本：当代中国电影赏析 / Yujia Ye 叶雨佳, Shu Zhang 张舒.
Description: Abingdon, Oxon ; New York, NY : Routledge, 2023. | Identifiers: LCCN 2022021956 (print) | LCCN 2022021957 (ebook) | ISBN 9781032232300 (hardback) | ISBN 9781032232294 (paperback) | ISBN 9781003276340 (ebook)
Subjects: LCSH: Chinese language—Study and teaching—English speakers—Audio-visual aids. | Chinese language—Textbooks for foreign speakers—English. | Motion pictures in education. | LCGFT: Textbooks.
Classification: LCC PL1129.E5 Y43 2023 (print) | LCC PL1129.E5 (ebook) | DDC 495.182/421—dc23/eng/20220716
LC record available at https://lccn.loc.gov/2022021956
LC ebook record available at https://lccn.loc.gov/2022021957

ISBN: 978-1-032-23230-0 (hbk)
ISBN: 978-1-032-23229-4 (pbk)
ISBN: 978-1-003-27634-0 (ebk)

DOI: 10.4324/9781003276340

Typeset in Times New Roman
by Apex CoVantage, LLC

目录 Contents

前言

一、编写背景

电影作为包含丰富语言和文化信息的媒介，一直是语言教学不可缺少的一部分。电影在中文教学中的应用，不仅可以增加趣味性，而且对于提高学生的语言表达能力、进一步了解中国文化具有不可忽视的作用。目前，开设电影课程的学校越来越多，对电影课程表达浓厚兴趣的学生更是不在少数，然而电影教学的灵活性却给教师带来了挑战。优秀的教材始终是开展教学活动和实现教学目标的重要前提和保证。经典的电影教材如《中国侧影》是在1997年出版的，没有囊括现阶段比较优秀的电影。最新出版的《影像中国》虽关注2000年之后的电影作品，主题集中于反映当代中国社会现实，但是此教材并非完全针对高年级。因此我们推出了这本教材，包含了动画和科幻在内的更多主题，同时参考ACTFL的理论框架编写课文及课后习题，特别针对高年级教学提供了多样化的视角，力求为电影课堂提供时效性、系统性的帮助，也力求编写一本教师友好型的书籍，因此在课本中加入了丰富的课堂活动及讨论话题。

二、编写理念与特色

(1) 面向高年级汉语学习者

本教材是专门为高年级汉语学习者设计的教材，适合北美大学四、五年级中文教学，亦适合高中高年级中文教学，同时也能满足各种短期中文项目高年级的教学需求。在课文语言难度，词汇和语法的选择上都经过了严格的筛选。我们根据ACTFL的Proficiency guidelines制定学习目标和学习内容，学完整本书后，期待学生能达到"高级高等"(Advanced High)的语言水平。在编排上我们也坚持"多次重现"的原则，加强学生的学习效果。此外，我们在课后的习题设计上特别注重开放性，利用扩展性阅读，发散性写作任务，调查研究等活动来满足高年级学生的需求。

(2) 使用ACTFL理论框架编写教材

我们按照 ACTFL 的 5C (Communication, Cultures, Connections, Comparisons, and Communities) 框架和三种交流沟通模式 (Interpretive Communication 理解诠释模式，Interpersonal Communication交流沟通模式，Presentational Communication 表达演示模式) 来设计编写课后习题，以确保教材能有效地提高学生的语言能力。其中，理解诠释模式体现在电影初探和阅读延伸板块，通过电影情节正误判断、电影片段分析、相关话题阅读等着重考察学生对电影的理解和对相关话题的分析能力；交流沟通模式体现在讨论交流和表达演示板块中一些小组活动来锻炼学生的交流沟通能力；表达演示模式体现在表达演示板块，通过写作、口头报告等活动来锻炼学生的语言表达能力。

(3) 主题丰富，展现时代焦点

本教材共包括 10 部电影，其中8部都是 2015 年以后的电影。话题涵盖面广，包括中西家庭观念对比、青少年文化及校园生活、浪漫爱情故事、亲子教育、底层人民生活现状，以及对科幻和动画领域的探讨。丰富的题材使得学生能沉浸到这些真实的语言和文化中，激励他们去研究社会不同层面的知识。各单元话题的排序遵循由易到难、由个人到社会、由具体到抽象的层层递进的原则。

(4) 语言和文化相融合

在语言学习中培养学生的文化共情能力是电影课的教学目标之一。本教材注重电影课的这一特色，在设计上采用了语言和文化相融合的编写理念。每篇课文后不仅有生词和语法的基础练习，还包括电影片段深入分析。我们在每部电影中选出两到三个经典的电影片段，让学生分析原汁原味的台词，品味电影中的感情起伏，分析电影的艺术表现手法。另外，我们在课后习题中也专门增加了文化小课堂的版块，选取电影中典型的反映中国文化的片段，主要通过问题及讨论的方式让学生思考和对比文化点，不仅锻炼学生对文化点的探索和理解，也希望通过问答及讨论的形式锻炼学生的沟通交际能力，从而巩固学生对中国文化的认识及理解。

(5) 教师友好型的编写理念

本教材遵循教师友好型的编写理念，我们希望给予教师最大的支持，最大程度节省教师的备课时间。每部电影都有相应的课文，生词表，句子结构及成语解释，另外我们也给每课设计了丰富的讨论点，不仅包括课前预习问题，也包括课上深度讨论的话题。这些话题给教师提供了丰富的课堂教学思路和内容，大大减轻了教师的备课工作。此外，每篇课文的最后我们都附上了丰富的活动、写作和阅读练习，教师可根据课程的课时安排及课堂进度有选择地进行教学，增加内容的多样性。

(6) 探究电影艺术

电影作为一门艺术，对我们生活产生着不可替代的影响。通过学习本教材，我们不仅希望学生可以提高中文水平、了解中国文化、探讨不同社会话题，同时希望给师生提供一个视角，从专业的角度来探讨电影的艺术性，提高电影艺术鉴赏力。根据每部电影的不同特征，我们提供了电影类型、镜头、声音、剪辑、光线等不同的分析角度，可以更系统地探究与分析电影的艺术特征。

三、教材使用说明

本教材共十课，共讨论十部电影。每课的内容由课文导读，课文正文，生词和句型，问题讨论，课后习题及课堂活动版块组成。在此，我们分课前、课中、课后三个环节来展开，给大家提供教材的使用建议，另外我们也讲述了电影术语表的使用方式。

(1) 课前

布置学生观看电影，思考课文后的预习问题。教师可根据个人的教学进度安排学生阅读课文和预习生词、语法。课后的生词表包括核心词汇和补充词汇，生词解释部分我们还加上了常用搭配，让学生对生词有更深入的了解。另外，我们也给文中出现的较常见的成语和俗语单独做了释义及用法讲解，便于高年级学生提高对成语和俗语的应用能力。每篇课文电影初探版块的问题是专门给学生设计的预习任务。在看电影的同时，学生可以思考并完成这个版块的预习问题，做到观看与思考相结合，更有效地为课堂学习做准备。

(2) 课中

教师可先与学生讨论预习问题，以及课文导读部分的内容，以此展开对课文正文的讲解。把重点生词和语法的讲练融合在电影主题的讨论中。教材中讨论环节里的问题可用于课堂中的深入讨论，并且可以跟活动版块的内容相结合，在课堂上展开不同形式的活动，比如配音，表演，辩论等等。文化小课堂版块专门针对电影中所体现的语言交际、社会习俗、风土人情等文化元素而编写，教师可以使用此版块来设计教学活动，使学生注意到这些文化细节，引导学生进行对比和深入研究。

(3) 课后

课后习题主要考察学生对生词、语法的掌握，对课文和电影的理解，以及阅读、写作的能力。除了基本的词汇和语法结构的练习以外，课后习题中也包涵研究型、创作型和思辨型的写作专题，以此训练高年级学生进行专题研究及创作型写作的能力，培养学生的创造性思维和论辩性思维，加强表达的清晰性和逻辑性。

(4) 电影术语表的使用

为满足高年级汉语学习者对电影研究及分析的需要，我们特地在本书的附录中为师生提供了一份电影术语词汇表。这份词汇表包含了常见的电影艺术手法，包括镜头、声音、剪辑方式、影片类型等等，可供教师及学生在电影讨论时使用。每部电影可讨论的艺术手法及角度不同，在每课的教学目标中，我们都清楚标明了每部电影可讨论的艺术手法，并且在课后练习题中设计了相关的练习。教师可以根据教学目标引导研究与讨论。我们希望此电影术语表能给学生提供分析与研究的角度，更系统、更专业地分析、讨论电影。

在时间安排上，这部教材的每一部电影（每篇课文）建议老师用5–6个课时的时间完成（一课时60分钟），从介绍电影（课文的导读部分），介绍课文正文，到组织课堂活动及讨论，老师可灵活地根据自己的教学目标以及学生的程度安排上课。这十部电影的题材不一，内容多样，里面的生词和语法都是由易到难过渡，因此建议老师按照电影原有的顺序进行上课，保证学生由浅入深地学习和掌握内容。

叶雨佳 张舒

2021 年12 月

Preface

Writing Background

As a medium containing rich information about language and culture, film has always been an indispensable part of language teaching. Using films in language classrooms not only makes the class more interesting but can also improve students' language skills and their understanding of Chinese society and culture. At present, more and more colleges and universities are offering film courses, and an increasing number of students express their strong interest in film courses. However, the flexibility of film teaching has brought challenges to teachers. A good textbook is an important prerequisite and guide to carry out teaching activities and achieve teaching objectives. The classic textbook *Readings in Contemporary Chinese Cinema*, published in 1997, does not cover recent films. The most recent book, *Lens on China*, covers films released after 2000 and includes texts mainly reflecting the social reality of contemporary China. Yet it is not solely designed for advanced-level language teaching. Therefore, we launched this new textbook. We refer to ACTFL's 5C framework and ACTFL Can-Do Statements throughout the book to make sure that the content is most effective in improving student language abilities. It covers more film genres, including animation and science fiction, and provides diversified perspectives specifically for advanced language teaching, with the purpose of offering timely and systematic assistance for film courses.

Key Features of the Book

• *Specifically Targets Advanced Chinese Learners*

This textbook is specially designed for advanced Chinese learners. It is suitable for fourth- and fifth-year Chinese Mandarin courses in North American universities, as well as for advanced high school Chinese classes. Meanwhile, the textbook can also meet the teaching needs of advanced language courses in various short-term Chinese programs. The language difficulty of the text and the choice of vocabulary and grammar have been strictly screened and are based on the learning goals set by the ACTFL's Proficiency guidelines for advanced language learners. After studying the entire book, students are expected to reach the language level of "Advanced High." During the writing process, we also adhered to the principle of recurring words and sentence structures throughout the textbook to strengthen student learning. In addition, we focused on designing various open-ended exercises, covering extended reading, different writing tasks and activities to meet the needs of advanced language students.

• *Uses ACTFL's Theoretical Framework to Design the Book*

We designed the after-class exercises according to ACTFL's 5C framework (Communication, Cultures, Connections, Comparisons and Communities) and the three communication modes (Interpretive Communication, Interpersonal Communication and Presentational Communication) to ensure that the teaching materials can effectively improve students' language skills. The interpretive mode is reflected mainly in two parts: film exercise and reading comprehension, which focus on examining a student's ability to understand the plot of the movie, analyze short movie clips and comprehend the supplementary reading related to the movie. The interpersonal mode is reflected in the group discussion, which emphasizes a student's communication skills. The presentational mode is reflected in the presentation and writing sections. Expression skills are exercised through activities such as writing and doing oral reports.

• *Rich Themes Showcasing Topics of the Current Age*

This textbook includes a total of ten films, of which eight are films released after 2015. Films with different themes are covered in the book, such as the comparison of Chinese and Western family values, youth culture and campus life, romantic love stories, parent-child education, migrant people and their living situations, space travel in fiction and so on. These rich themes enable students to immerse themselves in these authentic languages and cultures, inspiring them to learn about different aspects of Chinese society. The ordering of the topics of each unit follows the principle of transitioning from easy to difficult, from individual to society and from concrete to abstract subject matter.

• *Integrates Language and Culture*

This textbook pays attention to this feature and aims to integrate language and culture in the design. Each text is followed by not only basic exercises on new words and grammar but also in-depth analysis of movie clips. We select two to three classic movie clips in each movie and let students analyze the original lines, taste the emotional ups and downs in the movie and analyze the artistic expression of the movie. In addition, we have specially added a section titled "Cultural Elements" to consolidate students' knowledge and understanding of the culture. We select typical clips or scenes in the film that reflect Chinese culture and include questions and discussion for students to think about the cultural elements. This not only practices students' understanding of culture but also enhances student communication skills through participating in group discussions.

• *Teacher-Friendly*

We strove to compile a teacher-friendly textbook and hoped to give teachers the greatest support in the film class by saving lesson preparation time to the greatest extent. For each chapter, we provided a wealth of discussion points, including not only pre-class preparation questions but also in-depth questions for teachers to conduct in-class discussion. These topics provide teachers with a wealth of ideas for classroom teaching, which greatly reduces the teacher's lesson preparation work. We also have reading and writing sections at the end of each text and have designed rich classroom activities to assist teachers in guiding student learning. Teachers can select the materials to use according to the class schedule and the progress of the course so as to increase the efficiency and richness of the classroom.

• *Explores the Cinematic Techniques of Films*

Film, as an art, has an irreplaceable impact on our lives. By writing this textbook, we not only hope that students can improve their Chinese skills, understand Chinese culture and discuss different social topics but also hope that they can discuss the artistic characteristics of films from a relatively professional perspective. For each film, we provided various critical film analysis such as film type, lens, sound, editing, light and so on so that students can explore and analyze the artistic characteristics of films more systematically.

Users' Guide

This textbook includes ten chapters. A total of ten movies are discussed. The content of each chapter is composed of six sections: text guide, the main text, vocabulary and grammar, discussion, after-class exercises and activities. Here, we provide suggestions for the use of the teaching materials according to the following three stages: before class, during class and after class.

- **Before Class**

Teachers assign the task for students: watching the movie and thinking about the preview questions. Teachers can arrange students to read texts and preview new words and grammar according to their own teaching process. The vocabulary list after the main text includes both core vocabulary and supplementary vocabulary, with the commonly used collocations for the words added in this section. In this way, students get to know the common usages of the new words. In addition, we also add a section to explain the usage of the common idioms and colloquialisms that appear in the text so that advanced learners can gain a deeper understanding of these structures. The questions in the section "Film Exercise" are preparatory tasks specially designed for students. While watching the movie, students can think and complete the preview questions in this section so that they can prepare for classroom learning more effectively.

- **During Class**

Teachers can discuss the preview questions and the introduction part of the text with students before moving on to the main text. Key words and grammar could be integrated into the discussion of the main text. The questions in the discussion section can also be used for in-depth discussion in the classroom. They can also be integrated into the activities in the activity section so that teachers can carry out different forms of activities in the classroom, such as dubbing, performance, debate and so on. The "Culture Elements" section is specially designed for teaching cultural elements embodied in the film, such as the use of language, social practices of the common people and customs of a certain place. Teachers can use this section to design teaching activities to call students' attention to these cultural details and guide students to do in-depth research. This not only enriches the classroom content but also enhances students' grasp of Chinese culture.

- **After Class**

After-class exercises mainly examine students' understanding of the text, their mastery of new words and grammar and their reading and writing skills. In addition to the basic vocabulary and grammatical structure exercises, the exercises also contain a variety of writing topics, including creative and speculative writing topics. Teachers could enhance students' ability to conduct theme-based research, as well as cultivate creative thinking and argumentative thinking skills.

• *Use of the Film Glossary Chart*

In order to meet the needs of advanced Chinese learners for film research and analysis, we specially provide common film terminology vocabulary for teachers and students in the appendix of this book. This glossary contains common vocabulary related to film art techniques, including shots, sounds, editing methods, film types and more. The artistic techniques that can be discussed in each film are different. In the teaching objectives of each lesson, we clearly indicate the artistic effects that can be discussed in each film. Teachers can guide research and discussion according to the teaching objectives. We hope that this film glossary chart can provide students with relevant words to think about, analyze and discuss films more systematically and professionally.

In terms of time arrangement, each movie in this textbook is recommended to be completed within five to six class hours (60 minutes per class). From introducing the movie, to the main text, to organizing classroom activities and discussions, teachers can flexibly arrange classes according to their own teaching goals, requirements and students' levels and abilities. The ten chapters included in this textbook cover different themes and contents, and the new words and grammars after each chapter are all compiled according to their difficulty level. Therefore, it is recommended that teachers follow the original sequence of the chapters to ensure that students learn and master the content gradually.

Acknowledgments

Writing this textbook has been a long journey to completion, and we have received much encouragement and help from our friends and colleagues. We would like to extend our gratitude and thanks to all those who helped us along the way. Many thanks to Professor Yan Liu, who offered us her professional advice and scholarly feedback about this textbook. We would also like to thank Professor Hsin-Hsin Liang and Yi-lu Kuo for proofreading and editing the traditional characters in this textbook and offering us a series of constructive suggestions. Many thanks to Matthew for helping proofread and edit the English in this textbook alongside his busy schedule. We would also like to give special thanks to Professor Zhuoyi Wang, Wei Tang, Xiao Liu and Zhongyao Li, who contributed the supplementary reading materials. Many thanks to Professor Fan Liu for providing encouraging feedback and kind support. We hope that this text will be well received and invite suggestions and feedback to improve this work.

Yujia Ye, Shu Zhang

Dec. 2021

电影专业术语表
Film Terms Glossary

narrative	叙事 xùshì
linearity	线性叙事 xiànxìng xùshì
temporal order	时间顺序 shíjiān shùnxù
parallelism	平行对照叙事píngxíngduìzhào xùshì
cause and effect	因果关系 yīnguǒ guānxi
plot	情节 qíngjié，剧情 jùqíng
openings, closings and patterns of development	开场、结尾和剧情发展/故事走向
scene	场景chǎngjǐng

shot	镜头 jìngtóu
shoot	拍摄 pāishè
framing	取景qǔjǐng
long shot	全景镜头 quánjǐng jìngtóu （可以完整地看到人物全身和部分背景画面）
medium shot	中景镜头zhōngjǐng jìngtóu
close-up	特写 tèxiě
angle	角度 jiǎodù 取景角度包括水平视角（straight-on angle）， 俯角fǔjiǎo（high angle），仰角yǎngjiǎo（low angle）
long take	长镜头 cháng jìngtóu （在连接下个镜头前，延续一段特别时长的某景物的镜头）
following shot	跟拍 gēnpāi
hand-held camera	手持摄像机 shǒuchí shèxiàngjī
slow-motion	慢动作màndòngzuò
fast-motion	快动作 kuàidòngzuò

special effect	特效 tèxiào
mise-en-scene	场面调度 chǎng miàn diào dù （放在镜头前准备被拍摄的所有元素：布景setting， 道具prop，灯光lighting，服装costume，人物动作 movement，表演 acting，化妆makeup等等）

editing	剪辑 jiǎnjí
continuity editing	连续性剪辑 liánxùxìng jiǎnjí
discontinuity editing	非连续性剪辑fēi liánxùxìng jiǎnjí
crosscutting	交叉剪辑 jiāochā jiǎnjí （交替在两条或多条叙事线上的剪辑）
cut in	插入镜头 chārù jìngtóu
montage	蒙太奇 méngtàiqí
flashback	闪回 shǎnhuí （在故事顺序之外插入一、两个镜头）
flash-forward	闪进shǎnjìn （从现在移到未来，然后再回到现在）
eye-line match	视线顺接 shìxiàn shùnjiē
match on action	动作顺接dòngzuò shùnjiē

lighting	光线guāngxiàn
frontal lighting	正面光 zhèngmiànguāng
sidelight/crosslight	侧光cèguāng
backlighting	逆光nìguāng
underlighting	底光dǐguāng
three-point lighting	三点式布光法 sān diǎn shì bù guāng fǎ
exposure	曝光bàoguāng
lighting contrast	明暗对比míng àn duì bǐ

film sound	电影声音：电影中的声音有三种形式，人声（speech） 、音乐（music）、噪音（noise）。
sound effect	音效 yīnxiào
dialogue overlap	对话交叠 duì huà jiāo dié
rhythm	节奏 jiézòu
diegetic	剧情内声音
nondiegetic sound	非剧情内声音
dialogue	对白duìbái

(Continued)

(Continued)

subtitles	字幕 zìmù
dubbing	配音 pèiyīn
offscreen sound	画外音 huàwàiyīn
background music	背景音乐
loudness	音量 yīnliàng
pitch	音调 yīndiào
timbre	音色 yīnsè

film genres	电影类型 lèixíng
newsreel	新闻片 xīnwénpiàn
documentary	纪录片 jìlùpiàn
literary film	文艺片 wényìpiàn
musicals	歌舞片 gēwǔpiàn
comedy	喜剧片 xǐjùpiàn
tragedy	悲剧片 bēijùpiàn
drama	故事片 gùshipiàn
horror movie	恐怖片 kǒngbùpiàn
swordsman film	武侠片 wǔxiápiàn
detective film	侦探片 zhēntànpiàn
ethical film	伦理片 lúnlǐpiàn
romance film	爱情片 àiqíngpiàn
erotic film	色情片 sèqíngpiàn
western movies	西部片 xībùpiàn
serial	系列片 xìlièpiàn
trailer	预告片 yùgàopiàn
cartoon/animation	卡通片 kǎtōngpiàn，动画片 dònghuàpiàn

production	制作 zhìzuò
censor	审查 shěnchá
banned film	禁片 jìnpiàn
credits, credit titles	演员表 yǎnyuánbiǎo
screenplay	剧本 jùběn
post-credit scene, bonus scene, stinger	彩蛋 cǎidàn
film review, film criticism	电影评论 pínglùn，影评 yǐngpíng

第一单元
美国人镜头下的中国
China Through the Lens of Americans

第一课
《别告诉她》：一个谎言背后的故事
The Farewell: **The Story Behind a Lie**

学习目标：

1 通过学习本课文，掌握文中的词汇与句型。
2 锻炼叙述和分析能力，用生词和句型来叙述电影剧情。
3 培养跨文化敏感度，能够了解并描述电影中呈现的中美不同的家庭观念，思考中国人的交际方式等深层的文化因素。
4 能够围绕着跟课文主题相关的中美家庭观、跨地域家庭、华裔电影的发展等话题做正式的口头报告及写作。
5 了解电影的取景（framing），全景（long shot），中景（medium shot），特写镜头（close-up），长镜头（long take），光线对比（lighting contrast）等艺术手法。通过分析电影的具体例子来体会这些电影艺术手法传达的不同意义。

导读：

　　《别告诉她》是一部**广受好评**的**温情**电影，导演王子逸（Wáng Zǐyì）[1]把自己的**亲身经历**搬上了大**银幕**并感动了无数人。这部**全亚裔阵容**的电影起初并不被**制片人**看好，但最终成了2019年电影界的一匹**黑马**。该片于 2019 年 7 月在美国**首映**，之后在多个国家引起广泛关注，**荣获**了包括美国独立精神奖（Independent Spirit Award），英国电影学院奖（British Academy Film Awards），美国电影学会奖（American Film Institute Awards）等在内的13个奖项和**提名**。电影的主角奥卡菲娜（Àokǎfēinà）[2]更是**凭借**该电影获得了2020年金球奖最佳女主角（Golden Globe Award for Best Actress），成为金球奖创立75年来首位亚裔**影后**。

---

1 王子逸（Wáng Zǐyì），英文名 Lulu Wang，美籍华裔导演、编剧、制片人，出生于北京，6 岁时随父母搬到佛罗里达州迈阿密。代表作品《身后事》(*Posthumous*)，《别告诉她》。
2 奥卡菲娜（Àokǎfēinà），原名林家珍（Nora Lum），艺名 Awkwafina，美籍中韩混血儿，是一名美国女演员及说唱歌手，代表作品电影《瞒天过海：美人计》(*Ocean's Eight*)，《摘金奇缘》(*Crazy Rich Asians*)，《别告诉她》，《尚气》(*Shang-Chi and the Legend of the Ten Rings*)。

DOI: 10.4324/9781003276340-2

正文：

一谈到美国人拍的中国电影，很多人就会想起**左宗棠鸡**（General Tso's Chicken)，这道**迎合**美国人口味的美式中餐，对很多中国人来说却是**不伦不类**。由于历史和现实的种种原因，亚裔在西方的银幕形象一直受到限制。为了**讨好**白人观众，"左宗棠鸡电影"中的亚裔角色要么缺乏**存在感**，要么**饱含**对亚洲人的**刻板印象**。例如1937年的电影《大地》（*The Good Earth*）[3]，这部讲述中国农民真实生活的电影，亚裔演员竟然完全**缺席**。进入21世纪，美国电影中的亚裔形象开始逐步改善，今天《别告诉她》的成功，可以说是华裔独立电影史的一个**里程碑**，它的意义远远**超越**了被美式价值观**包裹**的"左宗棠鸡电影"。

电影的**剧情**并不复杂：生活在纽约的华裔年轻人碧丽（Bili）得知奶奶被**诊断**为肺癌晚期，生命只剩最后三个月的时间，于是一家人达成**默契**，决定向奶奶**隐瞒**诊断结果，还**精心**设计了一个谎言——在奶奶的家乡长春举办一场婚礼，以这样的**名义**让所有人去中国见她最后一面，用一场婚礼而非**葬礼**来告别。整部电影是通过碧丽的**视角**来讲述的。碧丽很小就跟随父母移民到美国，但与奶奶**祖孙情深**。为了与**罹患**癌症的奶奶见最后一面，她**毅然**抛下美国的一切来到长春。这次长春之旅也成了碧丽自我发现、自我**拯救**的旅行，从不理解、陌生，到理解、**融合**，与奶奶告别后，她带着中国人的生活哲学回到美国重新面对自己的生活。

电影的主要矛盾是**围绕**着是否要告知奶奶病情这个关键问题而展开的。奶奶被诊断为肺癌晚期后，家中**长辈**甚至医生几乎都**毫不犹豫**地将病情隐瞒下来，只说是轻微**感染发炎**，希望她快乐地度过最后的时光。碧丽的妈妈说，"中国人认为杀死癌症病人的不是癌症，而是**恐惧**"。碧丽的姑姑也说，"为什么要告诉她呢，告诉她就破坏了她的美丽心情"。这与碧丽从小接受的西方价值观**相悖**：在美国，**剥夺**病人对自己病情的**知情权**是**违法**的。可是在中国，很多医生甚至会第一时间把重大病情通知家人，而不是病人。中国有句话叫"**家和万事兴**"，这句话体现了中国人重视**整体**的家庭观念。西方人强调个体，在家庭中强调每个家庭成员各自的自由和责任；而中国人强调的是整体，一个人的生命不仅仅是他自己的，也是**集体**的、家庭的。奶奶不仅是奶奶，而且是这个家庭的中心，奶奶罹患癌症的思想压力应该由大家替她**分担**，这样她可以怀着愉悦心情走完生命的最后一程。

电影中还体现了**长幼有序**的中国家庭观念。奶奶作为最年长者是家庭的中心，她带领全家给**去世**的爷爷**上坟**，孙子婚礼的大事小事她都要**亲自操**

---

3 *The Good Earth* 《大地》is an American film which tells the story of a Chinese farmer and, through this, the story of China in 1920s. This film was based on the 1931 novel of the same name by Pearl S. Buck. Buck won the Pulitzer and the Howells Medal in 1935 for this book; she was also the first American woman to win the Nobel Prize in literature.

办。大哥海滨（Hǎibīn）在家中的地位比较高，在饭桌上也最有**发言权**，听到弟弟说出自己是美国人的时候，大哥马上表明自己永远是中国人的**立场**。此外，电影中复杂的**亲属称谓**也体现了中国人长幼有序、**亲疏有别**的观念。电影从碧丽的视角展示了中国大家庭中分得**一清二楚**的亲属称谓，奶奶的妹妹，爸爸的哥哥，爸爸的堂妹，这些**亲戚**都有特定的称呼。这是因为在中国人的意识里，人不是一个独立的个体，而是各种家庭关系和社会关系的**总和**。家、国要想有秩序，必须把长幼秩序和亲疏关系**界定**得非常清楚。

这部电影不仅展示了中西方家庭观念的差异，也表现了中国人的死亡观。死亡一向是中国人日常谈话中的**禁忌**。一旦提及这个话题，大多数人会紧张地**转移**话题。在无法**回避**的情况下，为了表示对死者的尊重和对死的**忌讳**，也会用"走了""去了""没了"这些词来代替直接说"死"。中国的死亡观深受**儒家**文化的影响，孔子的一句**"未知生，焉知死"揭示**了中国人注重当下，回避死亡的生活态度。**现世**还没有活明白，又何能谈论死后的事情呢？

此外，电影也从侧面展现了中国越来越多的**跨地域**家庭的真实生活。近几十年来中国社会的发展**日新月异**，这不仅改善了人们的生活水平，也改变了中国传统的家庭模式。以前传统的**四世同堂**的大家庭模式逐渐被跨地域家庭取代，就像电影中展示的：大儿子一家定居日本，小儿子一家定居美国，碧丽的姑姑虽然生活在长春，但是早已计划着把孩子送去美国读书。**坚守**在**故土**的，只剩下奶奶这些老人。虽然中国人的家庭结构变了，可是家庭文化却依然**根深蒂固**，在**"百善孝为先"**的中国传统文化中，这些以碧丽为代表的跨地域家庭的孩子，应该如何面对不同地域文化的差异，如何面对距离和**陪伴**，死亡和告别？

生词：

导读

	简体	繁體	拼音	词性	英文翻译
1	谎言	謊言	huǎngyán	n.	lie
2	广受好评	廣受好評	guǎng shòu hǎo píng	phr.	be highly praised, very popular, sought-after
3	温情	溫情	wēnqíng	adj./n.	warm; tender feelings 温情的故事，温情电影
4	亲身经历	親身經歷	qīn shēn jīng lì	n./vp.	first-hand experience; experience personally
5	银幕	銀幕	yínmù	n.	screen (银幕一般指电影院的大screen; 如果是电脑的 screen 常说"屏幕" píngmù)

(Continued)

导读 (Continued)

	简体	繁體	拼音	词性	英文翻译
6	亚裔	亞裔	yàyì	n.	foreign citizen of Asian origin 亚裔美国人 Asian Americans ~裔：华裔 non-Chinese citizen of Chinese descent 华裔美国人 Chinese Americans 非裔美国人 African Americans
7	阵容	陣容	zhènróng	n.	cast, lineup 全亚裔阵容: all Asian cast
8	制片人	製片人	zhìpiànrén	n.	film producer
9	黑马	黑馬	hēimǎ	n.	Dark horse is a term used to describe a little-known person or thing that emerges to prominence, especially in a competition of some sort.
10	首映		shǒuyìng	n./v.	release; to premiere (first screening/showing of a movie) 电影首映
11	荣获	榮獲	rónghuò	v.	have the honor to win ... 荣获冠军、荣获……奖
12	提名		tímíng	v.	Nominate 获得……提名 be nominated for…
13	凭借	憑藉	píngjiè	v.	rely on
14	影后		yǐnghòu	n.	Best Actress award winners 后：queen 影帝 Best Actor award winners 帝：king

正文

	简体	繁體	拼音	词性	英文翻译
*	左宗棠鸡	左宗棠雞	Zuǒzōng tángjī	n.	General Tso's Chicken
15	迎合		yínghé	v.	cater to
16	不伦不类	不倫不類	bù lún bú lèi	idm.	neither fish nor fowl; nondescript
17	讨好	討好	tǎohǎo	v.	ingratiate oneself with 讨好 someone
18	存在感		cúnzàigǎn	n.	the sense of presence ~感：存在感/安全感/成就感
19	饱含	飽含	bǎohán	v.	be filled with
20	刻板印象		kè bǎn yìn xiàng	n.	stereotype 对 sb.的刻板印象
21	缺席		quēxí	v.	be absent

	简体	繁體	拼音	词性	英文翻译
22	里程碑		lǐchéngbēi	n.	milestone
23	超越		chāoyuè	v.	surpass
24	包裹		bāoguǒ	v./n.	wrap; package
25	剧情	劇情	jùqíng	n.	plot of a play/opera/film
26	诊断	診斷	zhěnduàn	v./n.	diagnose; diagnosis
27	肺癌晚期		fèi ái wǎnqī	np.	advanced lung cancer 早期癌症early stage cancer
28	默契		mòqì	n./adj.	a tacit understanding, a secret agreement; well-coordinated 达成默契；配合默契be well-coordinated
29	隐瞒	隱瞞	yǐnmán	v.	hold back, conceal (对/向sb.) 隐瞒sth.
30	精心		jīngxīn	adj.	meticulous 精心安排arrange carefully 精心照料take good care (of) 精心挑选select meticulously
31	名义	名義	míngyì	n.	In the name of ... 以……的名义
32	葬礼	葬禮	zànglǐ	n.	funeral
33	视角	視角	shìjiǎo	n.	perspective, angle of view 以sb.的视角
34	祖孙情深	祖孫情深	zǔ sūn qíng shēn	phr.	deep love between grandparents and grandchildren 母女情深，父子情深
35	罹患		líhuàn	v.	come down with ... , suffer from (an illness) "罹患"常常是比较严重，可能会死的病，例如：罹患癌症
36	毅然		yìrán	adv.	resolutely
37	拯救		zhěngjiù	v.	save, rescue
38	融合		rónghé	v.	integrate
39	围绕	圍繞	wéirào	v.	center on, encircle
40	长辈	長輩	zhǎngbèi	n.	elder member of the family, eldership
41	毫不犹豫	毫不猶豫	háo bù yóu yù	idm.	without the slightest hesitation
42	感染		gǎnrǎn	v./n.	infect; infection
43	发炎	發炎	fāyán	v.	get inflamed
44	恐惧	恐懼	kǒngjù	n./adj.	fear; frightened

(Continued)

正文 (Continued)

	简体	繁體	拼音	词性	英文翻译
45	相悖		xiāngbèi	v.	run counter to A与B相悖
46	剥夺	剝奪	bōduó	v.	deprive, divest 剥夺……的财产/自由/权利
47	知情权	知情權	zhīqíng quán	n.	right to know ~权：人权human rights 隐私权right to privacy
48	违法	違法	wéifǎ	v.	break the law
*	家和万事兴	家和萬事興	Jiā hé wàn shì xīng	phr.	common saying Harmony in the family leads to prosperity in all undertakings.
49	整体	整體	zhěngtǐ	n.	whole
50	集体	集體	jítǐ	n.	collective
51	分担	分擔	fēndān	v.	share 分担责任；分担风险；分担费用
52	长幼有序	長幼有序	zhǎng yòu yǒu xù	idm.	长幼 older and younger 长幼有序respect for seniority
53	去世		qùshì	v.	pass away
54	上坟	上墳	shàngfén	v.	pay homage at a grave
55	亲自	親自	qīnzì	adv.	attend to the matter personally
56	操办	操辦	cāobàn	v.	make arrangements
57	发言权	發言權	fāyánquán	n.	right to speak
58	立场	立場	lìchǎng	n.	standpoint
59	亲属称谓	親屬稱謂	qīn shǔ chēng wèi	np.	亲属 n. family, relatives 称谓/n. title; form of address 亲属称谓familial terms of address
60	亲疏有别	親疏有別	qīn shū yǒu bié	adj.	[of relatives or social connections] close or distant
61	一清二楚		yī qīng èr chǔ	idm.	as clear as daylight S+对sth./sb.一清二楚
62	亲戚	親戚	qīnqì	n.	relative
63	总和	總和	zǒnghé	n.	sum total
64	界定		jièdìng	v.	delimit
65	禁忌		jìnjì	n.	taboo
66	转移	轉移	zhuǎnyí	v.	shift, change 转移话题 转移注意力divert attention
67	回避	迴避	huíbì	v.	evade; dodge 回避问题 回避矛盾dodge contradictions

	简体	繁體	拼音	词性	英文翻译
68	忌讳	忌諱	jìhuì	v.	abstain from
69	儒家		rújiā	n.	the Confucian school
70	未知生，焉知死？		Wèi zhī shēng, yān zhǐ sǐ？	phr.	You do not even know about the living; how can you know about the dead?
71	揭示		jiēshì	v.	to reveal
72	现世	現世	xiànshì	n.	this world, the current life
73	跨地域		kuàdìyù	adj./v.	transregional; cross-region
74	日新月异	日新月異	rì xīn yuè yì	idm.	change rapidly
75	四世同堂		sì shì tóng táng	idm.	four generations under one roof
76	坚守	堅守	jiānshǒu	v.	stick to 坚守岗位 stick to one's post 坚守新年 keep the faith
77	故土		gùtǔ	n.	hometown
78	根深蒂固		gēn shēn dì gù	idm.	be deeply rooted
79	百善孝为先	百善孝為先	Bǎi shàn xiào wéi xiān	phr.	Filial piety is one of the virtues to be held above all else.
80	陪伴		péibàn	v./n.	accompany; company

语法结构 Grammar Patterns

1 S +广受…… be widely/highly + V./adj.
广受好评 be widely acclaimed; be highly praised
广受欢迎 very popular; be widely received
广受关注 attract widespread attention

例句：《别告诉她》是一部广受好评的电影。
The Farewell is a widely acclaimed movie.
这款产品在上市以后一直广受好评，销量很好。
This product has been widely acclaimed and sold well since it went public.
这部电影是根据一部广受欢迎的小说改编而来。
This movie is adapted from a very popular novel.

2 包括A在内（的B）A is included; B including A

例句：电影荣获了包括美国独立精神奖，英国电影学院奖，美国电影学会奖等在内的13个奖项和提名。

The film has won 13 awards and nominations, including the Independent Spirit Award, the British Academy Film Award, and the American Film Institute Award.

我们大家，包括我本人在内，都一直献身于教育事业。

All of us, including myself, have been dedicated to education.

包括新员工在内的所有工作人员，明天上午八点前必须到达会议中心。

All staff, including new employees, must arrive at the conference center by 8 am tomorrow.

3　迎合……cater to
迎合……的口味/需求/审美/时尚……

例句：左宗棠鸡是一道迎合美国人口味的美式中餐。

General Tso's Chicken is an American Chinese food that caters to American tastes.

为了迎合观众的口味，现今的电影电视节目变得越来越商业化。

In order to cater to the tastes of the audience, today's film and television programs have become primarily a commercial enterprise.

"顾客就是上帝"指的是我们应该迎合顾客的所有需求。

"Customer is God" means that we should cater to all the needs of customers.

4　以……的名义 in the name of...

例句：全家人以婚礼的名义齐聚长春，其实是为了见奶奶最后一面。

The whole family gathered in Changchun in the name of a wedding, in fact, to meet grandma for the last time.

很多父母把自己的梦想强加到孩子身上，其实是以爱的名义捆绑孩子。

Many parents impose their dreams on their children; it is actually robbing their children's future in the name of love.

名义上……in name only; nominal

例句：他名义上掌管这家公司，其实并没有权力。

He was the CEO in name only, but actually he had no power.

5　通过/以……的视角来（介绍/描述/观察）……
(to introduce/describe/see) from one's perspective

例句：整部电影是通过美国华裔年轻人碧丽的视角来讲述的。

The whole movie is told through the perspective of Billi, a young Chinese American.

这位画家的画充满童心，好像是通过儿童的视角来介绍这个世界。

The painter's paintings are full of childlike innocence, as if to show you the world through a child's perspective.

她指 导学生如何通过哲学 的 视角来发现生活中的美。

She counseled students on how to discover the beauties in life through a philosophical perspective.

6　（电影/小说/故事）围绕（着）……（而）展开
S. centers on... ; S. revolves around...

例句：电影的主要矛盾是围绕着是否要告知奶奶病情这个关键问题而展开的。

The main conflict of the film revolves around the key issue of whether to inform the grandmother of her cancer diagnosis.

这个故事围绕着一对赌徒夫妇展开，他们前往澳门期望能扭转赌运。

The story centers on a couple of gamblers who head to Macau in an attempt to turn their fortunes around.

这部电影的剧情围绕着两个家庭的矛盾展开。

The plot of the movie centers on the conflict between the two families.

7　S.被诊断出/为……　be diagnosed as/with...

例句：碧丽得知奶奶被诊断为肺癌晚期，生命只剩最后三个月的时间。

Billi learned that her grandma was diagnosed with advanced lung cancer and will only live for three months.

今年春天父亲被诊断出心脏病，高昂的手术费用让原本困难的家庭雪上加霜。

Father was diagnosed with diabetes this spring, and the high cost of the operation made the poor family worse.

两年前他被诊断为抑郁症，经过药物治疗和精神治疗，如今病情已经好转了很多。

He was diagnosed with severe depression two years ago. After medication and psychological counseling, his condition has improved a lot.

8　与……相悖　run counter to; contradict

例句：隐瞒奶奶病情的做法与碧丽从小接受的西方价值观相悖。

Concealing the grandmother's illness is contrary to the Western values that Billi has accepted since she was a child.

我现在选择的职业道路和我当初的愿望相悖，但是我并不后悔。

The career path I chose now runs counter to my original wish, but I do not regret it.

一些传统的价值观与现在的价值观相悖，已经不适合这个时代了。

Some traditional values are contrary to the current values and are no longer suitable for this era.

9　**剥夺sb.的……权利 deprive sb. of his/her rights to...**
　　剥夺sb.的……财产/自由 deprive sb. of his/her property/personal liberty

例句：在美国，剥夺病人对病情的知情权是违法的。

In the United States, it is illegal to deprive patients of their right to know their condition.

文化大革命期间，很多人被剥夺了言论自由。

During the Cultural Revolution in China, many people were deprived of their right to freedom of expression.

法国的一位爵士因偷盗失去了国王的宠信，被剥夺了财产。

A French knight was deprived of his right to personal property after being caught stealing and falling out of favor with the king.

10　**表明……的立场 state one's position; make clear one's standpoint**
　　坚持……的立场 maintain one's standpoint; adhere to one's position

例句：听到弟弟说出自己是美国人的时候，大哥马上表明自己立场，说自己永远是中国人。

When the younger brother said that he was an American because he received a green card, the elder brother immediately stated his position and said that he would always be Chinese.

在这个问题上，你应该表明自己的立场，而不是听别人的建议。

On this issue, you should state your own position instead of listening to other people's suggestions.

中国外交部发言人称，我们应该坚持"一个中国"的立场，绝不向想要分裂中国的国际势力妥协。

The spokesperson of the Chinese Ministry of Foreign Affairs said that we should adhere to the "one China" position and never compromise with international forces that want to split China.

成语解释 Idioms

1　**日新月异　rì xīn yuè yì**：每天都在发展变化，每个月都不一样。形容进步、发展很快，不断出现新面貌。

change quickly; progress with each passing day

在科技发展日新月异的时代，我们总是面临着信息爆炸。

In an era of rapid technological progress, we all suffer from information overload.

时尚总是日新月异。

Fashion is constantly changing.

2　**不伦不类** bù lún bú lèi：既不像这一类，也不像那一类。形容某个东西不像样子或不合规范，也形容人的穿着不得体，说话没有道理。

neither fish nor fowl; neither this species nor that class; unfit; grotesque

这座教堂既有诺曼式的塔，又有哥特式的门面，真是不伦不类。

This church has a Norman tower and a Gothic facade; it's neither fish nor fowl.

他去面试的时候上身穿西装，下身穿运动裤，看起来不伦不类。

He came to the interview in suit and sweatpants, looking out of place.

3　**根深蒂固** gēn shēn dì gù：像树根一样基础牢固，没办法动摇或改变。

be deep rooted; ingrained; entrenched

性别歧视在我们这个社会根深蒂固。

Sexism is deeply entrenched in our society.

国家的政治问题根深蒂固，在今后的20年社会很难进步。

The country's political problems are so deep rooted that it will be difficult to make progress in the next 20 years.

文法练习 Grammar and Vocabulary Exercises

1　看拼音写汉字，并用这些词语填空。

kuàdìyù　lǐchéngbēi　guǎngshòuhuānyíng

líhuàn　mòqì　yǐnmán míngyì

这部电影向我们展示了一个_____大家庭的喜怒哀乐。奶奶_____癌症，可是全家人达成_____，准备对奶奶_____病情，并且以婚礼的_____来跟奶奶告别。电影首映以后_____，荣获了多个奖项，可以说是亚裔电影的一个_____。

2　选择合适的词语填空

缺席　　黑马　　集体　　融合　　忌讳　　禁忌　　剥夺　　刻板印象

1) 这支不被看好的球队出人意料地成为比赛中的_____，荣获了冠军。

2) 经济和科技的发展使人与人的距离不断缩小，但是文化和地域的差异导致的_____仍然存在。

3) 王经理对工作认真负责，公司大大小小的活动他从不_____。

4) 在重男轻女的社会，女孩子受教育的权利常常被_____。

5) 这次比赛的成绩，不是靠我一个人的努力，而是我们这个团队_____努力的结果。

6) 一个城市旅游业的发展必须与当地文化特色相互_____。

7) 中国人买房子最_____数字4，很多楼盘用3B和13A来代替4楼和14楼。

8) 了解一个民族的文化_____是尊重这个民族文化的重要方面。

3 成语和俗语练习

根据语境，补充完成下面的句子。

1) 中国人讲究**百善孝为先**，因此孩子长大以后_____

_____。

2) _____，十几年前无法治疗的很多疾病现在已经可以在医院得到很好地治疗。（请使用"**日新月异**"）

3) 詹姆斯·卡梅隆(James Cameron)是好莱坞（Hollywood）最著名的导演之一，_____。（请使用"**广受好评**"）

4) 中国人崇尚**家和万事兴**，_____。

4 请你用所给的生词和结构回答问题。

1) 请你简单介绍下《别告诉她》这部电影。

（亲身经历；围绕……而展开；诊断；包括……在内（的N）；以……的名义）

2) 你怎么看待"左宗棠鸡"电影，你觉得《别告诉她》算不算是一部"左宗棠鸡电影"？

（迎合；不伦不类；与……相悖；以……的视角来）

电影初探 Film Exercises

1 课前预习问题

1) 看电影时记录 5–10 个生词，并整理在自己的生词本中。

2)　电影的英文名字是 *The Farewell*，中文名字是"别告诉她"，你觉得这个翻译怎么样？为什么？如果让你给这个电影一个中文名字，会是什么？

3)　看了电影以后你有什么没看懂的地方，或者想和同学讨论的问题，请你列出来。

2　**根据对电影和课文的理解，请判断下面的句子是否正确。**

1)　碧丽在美国的工作是一个记者。（　）

2)　这部电影的导演是华裔，电影的故事是她的亲身经历。（　）

3)　爷爷生病的时候，奶奶也对爷爷隐瞒了病情。（　）

4)　从电影中可以看出，在中国文化里，跟朋友见面时评论他们的外貌比如"你最近胖了"或者"瘦了"是非常不礼貌的。（　）

3　**电影片段分析：**

A　电影中有一段Billi，Billi爸爸，Billi大伯三个人的谈话（大概在电影的01:01:00－01:03:00这两分钟）。请你一边看一边把这三个人的对话完整地用中文记录下来。（说英文的部分也要翻译成中文）

　　Billi：

　　Billi 爸爸：

　　Billi 大伯：

　　请你分析一下上面这段对话，Billi大伯说的话表达了什么样的文化和家庭观念？你觉得他说得有没有道理，你同意吗？

B　观看电影中浩浩和女朋友拍摄结婚照片的场景（大概在电影的00:35:00－00:36:00），在这场戏中导演用了一个长镜头（long take）来记录浩浩和女友，奶奶和Billi在同一个空间的动作和谈话。请你关注这一分钟内电影的取景（framing），光线对比（lighting contrast），框中框（a frame within a frame）等概念，分析导演是如何用这些艺术手法来表现特定的意义。

C　观看电影中的一段全家人一起吃饭的场景（大概在电影的00:39:20－00:43:00），完成下面的问题。

（1）这段餐桌上的对话只有3分钟，可是包括了很多一家人的价值观冲突和矛盾，请你把你观察到的冲突写下来。（至少写出三个）

　　　　例：Billi的姑姑玉萍说，"就算国外的月亮比中国圆，咱也得多为妈想想，是吧，父母在，不远行嘛"。她的意思是指责大哥和二哥都在国外，不照顾父母，只有她来照顾Billi的奶奶。

(2) 请你用中文解释划线的词语/句子是什么意思。

在中国（挣一百万美金）是<u>分分钟的事儿</u>。
<u>国外的月亮比中国圆</u>。
<u>父母在，不远行</u>。

文化小课堂 Cultural Elements

1 根据你对中国人和中国文化的了解，你觉得电影里的哪些场景展示了东西方文化差异，展示了中国人或者中国文化的特点？（至少列举三个）

例如：Billi在酒店住的时候要水喝，酒店的男服务生告诉她可以用水壶（kettle）烧水喝，而不是给她瓶装水，从这里可以看出中国人喝热水的习惯。

2 举办婚礼的时候，浩浩跟他的日本女友在一起三个月了，为什么奶奶和家人都觉得应该对外人说他们俩在一起一年了？在你的国家大家会不会这么做？

讨论交流 Discussion

1 课文介绍了哪些中国人的传统家庭观念？你可以给这些观念分别举一个例子说明吗？（可以用电影中的场景做例子，也可以用自己的经历或了解做例子）

2 看了电影读了课文以后，你能不能理解为什么他们要隐瞒奶奶的病情？请你说一说家人隐瞒病情和Billi觉得不应该隐瞒病情的原因分别是什么？如果你是Billi,你会怎么做？

3 电影中分别出现了婚礼，葬礼和上坟的场景，请你跟同学描述这些场景，关注拍摄方式，画面，背景音乐，布景等等，谈谈这些场景有什么特点，给你留下了什么印象。

4 谈一谈中国人的死亡观有什么特点，你的国家的死亡观和中国人的有什么异同？

5 碧丽是典型的在跨地域家庭中长大的孩子，电影也向我们展现了她如何面对中美两种文化的差异。请根据电影或者你的生活经历，谈一谈你对跨地域家庭的看法，讨论中国式亲情和美国式亲情的差异。

表达演示 Projects and Presentations

1 **活动**

1) 故事分享。生活中，很多时候我们迫不得已会说谎，请你分享一个你说谎的经历，详细叙述事情的前因后果，并谈谈你的感受。

2) 电影配音。选择电影中一段感兴趣的对白，跟同学合作完成电影配音。也可以利用前面"电影片段分析"的功课，把那部分整理和翻译的台词做成配音。

3) 辩论。全班同学分成两组，请以"该不该把病情告诉奶奶"展开辩论。

4) 小游戏。请观看电影中婚礼的游戏部分（大概在电影78:10–79:10这一分钟），这个"小鸟飞"的游戏是中国人很喜欢玩的酒桌游戏，可以跟同学一起玩一玩，也可以把"一鸟""二鸟"等换成我们的生词，比如"华裔""影后""制片人""黑马"等等。

5) 看奥斯卡最佳动画短片《包宝宝》（*Bao*），一起讨论这个8分钟的短片中所包含的空巢父母，中国式亲情，华裔移民家庭的特殊性，华裔导演/演员在美国电影界的发展等话题。

2　写作

写一篇电影观后感，可以从以下题目中选择一个，也可以自己定别的题目。请多用我们这节课学习的新生词和语法。

1) 通过学习这部电影，相信你对中国式亲情有了进一步理解，请你谈谈中国式亲情和美国式亲情的异同。

2) 根据电影内容或者结合自身经历，谈谈对跨地域家庭/移民家庭的看法或者感受。

3) 假如你是Billi，七年以后，奶奶去世了。在奶奶去世后请你给奶奶写一封信。（注意中文写信的格式）

阅读延伸 Reading Comprehension

美国影视中的亚裔形象探讨

亚裔在美国主流影视中到底是一个什么形象？在美国的美华协会华府分会(OCA—DC) 美华论坛不久前在马里兰州洛城市图书馆举行了"亚裔在美国主流影视中的形象"的讨论，试图给出一些答案。

黎慧女士在美国大学讲授和研究这一专题，她认为：长期以来，在美国银幕和媒体中出现的亚裔（华裔）女性的形象，主要是两种：一种是下层的、仆人式的；一种是凶狠恶煞的，所谓的"Dragon Lady"。其他人也认为：以往的电影中，亚裔女性的角色几乎都是柔弱、顺从、依附他人的可怜兮兮的女人形象。男性形象中，李小龙的武打形象，成为了中国男性永远的"武打套路"。可能李小龙自己也没有料到，当年为了摆脱华人懦弱的、反面的刻板印象而设计的武打，却制造出了另一个刻板印象。

DC亚太美国电影制作公司总裁、韩裔美国人Christian OH一直在从事这方面研究，他认为：从历史上看，亚裔在屏幕上从来就没有正面形象。

要么就是一些做苦力的小人物形象，很看重钱；要么就是会功夫的黑帮(underworld gang) 形象。有着牛仔文化传统的美国人特别能够接受华裔功夫男性的形象，但在银幕上，对亚裔男性和白人女性的爱情故事却十分忌讳，甚至全面禁止这样的剧情。好莱坞（Hollywood）对亚裔男人根深蒂固的刻板印象与玻璃天花板（glass ceiling），让一代演员遭遇歧视与不公平待遇。这种成见限制了亚裔演员在影视作品中获得重用的机会。直到后来在梁家辉主演的《情人》（LOVER）一片中，才正式出现华人男性和白人女性的婚恋剧情。这部1992年的影片记录了一位十五岁的法国少女和中国阔少的爱情故事。另一部正面描写亚裔男性和主流女性的爱情故事的电影是2000年由李连杰 (Jet Li) 主演的《致命的罗密欧》（Romeo Must Die），电影中的华人男主角意外地得到了美丽又富于反抗精神的Trish的帮助与理解，两人陷入了生死恋情。亚裔男性和主流女性银幕爱情故事的增加，也说明了好莱坞（Hollywood）正在改变亚裔在影视中的形象。马里兰大学亚裔美国人研究项目教授、日裔美国人Larry Hajime Shinagawa博士说："从历史上看，美国以前有很多州都有法律禁止异族通婚（transracial marriage），所以在银幕上不可能出现亚裔男性和白人女性的爱情故事。西方歌剧《蝴蝶夫人》（Madama Butterfly）中的女性形象，对西方人影响很深。长期以来，西方一直以蝴蝶夫人作为亚裔女性的刻板印象。"

在电视方面，亚太裔媒体联盟公布了一份报告，在美国电视黄金时段的节目中，仍然很少能看到亚裔明星。该报告观察了美国四大电视网的族裔多元化情况，发现亚裔担任主角的比例略有提高，但在编剧（playwright）、导演、制作人中仍少得可怜。美国编剧（playwright）工会有95% 会员是中年美国白人男性，他们都是才华横溢的编剧。但在编写亚裔及亚裔美国人的角色时，除非他们有亲身经历或者认识亚裔，否则通常都是直接通过对过去电影的研究得出结论，他们笔下的所有亚裔族群都被描写成一个个综合的刻板印象。其结果就是，这一亚裔形象被不断扩大，对亚裔的成见也越来越深。由此看来亚裔在美国主流媒体的地位虽稍有改善，但还是有很长的路要走。

也有人分析了今后经济、政治、文化的发展对亚裔在美国主流影视中的影响。特别是2008年奥运会之后，世界对中国的了解更深，中国的进一步开放，使西方影视对华裔的形象刻画更加真实。同时，随着中国、日本经济在全球的影响，多元文化观念的逐渐渗透，中国导演、日本导演，以及中国、日本等国的演员、编剧、制片等越来越多地进入好莱坞（Hollywood），亚裔在主流影视中的形象还将会进一步改变。至于亚裔女性在银幕上的形象，现在已经有所改变，开始逐渐被主流接受，正面形象越来越多。

（文章改编自汤伟发表在《华夏文摘》上的文章《美国影视中的亚裔形象探讨》）

请阅读上面的文章，回答下面的问题：

1　从历史上来看，在美国影视作品中长期以来出现的亚裔女性和男性形象是什么样的？

2　在美国电影中，亚裔男性和白人女性的爱情故事常见吗？你觉得造成这种现象的原因 可能是什么？

3　根据这篇文章的观点，在美国电视的黄金时段很少能看到亚裔明星；即使有，也常常 是单一或者负面的形象，原因是什么？

4　作者认为如今美国主流媒体中亚裔形象正在改善，根据你的调查和了解，哪些电影或 者哪些演员代表了亚裔形象的改善？请举1–2个例子说明。

繁體字課文

《別告訴她》：一個謊言背後的故事

導讀：

　　《別告訴她》是一部廣受好評的溫情電影，導演王子逸（Wáng Zǐyì）[1]把自己的親身經歷搬上了大銀幕並感動了無數人。這部全亞裔陣容的電影起初並不被制片人看好，但最終成了2019年電影界的一匹黑馬。該片於2019年7月在美國首映，之後在多個國家引起廣泛關注，榮獲了包括美國獨立精神獎（Independent Spirit Award），英國電影學院獎（British Academy Film Awards），美國電影學會獎（American Film Institute Awards）等在內的13個獎項和提名。電影的主角奧卡菲娜（Àokǎfēinà）[2]更是憑藉該電影獲得了2020年金球獎最佳女主角（Golden Globe Award for Best Actress），成為金球獎創立75年來首位亞裔影后。

正文：

　　一談到美國人拍的中國電影，很多人就會想起左宗棠雞（General Tso's Chicken），這道迎合美國人口味的美式中餐，對很多中國人來說卻是不倫不類。由於歷史和現實的種種原因，亞裔在西方的銀幕形象一直受到限制。為了討好白人觀眾，「左宗棠雞電影」中的亞裔角色要麼缺乏存在感，要麼飽含對亞洲人的刻板印象。例如1937年的電影《大地》（*The Good Earth*）[3]，這部講述中國農民真實生活的電影，亞裔演員竟然完全缺席。進入21世紀，美國電影中的亞裔形象開始逐步改善，今天《別告訴她》的成功，可以說是華裔獨立電影史的一個里程碑，它的意義遠遠超越了被美式價值觀包裹的「左宗棠雞電影」。

　　電影的劇情並不複雜：生活在紐約的碧麗（Bìlì）得知奶奶被診斷為肺癌晚期，生命只剩最後三個月的時間，於是一家人達成默契，決定向奶奶隱瞞診斷結果，還精心設計了一個謊言——在奶奶的家鄉長春舉辦一場

---

1 王子逸（Wáng Zǐyì），英文名Lulu Wang，美籍華裔導演、編劇、製片人，出生於北京，6歲時隨父母搬到佛羅裏達州邁阿密。代表作品《身後事》（*Posthumous*），《別告訴她》。

2 奧卡菲娜（Àokǎfēinà），原名林家珍（Nora Lum），藝名Awkwafina，美籍中韓混血兒，是一名美國女演員及說唱歌手，代表作品電影《瞞天過海：美人計》（*Ocean's Eight*），《摘金奇緣》（*Crazy Rich Asians*），《別告訴她》，《尚氣》（*Shang-Chi and the Legend of the Ten Rings*）。

3 *The Good Earth*《大地》is an American film that tells the story of a Chinese farmer and, through this, the story of China in 1920s. This film was based on the 1931 novel of the same name by Pearl S. Buck. Buck won the Pulitzer and the Howells Medal in 1935 for this book; she was also the first American woman to win the Nobel Prize in literature.

婚禮，以這樣的名義讓所有人去中國見她最後一面，用一場婚禮而非葬禮來告別。整部電影是通過美國華裔年輕人碧麗的視角來講述的。碧麗很小就跟隨父母移民到美國，但與奶奶祖孫情深。為了與罹患癌症的奶奶見最後一面，她毅然拋下美國的一切來到長春。這次長春之旅也成了碧麗自我發現、自我拯救的旅行，從不理解、陌生，到理解、融合，與奶奶告別後，她帶著中國人的生活哲學回到美國重新面對自己的生活。

電影的主要矛盾是圍繞著是否要告知奶奶病情這個關鍵問題而展開的。奶奶被診斷為肺癌晚期後，家中長輩甚至醫生幾乎都毫不猶豫地將病情隱瞞下來，只說是輕微感染發炎，希望她快樂地度過最後的時光。正如碧麗的媽媽所說，「中國人認為殺死癌症病人的不是癌症，而是恐懼」。碧麗的姑姑也說，「為什麼要告訴她呢，告訴她就破壞了她的美麗心情」。這與碧麗從小接受的西方價值觀相悖：在美國，剝奪病人對自己病情的知情權是違法的。可是在中國，很多醫生甚至會第一時間把重大病情通知家人，而不是病人。中國有句話叫「家和萬事興」，這句話體現了中國人重視整體的家庭觀念。西方人強調個體，在家庭中強調每個家庭成員各自的自由和責任；而中國人強調的是整體，一個人的生命不僅僅是他自己的，也是集體的、家庭的。奶奶不僅是奶奶，而且是這個家庭的中心，奶奶的罹患癌症的思想壓力應該由大家替她分擔，這樣她可以懷著愉悅的心情走完生命的最後一程。

電影中還體現了長幼有序的中國家庭觀念。奶奶作為最年長者是家庭的中心，她帶領全家給去世的爺爺上墳，孫子婚禮的大事小事她都要親自操辦。大哥海濱（Hǎibīn）在家中的地位比較高，在飯桌上也最有發言權，聽到弟弟說出自己是美國人的時候，大哥馬上表明自己永遠是中國人的立場。此外，電影中複雜的親屬稱謂也體現了中國人長幼有序、親疏有別的觀念。電影從碧麗的視角展示了中國大家庭中分得一清二楚的親屬稱謂，奶奶的妹妹，爸爸的哥哥，爸爸的堂妹，這些親戚都有特定的稱呼。這是因為在中國人的意識裏，人不是一個獨立的個體，而是各種家庭關係和社會關係的總和。家、國要想有秩序，必須把長幼秩序和親疏關係界定得非常清楚。

這部電影不僅展示了中西方家庭觀念差異的電影，也表現了中國人的死亡觀。死亡一向是中國人日常談話中的禁忌。一旦提及這個話題，大多數人會緊張地轉移話題。在無法迴避的情況下，為了表示對死者的尊重和對死的忌諱，也會用「走了」「去了」「沒了」這些詞來代替直接說「死」。中國的死亡觀深受儒家文化的影響，孔子的一句「未知生，焉知死」揭示了中國人注重當下，迴避死亡的生活態度。現世還沒有活明白，又何能談論死後的事情呢？

此外，電影也從側面展現了中國越來越多的跨地域家庭的真實生活。近幾十年來中國社會的發展日新月異，這不僅改善了人們的生活水平，也改變了中國傳統的家庭模式。以前傳統的四世同堂的大家庭模式逐漸被跨地域家庭取代，就像電影中展示的：大兒子一家定居日本，小兒子一家定居美國，碧麗的姑姑雖然生活在長春，但是早已計劃著把孩子送去美國讀書。堅守在故土的，只剩下奶奶這些老人。雖然中國人的家庭結構變了，可是家庭文化卻依然根深蒂固，在「百善孝為先」的中國傳統文化中，這些以碧麗為代表的跨地域家庭的孩子，應該如何面對不同地域文化的差異，如何面對距離和陪伴，死亡和告別？

第二课
《花木兰》：勇敢做自己
Mulan: Be True to Yourself

学习目标：

1 通过学习本课文，掌握文中的词汇与句型。

2 提高叙述和描述能力，用生词和句型来叙述电影剧情，描述特定场景。

3 能够例列举电影中呈现的中国文化元素，并且对电影中的文化元素选取和表现方式发表自己的看法。

4 能够围绕着跟课文主题相关的女性主义、电影改编、西方人眼中的中国等话题做正式的口头报告或者写影评。

5 了解场面调度（mise-en-scene），从布景（setting）、服装（costume）、化妆（makeup）、灯光（lighting）、演员演技（acting）等场面调度元素来评价《花木兰》对中国文化和中国故事的表现力。

导读：

　　《花木兰》是**迪士尼**电影公司**出品**的一部**真人版剧情片**，于2020年9月在全球**上映**。这部新上映的真人版《花木兰》和1998年出品的**动画版**《花木兰》一样，都是**改编**自中国**民间乐府诗**《木兰辞》[1]，讲述了花木兰**女扮男装、代父从军**的故事。由于东西方对木兰不同角度的理解和**诠释**，再加上人们不可避免地跟经典动画版的对比，该片上映以来的评价**呈现两极分化**的趋势。电影上映后获得了第46届人民选择奖（People's Choice Awards）的**年度**最佳**动作片**（The Action Movie of 2020）。

---

1 《木兰辞》（*Mùlán Cí*，*The Ballad of Mùlán*）是中国的一首民歌，讲了一个叫木兰的女孩，女扮男装，代父从军，保家卫国的故事。《木兰辞》的创作年代不详，但学者们大都认为《木兰辞》产生于北朝386年—581年后期。此诗收录在《乐府诗集》*Collection of Yuefu Lyric Poems*中，到了唐代成了家喻户晓的民歌。

DOI: 10.4324/9781003276340-3

正文：

在电影中，花木兰**生性活泼好动**，极有**武术天赋**。这样**与众不同**的女儿常常**惹来左邻右舍的非议**，父母对木兰的未来充满担忧。木兰的父亲花周（Huā Zhōu）告诉木兰，女人应该要靠着结婚来**光宗耀祖**，并**告诫**木兰要**隐藏**使用气的天赋。木兰长大成人后，父母开始为她安排婚事，但木兰在媒婆家搞得**鸡飞狗跳**，媒婆大怒，称木兰为花家的**耻辱**。与此同时，**柔然可汗**在**女巫**的帮助下，带领柔然军队，攻打北方六城。皇帝决定**召集**一支**军队**，保护**丝绸之路**，并**下令**每个家庭提供一位**男丁**加入军队。木兰的父亲已经**年老体衰**，再加上从前**作战**时留下的腿伤，如果再次参加战斗，怕是只会**有去无回**。父母没有儿子，木兰决定代父从军，在夜里偷偷拿了父亲的**盔甲**和**剑**，骑马离开，并且在**凤凰**的引导下最终成功抵达**军营**。木兰女扮男装在军营中训练，在与柔然的战斗中**巧妙**地利用**雪崩击败**了柔然军队，救了皇帝，成了**名副其实**的女英雄。

《花木兰》自上映以来，**褒贬不一**。该电影获得西方**影评人**较好的评价，他们称赞电影的动作场面精彩、**视觉**效果和演员表现**俱佳**，但认为某些**情节**设计显得**突兀**，例如电影中对于女巫之死的设计，**魔法**强大的女巫为保护木兰被一**箭射**死，完全出乎观众的意料。而且，除了木兰之外的其他角色都非常**平面**，缺乏存在感。对大多数中国观众来说，真人版《花木兰》是一部**不折不扣**的"左宗棠鸡"电影，观众对电影的**人物塑造**和文化**元素**的处理不甚满意。电影中花木兰居住的地方是福建（Fújiàn）土楼[2]，但**众所周知**花木兰是南北朝时期（公元420年—589年）的北方人，这样的设定方式令人**大跌眼镜**，大量中国观众批评迪士尼不尊重中国文化。此外，跟动画版相比，电影缺乏幽默感，经典的**木须龙**角色缺失，观众期待的**主题曲**Reflection也未演唱，这让不少**怀旧**的观众倍感失望。

许多中国人对有1500多年历史的《木兰辞》都非常熟悉，花木兰作为一个**家喻户晓**的人物，中国人对她的勇敢**坚毅**、勤劳孝顺、爱国爱家的美好品质有着强烈的**认同感**。令人失望的是，作为迪士尼的第一个中国公主，真人版《花木兰》在中国市场上并未获得成功。但**不可否认**，新版《花木兰》在情节上的改编，赋予了木兰新的时代意义。电影在"忠""勇""真""孝"的四字**箴言**下，塑造了一段木兰的自我成长、**自我意识觉醒**之旅。

在电影中，木兰的**守护神**是一只凤凰，正如木兰的父亲所说："凤凰能够**浴火重生**，会飞到战场上**保佑**为国家奉献的**战士**。"木兰在凤凰的指

2　福建土楼：The Fujian tulou buildings are Chinese rural dwellings unique to the Hakka in the mountainous areas in southeastern Fujian, China. They were mostly built between the 12th and the 20th centuries.

引下，找到了方向，赢得了胜利。与动画版中**聒噪**的木须龙相比，凤凰代表了女性的力量，**象征**着木兰面对困难的"勇"和对家庭的"孝"。真人版电影也删去了"李翔"（Lǐ Xiáng）这个角色，增加了"女巫"这一角色。女巫跟木兰有着相似的命运，都曾因**展露**出与众不同的能力而被自己的**母文化排斥**和**孤立**。女巫劝木兰与她联手，杀了皇帝夺取**皇城**，获得她们应得的地位和权利。木兰拒绝了女巫的邀请，在这一过程中，她开始认识到自己真正的责任和地位，同时凭借着对国家的"忠"赢得了将军的信任，从而完成了对自我的"真"的探索和**接纳**。

电影给了我们一个**开放式**的**结局**，木兰既没有嫁给**心仪**的男子步入婚姻，也没有正面接受皇帝的**封赏**做**军官**。正如电影史学者王卓异教授所解说的，电影最后凤凰高飞的**镜头**暗示了英文中的"the sky is the limit"，天空是你的**极限**，意即女性**前途无量**，应该拥有不受限制的未来。

生词：

导读

	简体	繁体	拼音	词性	英文翻译
*	迪士尼		díshìní	n.	Disney
1	出品		chūpǐn	v.	make, produce
2	真人版		zhēnrénbǎn	np.	live-action version
3	剧情片	劇情片	jùqíngpiàn	n.	drama films ~片 is a suffix for film 喜剧片comedy； 动画片animation； 科幻片science fiction film
4	上映		shàngyìng	v.	to be screened
5	动画版	動畫版	dònghuàbǎn	np.	animated version
6	改编	改编	gǎibiān	v./n.	adaptation; reorganize, recompose, adapt
*	民间乐府诗	民間樂府詩	mínjiān yuèfǔshī	n.	folk lyric poems（一种带有音乐性的诗体名字）
7	女扮男装	女扮男裝	nǚ bàn nán zhuāng	idm.	a woman disguised as a man; girls dressed as boys
8	代父从军	代父從軍	dài fù cóng jūn	phr.	同"替父从军"，take the father's place in the conscription army
9	诠释	詮釋	quánshì	v./n.	elucidate; annotation, interpretation
10	呈现	呈现	chéngxiàn	v.	appear

(Continued)

导读 (Continued)

	简体	繁体	拼音	词性	英文翻译
11	两极分化	兩極分化	liǎng jí fēn huà	n./v.	polarization; polarize 贫富两极分化polarity between rich and poor 意见/评价两极分化
12	年度		niándù	adj./n.	annual; year 年度预算annual budget
13	动作片	動作片	dòngzuòpiàn	n.	action movie

正文

	简体	繁体	拼音	词性	英文翻译
14	生性		shēngxìng	n.	one's natural disposition 生性多疑have a suspicious mind 生性争强好胜have a competitive personality
15	活泼好动	活潑好動	huó pō hào dòng	phr.	lively and active
16	武术	武術	wǔshù	n.	martial arts, kung fu
17	天赋	天賦	tiānfù	n./v.	natural gift; be endowed by nature
18	与众不同	與衆不同	yǔ zhòng bù tóng	idm.	different from the rest; out of the ordinary
19	惹来	惹來	rělái	v.	cause, invite (trouble, disaster) 惹来麻烦 cause troubles 惹来争议bring about controversy
20	左邻右舍	左鄰右舍	zuǒ lín yòu shè	n.	neighbors, neighboring families
21	非议	非議	fēiyì	n./v.	reproach; censure
22	光宗耀祖		guāng zōng yào zǔ	idm.	make one's ancestors illustrious, glorify and illuminate the ancestors
23	告诫	告誡	gàojiè	n./v.	warning, precept, admonition; preach to, caution against
24	隐藏	隱藏	yǐncáng	v.	hide, conceal
25	媒婆		méipó	n.	female matchmaker 也可以说"媒人"
26	鸡飞狗跳	雞飛狗跳	jī fēi gǒu tiào	idm.	general turmoil, utter confusion
27	耻辱	恥辱	chǐrǔ	n.	disgrace, shame, humiliation
*	柔然可汗		róurán kèhán	n.	柔然：Rouran Khaganate 可汗：khan, a title for the Rouran supreme rulers

	简体	繁体	拼音	词性	英文翻译
28	女巫		nǚwū	n.	witch, sorceress
29	召集		zhàojí	v.	convene, call together
30	军队	軍隊	jūnduì	n.	army, troops, armed forces
*	丝绸之路	絲綢之路	sī chóu zhī lù	n.	Silk Road
31	下令		xiàlìng	v.	give orders
*	男丁		nándīng	n.	male adults (used in ancient China)
32	年老体衰	年老體衰	nián lǎo tǐ shuāi	idm.	be worn with age, be worn out with age
33	作战	作戰	zuòzhàn	v.	fight, show, conduct operations, do battle
34	有去无回	有去無回	yǒu qù wú huí	phr	Once one left home, he/she had little chance of returning. The word indicates a person would never come back alive.
*	盔甲		kuījiǎ	n.	helmet and armor, a suit of armor
35	剑	劍	jiàn	n.	sword
36	凤凰	鳳凰	fènghuáng	n.	phoenix
37	军营	軍營	jūnyíng	n.	barracks
38	巧妙		qiǎomiào	adj.	ingenious, clever
39	雪崩		xuěbēng	n.	avalanche
40	击败	擊敗	jībài	v.	beat, defeat
41	名副其实	名副其實	míng fù qí shí	idm.	be worthy of the name, the name matches the reality, live up to one's reputation
42	褒贬不一	褒貶不一	bāo biǎn bù yī	idm.	mixed reviews about ... 对……褒贬不一
43	影评人	影評人	yǐngpíngrén	n.	movie critic
44	视觉	視覺	shìjué	n.	vision, visual sense 视觉效果 visual effects
45	俱佳		jùjiā	phr.	俱：all 佳：excellent ～俱佳：all good （人）能力与容貌俱佳 （菜）色香味俱佳 （外语水平）听说读写俱佳
46	情节	情節	qíngjié	n.	plot
47	突兀		tūwù	adj.	towering, lofty, out of sudden

(Continued)

正文 (Continued)

	简体	繁体	拼音	词性	英文翻译
48	魔法		mófǎ	n.	sorcery, magic
*	箭		jiàn	n.	arrow
*	射		shè	v.	shoot 射箭shoot an arrow
49	平面		píngmiàn	n.	plane, flat, lack of deepness
50	不折不扣		bù zhé bú kòu	idm.	out-and-out, one hundred percent, to the letter
51	人物塑造		rén wù sù zào	phr.	塑造：mold, portray 人物塑造：characterization 塑造……的角色/形象
52	元素		yuánsù	n.	element
53	众所周知	衆所周知	zhòng suǒ zhōu zhī	idm.	as everyone knows, come to light, as is well-known
54	大跌眼镜	大跌眼鏡	dà diē yǎn jìng	idm.	jaw-dropping, come as a surprise
*	木须龙	木須龍	mùxūlóng	n.	Mushu
55	主题曲		zhǔtíqǔ	n.	theme song
56	怀旧	懷舊	huáijiù	adj./v.	nostalgic, recollect the good old days or old acquaintances
57	家喻户晓	家喻戶曉	jiā yù hù xiǎo	idm.	widely known, be known to all
58	坚毅	堅毅	jiānyì	adj.	firm and persistent, with inflexible will
59	认同感	認同感	rèntónggǎn	n.	sense of identity 民族认同感 a sense of national identity 文化认同感 recognition of cultural identity 自我认同感self-identity sb.对……有强烈的认同感 sb. has a strong sense of identity with ...
60	不可否认	不可否認	bù kě fǒu rèn	idm.	undeniable; it cannot be denied that, there is no gainsaying
*	箴言		zhēnyán	n.	proverbs, admonition
61	自我意识	自我意識	zì wǒ yì shí	n.	self-awareness
62	觉醒	覺醒	juéxǐng	v.	wake up
63	守护神	守護神	shǒuhùshén	n.	eudemon, patron saint
64	浴火重生		yù huǒ chóng shēng	idm.	born of fire, rebirth from fire

	简体	繁体	拼音	词性	英文翻译
65	保佑		bǎoyòu	n./v.	blessing; bless, protect
66	战士	戰士	zhànshì	n.	warrior, soldier
67	聒噪		guōzào	v.	noisy, clamorous
68	象征	象徵	xiàngzhēng	v./n.	symbolize; token, symbol
69	展露		zhǎnlù	v.	demonstrate
70	母文化		mǔwénhuà	n.	native culture, the mother culture
71	排斥		páichì	v.	reject, exclude
72	孤立		gūlì	v./adj.	isolate, seclude, separate; isolated 被(sb.)孤立 孤立sb.
*	皇城		huángchéng	n.	imperial city
73	接纳	接納	jiēnà	v.	adopt, take in, admit (into)
74	开放式	開放式	kāifàngshì	adj.	open type
75	结局	結局	jiéjú	n.	ending
76	心仪	心儀	xīnyí	v.	admire in the heart 心仪sb. 对sb./sth.心仪已久 have long had a high regard (for sb.) 心仪的大学/工作/对象
77	封赏	封賞	fēngshǎng	v./n.	grant titles and territories; grant 封赏sb. sb.受到封赏 封赏土地、财物、爵位（juéwèi, rank of nobility）
78	军官	軍官	jūnguān	n.	officer, military officer
79	镜头	鏡頭	jìngtóu	n.	scene; camera lens
80	极限	極限	jíxiàn	n.	extremity, limitation 达到了极限
81	前途无量	前途無量	qián tú wúl iàng	idm.	have a great future, have boundless prospects

语法结构 Grammar Patterns

1　根据……改编而成/而来
　　由……改编而成/而来
　　改编自……
　　be adapted from ...; be based on ...

例句：这部新上映的真人版《花木兰》和1998年出品的动画版《花木兰》一样，都是改编自中国民间乐府诗《木兰辞》。

This newly released live-action version of *Mulan*, like the animated version *Mulan* produced in 1998, is also adapted from the Chinese folk music lyric poem *The Ballad of Mùlán*.

《亲爱的》这部电影根据真实的新闻事件改编而成。

The movie *Dearest* is adapted from a news story.

电影《流浪地球》改编自刘慈欣的小说。

The Wandering Earth is adapted from a fiction by Liu Cixin.

2　呈（现）……的趋势 show the tendency of ...
呈（现）上升/下降的趋势：showing an upward/downward trend
呈（现）两极分化的趋势：showing polarizing trend

例句：《花木兰》上映以来的评价呈现两极分化的趋势。

Mulan has received polarized reviews since its release.

近年来选择回国工作留学生呈上升的趋势。

In recent years, an increasing number of overseas students choose to return to work.

奢侈品的销量在2015年到2020年之间呈现出上升趋势。

Luxuries showed an uptick in sales between 2015 and 2020.

3　惹来…… cause/bring about （negative things/bad results）
惹来麻烦/非议/争议 bring about troubles/reproach/controversy

例句：这样与众不同的女儿常常惹来左邻右舍的非议，父母对木兰的未来充满担忧。

Such an unusual daughter often caused reproach from her neighbors, and parents are worried about her future.

她的美貌常常惹来别人的嫉妒和羡慕。

Her beauty usually causes envy and jealousy.

这个不遵守学校纪律的孩子给家长惹来很多麻烦。

This misbehaving child at school has caused his parents a lot of trouble.

4　（对……）褒贬不一 mixed reviews about ...; reactions to ... are mixed

例句：《花木兰》自上映以来，观众对《花木兰》褒贬不一。

Mulan has received mixed reviews since its release.

读者对他创造性的翻译褒贬不一。

Readers have mixed reactions toward his creative translation.

她最近刚被提拔为主管，公司员工对此评价褒贬不一。

She was recently promoted to director, and the company's employees had mixed reaction.

5　俱～ all

~俱佳 ... are excellent, good

~俱全 ... complete

例句：电影的视觉效果和演员表现俱佳。

The film's visual effects and actors' performances are excellent.

重庆火锅以色香味俱全而闻名。

Chongqing hotpot is famous for its perfect combination of color, aroma and taste.

这个小镇自然与人文环境俱佳，是一个发展旅游业的理想之地。

This town has a superb natural environment and model citizenry, an ideal place for tourism.

6　令/让sb.大跌眼镜

Let sb. feel jaw-dropping/mind-blowing/astonished

例句：电影对于文化元素的处理令人大跌眼镜。

The film's treatment of cultural elements is surprising

央行最近的政策让很多观察者大跌眼镜。

The Central Bank's latest policy moves have shocked many observers.

有些父母对孩子的溺爱让人大跌眼镜。

It is surprising how indulgent some parents are to their children.

7　倍感…… feel...doubly; feel very ...

倍感失望/压力/孤独 feel very disappointed/depressed/lonely

例句：真人版《木兰》的诸多改动让观众倍感失望。

Many changes in the live-action version of *Mulan* made the audience feel so disappointed.

她在收到生日或周年纪念卡片时总是倍感惊喜。

She is always very pleasantly surprised by birthday and anniversary cards.

新的教育改革制度让老师和家长都倍感压力。

The new education reform system made both teachers and parents very stressed.

8　不可否认（的是），……

It is undeniable that ...

例句：真人版《花木兰》在中国市场上并未获得成功，但不可否认的是，新版《花木兰》赋予了了木兰新的时代意义。

The live-action version didn't take off in the Chinese market, but it's undeniable that the new version has given Mulan a new era.

不可否认，这位演员的演技比刚出道时好多了。

There is no denying that this actor's acting is much better than when he first debuted.

不可否认，空气污染已经影响到全世界许多人的健康。

It can't be denied that air pollution has influenced the health of many people all over the world.

9　正如……所说/所言，……

Just as A said, ... （A usually refers to some well-known people or some books.）

例句: 在电影中，木兰的守护神是一只凤凰，正如木兰的父亲所说: "凤凰能够浴火重生，会飞到战场上保佑为家族奉献的战士。"

In the movie, Mulan's patron saint is a phoenix. As Mulan's father said, "The phoenix can be reborn from the fire, and will fly to the battlefield to bless the soldiers dedicated to the country."

书上所写并非都是真理，因此也不必迷信书本知识，正如孟子所言: "尽信书则不如无书。"

What is written in a book is not all the truth, so there is no need to blindly trust the knowledge of a book; as Mencius said: "Believing a book is worse than having no book."

正如鲁迅先生所言: "世上本没有路，走的人多了，也便成了路。" 尽管现在大家都不　知道应该如何去实现一个理想社会，但是只要努力去探索就能实现。

As Mr. Lu Xun said: "There is no way in the world. If there are more people walking, it will become a way." Now although no one knows how to achieve an ideal society, it can be achieved by working hard together and exploring.

成语解释 Idioms

1　与众不同yǔ zhòng bù tóng: 跟众人不一样。
be different from the common run

很多年轻人追求与众不同的生活方式。

Many young people pursue an unusual lifestyle.

在公司他常常提出与众不同的意见，领导对他十分欣赏。

In the company, he often puts forward a different view from the rest, and the lead appreciates him very much.

2　光宗耀祖guāng zōng yào zǔ: 让宗族光彩，使祖先荣耀。
bring glory to one's ancestors

越平庸的父母越希望自己的子女们可以光宗耀祖。

The more mediocre the parents are, the more they want their children to uphold the family honor.

通过科举考试后，考生可以得到一官半职，不仅能光宗耀祖，也可以给家庭带来财富。

After passing the imperial examination, the students can not only bring glory to their ancestors, but also bring wealth to their families.

3　鸡飞狗跳jī fēi gǒu tiào：形容一片惊恐慌乱的场面。
general turmoil, utter confusion; cause bedlam
S.（在/把 a place）搞得鸡飞狗跳/闹得鸡飞狗跳

木兰在媒婆家搞得鸡飞狗跳，媒婆大怒，称木兰为花家的耻辱。

Mulan caused bedlam at the matchmaker's place. The matchmaker was furious and called Mulan a shame on the Hua family.

如果你告诉他们这则可怕的新闻，我相信那将会闹得鸡飞狗跳。

If you tell them this shocking news, I believe that will cause utter turmoil.

4　名副其实míng fù qí shí：名称或名声跟实际相称。（副：符合，相称）
live up to one's reputation

民国时期的林徽因是名副其实的才女，擅长建筑设计、绘画、写作。

Lin Huiyin is worthy of being called a talented woman. She is skilled at architectural design, painting and writing.

在唐朝时，中国是名副其实的世界强国。

In the Han dynasty, China was a powerful nation that lived up to its name.

5　不折不扣bù zhé bú kòu: 一点儿也不打折扣。表示完全、十足。
one hundred percent, thoroughly, out-and-out

对大多数中国观众来说，真人版《花木兰》是一部不折不扣的"左宗棠鸡"电影。

For most Chinese audiences, the live-action Mulan is a real General Tso movie.

这场比赛的胜利可以说是一个不折不扣的奇迹。

The victory in this game was nothing less than a miracle.

6　众所周知zhòng suǒ zhōu zhī: 人们普遍都知道。
as everyone knows, come to light, as is well-known

电影中花木兰居住的地方是福建土楼，但众所周知花木兰是南北朝时期的北方人。

In the film, Hua Mulan lives in the Fujian tulou, but it is known that Mulan was a northerner during the Southern and Northern Dynasties.

众所周知，在中国文学史上有四大名著，其中的故事、人物深深地影响了中国人的价值观念。

It is well known that there are four great classic works in the history of Chinese literature, and the stories and characters in them have deeply influenced the values of Chinese people.

7　家喻户晓jiā yù hù xiǎo：**每家每户都知道。形容人人皆知。**
be known to all, widely known

花木兰作为一个家喻户晓的人物，中国人对她的勇敢坚毅、勤劳孝顺、爱国爱家有着特别强的认同感。

As a household name, Mulan has a strong sense of identity among Chinese people for her bravery, perseverance, diligence, filial piety, patriotism and family.
李小龙在70年代成为了家喻户晓的明星。

Bruce Lee became a household name in the 1970s.

8　前途无量qián tú wú liàng：**指一个人的前途没有限量。有广阔的发展空间。**
have a great future, have boundless prospects

他是一个积极进取，前途无量的年轻人。
He is an aggressive and promising young man.
又是一年毕业季，祝愿今年的毕业生前途无量。
It's graduation season again, and I wish this year's graduates all the best in their future.

文法练习 Grammar and Vocabulary Exercises

1　看拼音写汉字，并用这些词语填空。

shǒuhùshén　dòngzuòpiàn　chūpǐn　xiàngzhēng　píngmiàn
juéxǐng　bāobiǎnbùyī　jūnduì　niánlǎotǐshuāi

　　迪士尼＿＿＿＿的真人版《花木兰》上映以后的评价＿＿＿＿。很多影评人称这是一部精彩的＿＿＿＿＿，但是人物塑造比较＿＿＿＿，缺乏深度和个性。在电影中，木兰的父亲＿＿＿＿＿，无法再次加入＿＿＿＿＿，因此木兰代父从军。电影中木兰的＿＿＿＿＿从木须龙变成了凤凰，凤凰浴火重生的说法也＿＿＿＿着木兰自我意识的＿＿＿＿。

2　选择合适的词语填空

主题曲　　心仪　　耻辱　　突兀　　接纳　　影评人

1) 西方的情人节在中国的大学非常流行，那一天每个人都给_____的对象准备礼物。

2) 没有人是完美的，要勇敢地_____自己的不足，这样才能进步。

3) 这部电视剧的_____非常动听，火遍了大江南北。

4) 在评价电影的时候，_____和观众常常有不同的标准。

5) 文章的这个部分有点_____，你应该增加一些过渡，这样文章才更自然。

6) 腐败的政府官员是国家的_____，必须要严厉惩罚他们！

3 成语练习

根据语境，补充完成下面的句子。

1) 老李的儿子_____，将来一定**前途无量**。

2) _____是美国**家喻户晓**的歌手，_____。

3) 波士顿红袜队（Boston Red Sox）_____，真是让人**大跌眼镜**！

4) 你不要相信他的话，他是一个_____。（请使用"**不折不扣**"）

5) 这些抗议者趁保安不注意，闯进了国会大厦（Capitol），_____。（请使用"**鸡飞狗跳**"）

4 请你用所给的生词和结构回答问题。

1) 请你介绍木兰这个人物。

（家喻户晓，民间乐府诗，生性，与众不同，天赋，女扮男装，代父从军，名副其实）

2) 真人版《木兰》上映以后，大家的评价怎么样？
（褒贬不一，两极分化，视觉，人物塑造，诠释，倍感……）

电影初探 Film Exercises

1 课前预习问题

1) 看电影时记录5–10个生词，并整理在自己的生词本中。

2) 请你上网查一查关于木兰的历史记载。在历史上，木兰是谁？她做了什么？你觉得为什么木兰在中国成了一个家喻户晓的人物？

3) 请你去影评网站上（例如Rotten Tomatoes "烂番茄"）看看大家对这部电影的评论，把你看到的一些具有代表性的或者你认同的评论翻译成中文，整理出来。

4) 看了电影以后你有什么想和同学讨论的问题，请你列出来。

2　根据对电影和课文的理解，请判断下面的句子是否正确。

1) 电影《花木兰》改编自中国古代的民间乐府诗《木兰辞》。（　）

2) 真人版的《花木兰》是一部全亚裔演员阵容的电影。　　（　）

3) 这部电影花费了大量资金来制作，大概一亿 美元。　　（　）

4) 在战斗中，木兰不小心暴露了自己女人的身份。　　　（　）

5) 在这部电影中，木兰的气（chi）是天生（natural）的。　（　）

3　电影片段分析：

A　看电影中木兰的父母在饭桌上谈话到带木兰见媒婆的片段（大概是电影的00:14:00 – 00:19:00）。

(1) 在饭桌上，父母对木兰说了什么？木兰是如何回答的？请你描写这个场景中父亲和
木兰的心理活动。

(2) 媒婆认为一个好妻子的品质包括什么？你怎么看这些"好妻子的品质"？

(3) 在媒婆家发生了什么？为什么媒婆说木兰是"花家的耻辱"？

B　看电影中与柔然作战后将军和木兰之间的这段对话（大概在01:11:50 – 01:14:00）。请你把将军和木兰之间的对话写下来。在这段对话中，木兰受到了什么惩罚？将军说她受惩罚的原因是什么？跟同学和老师讨论，这个部分跟动画版《木兰》的设计有什么不同？

文化小课堂 Cultural Elements

1　在这部电影中，你注意到哪些中国文化元素？请关注电影的布景（setting），服装（costume）与化妆（makeup），列举3–5个例子来评价迪士尼对这些中国文化元素的呈现怎么样？

2　木兰的剑上的四字箴言是什么？在你看来，这四字箴言和中国文化有什么关系？

3　从电影中可以看出古代中国社会对女性的要求是什么？可以从女性的角色、家庭地位、所言所行等角度谈谈。跟现代社会有什么不同？你看到了哪些进步的地方？

4　什么是"气"？你听说过 "气" 这个概念吗？在哪儿听说过？在电影
　　《花木兰》中的 "气" 有什么特点？你怎么看待这部电影对 "气"的诠
　　释？除了"气"以外，你还听说过哪些跟中国传统功夫有关的词？

5　分析电影中的音乐。电影的音乐使用了哪些传统和现代的中国乐器？
　　通过具体例子来分析电影《花木兰》是如何通过音乐来推动剧情和引
　　导观众情绪的。

讨论交流 Discussion

1　跟同学一起谈谈你对真人版《花木兰》的评价，从动作场面
　　（action scenes），视觉效果（visual effects），演员表演（acting）
　　，情节设计（plot; story line），人物塑造这些角度选择2–3个来评
　　价。

2　跟动画版《花木兰》相比，真人版《花木兰》增加了哪些角色，删去
　　了哪些角色？这些角色的改动，哪些是你喜欢的，哪些是你不喜欢
　　的，为什么？

3　跟动画版《花木兰》相比，真人版《花木兰》做了哪些情节上的改
　　动？这些改动，哪些你认可，哪些你不认可，为什么？（例如：电
　　影中木兰和洪辉（Hóng Huī）的关系跟动画版中木兰和李翔（Lǐ Xiáng）
　　的关系有什么不同？你觉得导演这么改动的目的是什么？）你更喜
　　欢动画版还是真人版的电影？为什么？

4　请上网查一查什么是文化挪nuó用（cultural appropriation）？你怎么看
　　待《木兰》电影中对文化元素的处理？你觉得这是不是文化挪nuó用
　　（cultural appropriation）？

5　许多人认为《木兰》这部电影对历史和文化的展现不够真实客观。
　　看电影的时候，你是否会关注电影的真实性？假如电影改编自一个
　　真实故事，你希望电影尽可能还原真实故事还是可以根据电影的情
　　节作适当的改编？请你结合具体例子谈谈电影中历史和文化的真实
　　性是否重要。

表达演示 Projects and Presentations

1　**活动**

　　1)　读《木兰辞》：2–3 个同学一组，一起阅读分析《木兰辞》，并讨
　　　　论以下问题：

　　　　a.　请你们说一说这首诗有什么特点？注意押韵 (yāyùn, rhyme)，
　　　　　　每句的字数，有意思的 词等等。

    b. 请你找出诗中关于时间、地点、人物的词语，并分析诗和电影中的这些信息有什 么不同。

    c. 通过读这首诗，你对木兰的故事有哪些更多的了解？诗中有哪些信息是你以前不 知道或者没想到的？

2) 电影配音。选择电影中一段感兴趣的对白，跟同学合作将其翻译成中文，并完成电影配音。学生也可以利用前面"电影片段分析"的功课，把那部分整理和翻译的台词做成配音。

3) 电影改编。如果你是真人版《花木兰》的导演，你想在角色和情节等方面对这部电影做什么改编？说一说你的改编并谈谈你这样设计的原因。

2 写作

从下面的题目中自由选择一个写成一篇文章。

1) 自选角度，写一篇关于真人版《花木兰》的电影评论。

2) 对比动画版《花木兰》和真人版《花木兰》，写一篇电影对比的影评。

3) 观看2009年中国制作的《花木兰》，谈一谈中国人是如何讲述木兰故事的，跟迪士尼有什么不同？

4) 最近几年，迪士尼将很多动画版电影翻拍了真人版，例如《狮子王》（*The Lion King*）、《沉睡魔咒》（*Maleficent*）、《爱丽丝梦游仙境》（*Alice in Wonderland*）、《花木兰》等等。同时，迪士尼也制作了很多介绍别国文化的电影，例如《寻梦环游记》（*Coco*）、《海洋奇缘》（*Moana*）等等。请你分析迪士尼电影公司的理念，它在当今电影市场的角色，并且以《木兰》为例谈谈迪士尼应该如何在电影中表现别国文化。

阅读延伸 Reading Comprehension

迪士尼"读不懂"中国文化？
—— 真人版电影《花木兰》的"魔改"争议

    针对迪士尼拍摄的真人版电影《花木兰》的批评，在影片上映之前就已经开始了。对于中国观众来说，真人版电影《花木兰》不乏"西式中餐"的味道。全片公映后，其对中国历史文化的呈现的更多错位之处展现在国人眼前，让很多观众倍感失望。

真人版《花木兰》中确实存在很多缺憾。其中最遗憾的是本片没有很好地发挥导演妮基·卡罗立体刻画人物的专长，尤其是在花木兰家乡的女性配角身上——花木兰的母亲和妹妹都只是呆板平面的人物，媒婆更是被妖魔化的简单丑角。出现这样的问题是由妮基·卡罗对中国文化缺乏了解和翻拍迪士尼动画的局限造成的。多数角色平板单一，反派和丑角被妖魔化，这些问题都继承自原版动画。真人版又只是重拍片的定位，进行实质改动的空间其实非常有限。

然而，在这种有限空间里，导演妮基·卡罗（Niki Caro）还是顶住了批评和压力，做出了一系列关键调整，首先就是拿掉了木须龙这个角色。在原版动画中，木须龙作为木兰的守护神，他身材弱小却总是幻想自己无所不能，想要处处指挥命令别人。木须龙承包了影片的大部分笑点，然而，木须龙的聒噪、指手画脚经常压抑木兰的表演空间，让她处于被动回应的状态。当时的迪士尼喜欢把具有主动性和喜剧性的表演交给男性角色，体现了其刻板的性别分工。妮基·卡罗（Niki Caro）拿掉木须龙这个角色，就是要给木兰更多机会主动表达和交流，包括展现自己的幽默感。她还将木兰祖先派出的守护神换成了一只巨大的凤凰——更准确地说，是一只雌性的凰（在英文对白中以she指代），象征女性的力量。这只凤凰沉默无声，却总是在关键时刻现身，帮木兰找到方向，赢得胜利。通过这样的调整，真人版《花木兰》讲的即是一个女主角凭借自己过人的勇气和力量摆脱母文化束缚的故事。

和原版动画一样，真人版《花木兰》将大量不同时空的文化元素，包括来自西方的元素，与国人熟悉的木兰传说混合在一起，有一种不"真实"的错位。然而，这种不真实就一定是"东方主义"的"魔改"吗？

东方主义本来是一个很好的批评角度。但是，如果一见到西方创作的东方题材作品中有不"真实"的地方，就认为是东方主义，这种观点是非常狭隘的。因为，追求"真实"，在木兰传说的改编中，本来就是不可能的。木兰的故事在中国流传了一千五百年以上，各种各样的改编不计其数。今天国人熟悉的木兰传说版本里，其实早就混杂了对《木兰诗》的很多不"真实"的错位改写。例如木兰"孝""忠"，最后还会"嫁"，全是后人的改写，目的是要将一个女英雄，改写成符合社会规范的"孝女""忠臣"和"贤妻"。到了晚清民国之后，木兰又被改写成现代"新女性"的典范，为思想启蒙服务。没有一个"真实"的木兰，只有无数个变动的木兰，这才是这个流传千余年的传说里的唯一真实。

一部影片是否存在东方主义的偏见，并不在于它是否改动了"真实"，而在于它做出改动的目的。所谓东方主义的偏见，是指西方以自我为中心，把东方的复杂状况平面化，认为东方文化是不变的、落后的、没有发展的，只有西方才能引领新的改变。《花木兰》动画版和真人版对比，就可以看到导演平视文化的态度，她尽量要讲述的是一个女性与其母文化之间复杂纠葛的故事。这种纠葛在东西方文化中普遍存在，没有哪一方可以说另一方"落后"。真人版《花木兰》对原版动画所做的很多关键调整，都是为了增加对中国文化"女性部分"的正面描写，让木兰可以靠自己文化赋予的力量挣脱束缚。不管是凤凰，还是拿掉美国观众喜爱的另一个配角李翔，都是服务于这个目的。

李翔是原版动画中木兰的指挥官。在影片的大部分时间里，他都是一个刻板的厌女形象，在训练时会骂士兵"像个姑娘"一样"笨拙""懒散"。在作战时，他刚刚被木兰救过性命，却只因发现她女扮男装，就差一点要杀死她，还把她逐出了军队（这个情节没有在任何版本的中国传说中出现过，是动画片为了营造中国文化的厌女而创造的）。然而，这样一个厌女者，最终还是依靠其"男性魅力"赢得了木兰的心。真人版《花木兰》把指挥官换成了董勇将军，不再使用厌女语言，同时大幅增加了对木兰武艺的赞赏。影片虽然保留了木兰因显露女装而被逐的情节，却将性别原因淡化，改成木兰和另一位男性士兵都因为违背了"真"的训诫而遭受同样惩罚。木兰军中的男性同伴都帮助她发声，尤其是陈洪辉，他一直把木兰当成可以交心的平等朋友。

仙娘（女巫）是真人版新增的重要女性角色，她因为展示了自己与众不同的力量，成了众人眼中的"妖女"，只能化身怪鸟，和坏人为伍。她最终决定帮助木兰，是因为看到木兰这一方的文化更尊重女性，甚至可以让女性引领男性的军队。仙娘进一步升华了木兰和凤凰的形象，象征了不同文化中的女性一起飞出性别困境的希望。在这个角色身上，我们尤其可以看到真人版《花木兰》对中国文化的善意，以及希望木兰成为代表多元平等理念的国际化形象的意图。

这部影片当然还有很多不足，它所面对的现实世界也远比迪士尼故事复杂得多。也正因为如此，作为来自木兰的母文化的观众，我们更该关心的，也许不是她飞离了哪些过去的"真实"，而是她能飞到什么样的未来。

（文章改编自王卓异发表于《凤凰周刊》的文章《迪士尼"读不懂"中国文化？》）

阅读上面的文章，回答以下问题：

1　文章的作者认为，真人版《花木兰》最大的缺憾是什么？造成这个缺憾的原因是什么？
2　跟动画版相比，导演对真人版电影的角色做了很多改动和调整。本文的作者对把木须龙改成凤凰有什么看法？你同意作者的看法吗？
3　根据作者的分析，导演为什么要增加"仙娘"（女巫）这个角色？
4　什么是"东方主义的偏见"？本文的作者认为真人版《花木兰》是否存在东方主义偏见，为什么？

繁體字課文

《花木蘭》：勇敢做自己

導讀：

　　《花木蘭》是迪士尼電影公司出品的一部真人版劇情片，於2020年9月在全球上映。這部新上映的真人版《花木蘭》和1998年出品的動畫版《花木蘭》一樣，都是改編自中國民間樂府詩《木蘭辭》[1]，講述了花木蘭女扮男裝、代父從軍的故事。由於東西方對木蘭不同角度的理解和詮釋，再加上人們不可避免地跟經典動畫版的對比，該片上映以來的評價呈現兩極分化的趨勢。電影上映後獲得了第46屆人民選擇獎（People's Choice Awards）的年度最佳動作片（The Action Movie of 2020）。

正文：

　　在電影中，花木蘭生性活潑好動，極有武術天賦。這樣與眾不同的女兒常常惹來左鄰右舍的非議，父母對木蘭的未來充滿擔憂。木蘭的父親花周（Huā Zhōu）告訴木蘭，女人應該要靠著結婚來光宗耀祖，並告誡木蘭要隱藏使用氣的天賦。木蘭長大成人後，父母開始為她安排婚事，但木蘭在媒婆家搞得雞飛狗跳，媒婆大怒，稱木蘭為花家的恥辱。與此同時，柔然可汗在女巫的幫助下，帶領柔然軍隊，攻打北方六城。皇帝決定召集一支軍隊，保護絲綢之路，並下令每個家庭提供一位男丁加入軍隊。木蘭的父親已經年老體衰，再加上從前作戰時留下的腿傷，如果再次參加戰鬥，怕是只會有去無回。父母沒有兒子，木蘭決定代父從軍，在夜裏偷偷拿了父親的盔甲和劍，騎馬離開，並且在鳳凰的引導下最終成功抵達軍營。木蘭女扮男裝在軍營中訓練，在與柔然的戰鬥中巧妙地利用雪崩擊敗了柔然軍隊，救了皇帝，成了名副其實的女英雄。

　　《花木蘭》自上映以來，褒貶不一。該電影獲得西方影評人較好的評價，他們稱讚電影的動作場面精彩、視覺效果和演員表現俱佳，但認為某些情節設計顯得突兀，例如電影中對於女巫之死的設計，魔法強大的女巫為保護木蘭被一箭射死，完全出乎觀眾的意料。而且，除了木蘭之外的其他角色都非常平面，缺乏存在感。對大多數中國觀眾來說，真人版《花木蘭》是一部不折不扣的「左宗棠雞」電影，觀眾對電影的人物塑造和文化

1　《木蘭辭》（Mùlán Cí, *The Ballad of Mùlán*），是中國的一首民歌，講了一個叫木蘭的女孩，女扮男裝，代父從軍，保家衛國的故事。《木蘭辭》的創作年代不詳，但學者們大都認為《木蘭辭》產生於北朝386年—581年後期。此詩收錄在《樂府詩集》*Collection of Yuefu Lyric Poems*中，到了唐代成了家喻戶曉的民歌。

元素的處理不甚滿意。電影中花木蘭居住的地方是福建（Fújiàn）土樓[2]，但眾所周知花木蘭是南北朝時期（公元420年–589年）的北方人，這樣的設定方式令人大跌眼鏡，大量中國觀眾批評迪士尼不尊重中國文化。此外，跟動畫版相比，電影缺乏幽默感，經典的木須龍角色缺失，觀眾期待的主題曲Reflection也未演唱，這讓不少懷舊的觀眾倍感失望。

許多中國人對有1500多年歷史的《木蘭辭》都非常熟悉，花木蘭作為一個家喻戶曉的人物，中國人對她的勇敢堅毅、勤勞孝順、愛國愛家有著強烈的認同感。令人失望的是，作為迪士尼的第一個中國公主，真人版《花木蘭》在中國市場上並未獲得成功。但不可否認，新版《花木蘭》在情節上的改編，賦予了木蘭新的時代意義。電影在「忠」「勇」「真」「孝」的四字箴言下，塑造了一段木蘭的自我成長、自我意識覺醒之旅。

在電影中，木蘭的守護神是一隻鳳凰，正如木蘭的父親所說：「鳳凰能夠浴火重生，會飛到戰場上保佑為家族奉獻的戰士。」木蘭在鳳凰的指引下，找到了方向，贏得了勝利。與動畫版中聒噪的木須龍相比，鳳凰代表了女性的力量，象征著木蘭面對困難的「勇」和對家庭的「孝」。真人版電影也刪去了「李翔」（Lǐ Xiáng）這個角色，增加了「女巫」這一角色。女巫跟木蘭有著相似的命運，都曾因展露出與眾不同的能力而被自己的母文化排斥和孤立，女巫勸木蘭與她聯手，殺了皇帝奪取皇城，獲得她們應得的地位和權利。木蘭拒絕了女巫的邀請，在這一過程中，她開始認識到自己真正的責任和地位，同時憑藉著對國家的「忠」贏得了將軍的信任，從而完成了對自我的「真」的探索和接納。

電影給了我們一個開放式的結局，木蘭既沒有嫁給心儀的男子步入婚姻，也沒有正面接受皇帝的封賞做軍官。正如電影史學者王卓異教授所解說的，電影最後鳳凰高飛的鏡頭暗示了英文中的「the sky is the limit」，天空是你的極限，意即女性前途無量，應該擁有不受限制的未來。

---

2 福建土楼：The Fujian tulou are Chinese rural dwellings unique to the Hakka in the mountainous areas in southeastern Fujian, China. They were mostly built between the 12th and the 20th centuries.

第二单元

爱的启示

Love and Inspiration

第三课
《滚蛋吧！肿瘤君》：与癌症斗争的一年
Go Away! Mr. Tumor: A Year to Battle Cancer

学习目标：

1 通过学习本课文，掌握文中的词汇与句型。
2 提高叙述能力，用课文的生词和句型来叙述电影剧情。
3 描述电影中所展现的中国人的都市生活，职场文化，医院生活等特点，并跟本国文化中的这些层面做对比。
4 进一步培养非正式语体和正式语体的敏锐度。学习电影中出现的口头歇后语，俗语；能够围绕着跟课文主题相关的爱情观、人生观等话题做口头报告或者写影评。
5 电影中很多镜头使用了计算机合成特效（computer-generated effects）、慢动作（slow-motion）、冷暖色调 (warm and cool tones) 等等。结合电影具体场景分析这些镜头效果对电影表现力的影响。

导读：

　　《**滚蛋**吧！**肿瘤君**》是一部由韩延（Hán Yán）**执导**的**励志**爱情电影，于2015年在中国大陆上映。这部电影改编自**漫画家**熊顿（Xióng Dùn）的同名漫画作品，真实记录了熊顿在**罹患**癌症后乐观坚强的**抗癌**经历。熊顿**本名**项瑶（Xiàng Yáo），是一位**颇具人气**的青年漫画家，2011年被诊断为"非霍奇金淋巴瘤"（Fēihuòqíjīn línbāliú），她亲切地称之为"肿瘤君"。抗癌治疗充满了痛苦的折磨，她却把自己与肿瘤斗争的过程创作成一幅幅幽默可爱的漫画。熊顿**发布**在网上的**连载**漫画引起了巨大**轰动**，她乐观的抗癌**精神**感动了无数网友。**正能量**在每一幅漫画下面**传递**，然而大家**渴盼**的**奇迹**却没有发生，从确诊到去世仅仅一年的时间，肿瘤君最后还是永远地带走了熊顿。将漫画《滚蛋吧！肿瘤君》拍成电影是熊顿的**遗愿**。电影上映后获得第11届中美电影节（Chinese American Film Festival）的金天使奖（the Golden Angel Award）。

DOI: 10.4324/9781003276340-5

正文：

在29岁生日到来之际，漫画家熊顿却**接二连三**地遭受生活的**打击**：因**顶撞**上司而丢了工作；在饭店吃饭却**碰巧**看到男友**出轨**，不得不**落荒而逃**；然而失业和失恋都不是最大的打击，熊顿在生日晚会上突然晕倒，醒来后被**确诊**为非霍奇金淋巴瘤，从此开始了与死神赛跑的日子。电影并未**着重**表现癌症的痛苦和死亡的可怕，而是把更多的**笔墨**放在了友情、爱情、亲情上面。电影利用熊顿**幻想**，**借鉴**经典的电影场景，大胆地设计了**动漫、恐怖、科幻**、浪漫爱情等元素，用**喜剧**的方式呈现**沉重**的生死话题。**搞笑元素恰到好处**，感情**主线**又能紧紧抓住观众的心，可以说这部电影是近年来**励志片**的一部**佳作**。

熊顿是一个**爱憎分明，大大咧咧**，同时又充满想象力的女孩。她和小夏，艾米，老正三个**死党**一起在北京**奋斗**，加班熬夜的**快节奏**生活也常常充满欢乐。身患癌症的熊顿是不幸的，但是有三个死党陪伴的她又是幸运的。一起**剃光头**，**飙车**，**羞辱**出轨的前男友，一起哭，一起笑……正是有这些好友的陪伴，熊顿在生命的最后日子里才创造出了**无限**美好的回忆。正如熊顿对艾米所说的"我可以失恋十次，但却不可以失去你一次"，友情的珍贵**如同浇灌枯萎**玫瑰的**甘霖**，让她在生命最后的一年再次展现了**耀人**的光彩。

爱情是甜蜜的，但也是**苦涩**的。熊顿对帅气的梁医生一**见钟情**，鼓起勇气大胆表达自己的**爱慕**。但是面对一个**时日无多**的癌症病人，应该勇敢放手去爱不留**遗憾**，还是为避免失去时的痛苦而**克制**自己的感情？作为熊顿的**主治医生**，梁医生被熊顿抗癌的乐观态度和可爱的性格所吸引，但是面对癌症病人，他不得不克制自己的感情。熊顿病情**恶化**再次入院，在她**弥留之际**，梁医生对她**敞开了心扉**："你是我一生只会遇见一次的惊喜，就像上帝派来的**天使**，在我心里种下了一颗欢乐的种子，现在，它已经**发芽**了。"熊顿对梁医生的爱慕最后总算有了一个温暖的回应。爱情有时候是美丽的痛苦，但人不能因害怕失去，就不去拥有。经历过，爱过，坚强过，才算没有白活。

亲情在这部电影中并没有占太多的笔墨，熊顿的父母在电影的后半部分才**出场**，但每个镜头都让观众**眼眶湿润**。中国人常说，"**子欲养而亲不待**"是人生最痛苦的事之一，但更痛苦的恐怕是"**白发人送黑发人**"。老两口从梁医生口中得知女儿的病情后，在女儿面前**故作坚强**，只有独自一人的时候才**默默痛哭**。这注定是一场艰难的告别，是最难开口说的"再见"。熊顿跟妈妈说"下辈子我们还做一家人"，这份**无奈**和难过让人**泪流满面**。有无数像熊顿一样的"北漂"、"沪漂"的年轻人，为了梦想到大城市奋斗，每年跟父母**聚少离多**，还未等体会成功的喜悦，生活便留给他们"子欲养而亲不待"的遗憾，或者"白发人送黑发人"的**残酷**。

电影选择用轻松温暖的方式讲述这段痛苦的抗癌之旅，在友情、爱情、亲情之外，导演也展示了医院里的**众生态**。同一个病房的病友小毛豆**淘气**可爱，给熊顿带来了很多温暖和欢乐。父亲为了给毛豆治病几乎花光了所有的钱，但是毛豆**配型**失败，他们只能无奈地回家。他是一个好父亲，明知孩子时日无多，但还是坚持给孩子最后的幸福和希望。跟亲朋好友围绕身旁的熊顿相比，病友夏梦（Xià Mèng）的病床前总是**冷冷清清**，从没有人来看望她。夏梦生病后被男朋友抛弃，孤单的她在深夜**借酒消愁**，但在熊顿的**感染**下，终于放下过去，痛快做自己，后来也成为了熊顿的死党之一。这样一群人，他们因为共同的原因在医院相遇，等待生死的**审判**。在人生最**艰难**的时刻，他们之间互相传递正能量，给医院白色的病房生活，增加了无数欢乐的色彩。

　　古人云："三十而立"，意思是人在三十岁的时候应该在精神和**物质**上独立，有自己的追求，对自己的人生负责。但熊顿的人生却永远留在了三十岁。肿瘤君赢了，但是熊顿并没有输，她留给我们的**信念**永远温暖着我们。正如她在自己的葬礼视频中所说的："我没有离开你们，只是换了一种方式，继续活在你们的生命里。"

生词：

导读

	简体	繁體	拼音	词性	英文翻译
1	滚蛋	滚蛋	gǔndàn	v.	(offensive) get away; get out
*	肿瘤君	腫瘤君	zhǒngliújūn	n.	Mr. Tumor 肿瘤 tumor
2	执导	執導	zhídǎo	v.	direct 电影由sb.执导
3	励志	勵志	lìzhì	adj.	inspirational, inspiring
4	漫画家	漫畫家	mànhuàjiā	n.	cartoonist
5	抗癌		kàng'ái	vp.	to battle cancer
6	本名		běnmíng	n.	original name
7	颇具人气	頗具人氣	pō jù rén qì	idm.	quite popular
*	非霍奇金淋巴瘤		Fēi huò qí jīn lín bā liú	n.	non-Hodgkin's lymphoma, NHL
8	发布	發佈	fābù	v.	to post; to release 发布消息 发布照片
9	连载	連載	liánzǎi	v.	publish in installments 小说连载serialization of a novel
10	轰动	轟動	hōngdòng	v.	cause a sensation 轰动全国create a great stir throughout the country 引起巨大轰动to make a huge splash

(Continued)

正文 (Continued)

	简体	繁體	拼音	词性	英文翻译
11	精神		jīngshén	n.	spirit
12	正能量		zhèngnéngliàng	n.	positive energy; good vibes
13	传递	傳遞	chuándì	v.	pass, deliver 传递正能量
14	渴盼		kěpàn	v.	look forward to sth. eagerly
15	奇迹	奇跡	qíjì	n.	miracle
16	遗愿	遺願	yíyuàn	n.	last wishes
17	接二连三	接二連三	jiē èr lián sān	idm.	one after another
18	打击	打擊	dǎjī	v.	strike; beat down 遭受……的打击 be struck by ... 打击sb.
19	顶撞	頂撞	dǐngzhuàng	v.	contradict one's superior 顶撞老板/上司; 顶撞父母
20	碰巧		pèngqiǎo	adv.	coincidentally
21	出轨	出軌	chūguǐ	v.	have an affair
22	落荒而逃		luò huāng ér táo	idm.	flee in panic
23	确诊	確診	quèzhěn	v.	make a definite diagnosis S.被确诊为……
24	着重	著重	zhuózhòng	v.	emphasize
25	笔墨	筆墨	bǐmò	n.	writing, description
26	幻想		huànxiǎng	v./n.	to dream; illusion
27	借鉴	借鑒	jièjiàn	v.	draw lessons from ... 借鉴别人的经验 互相借鉴
28	动漫	動漫	dòngmàn	n.	animation
29	恐怖		kǒngbù	adj./n.	terrifying; terror 恐怖片 horror movie
30	科幻		kēhuàn	n.	science fiction 科幻片 science fiction film 科幻小说 science fiction novel
31	喜剧	喜劇	xǐjù	n.	comedy
32	沉重		chénzhòng	adj.	heavy 沉重的负担/话题
33	搞笑		gǎoxiào	v./adj.	amuse, make people laugh, provoke laughter; amusing, funny
34	恰到好处	恰到好處	qià dào hǎo chù	idm.	just right
35	主线	主線	zhǔxiàn	n.	main thread; principal line

	简体	繁體	拼音	词性	英文翻译
36	励志片	勵志片	lìzhìpiàn	n.	uplifting/inspirational films 励志 uplifting
37	佳作		jiāzuò	n.	excellent work
38	爱憎分明	愛憎分明	ài zēng fēn míng	idm.	be clear about what or whom to love or hate
39	大大咧咧		dàda-liēliē	adj.	casual and unconcerned (in manner)
40	死党	死黨	sǐdǎng	n.	best friends
41	奋斗	奮鬥	fèndòu	v.	strive for something
42	快节奏	快節奏	kuàijiézòu	adj.	节奏 tempo 快节奏 fast-paced 快节奏的生活 fast-paced lifestyle
43	剃光头	剃光頭	tìguāngtóu	vp.	have one's head shaved clean 剃 v. shave 剃头发；剃胡子
44	飙车	飆車	biāochē	v.	drive at high speed; drag racing
45	羞辱		xiūrǔ	v./n.	humiliate; humiliation
46	无限	無限	wúxiàn	adj.	unlimited
47	如同		rútóng	v.	be like
*	浇灌	澆灌	jiāoguàn	v.	irrigate
*	枯萎		kūwěi	adj.	withered
48	甘霖		gānlín	n.	timely rain
*	耀人		yàorén	adj.	dazzling
49	苦涩	苦澀	kǔsè	adj.	bitter and pained
50	一见钟情	一見鐘情	yī jiàn zhōng qíng	idm.	fall in love (with sb.) at first sight A对B一见钟情
51	爱慕	愛慕	àimù	v.	admire
52	时日无多	時日無多	shí rì wú duō	idm.	days are numbered
53	遗憾	遺憾	yíhàn	n./v.	regret 令人遗憾 regrettable
54	克制		kèzhì	v.	restrain
55	主治医生	主治醫生	zhǔ zhì yī sheng	n.	physician-in-charge
56	恶化	惡化	èhuà	v.	deteriorate 病情恶化 环境恶化
57	弥留之际	彌留之際	mí liú zhī jì	idm.	on one's deathbed

(Continued)

正文 (Continued)

	简体	繁體	拼音	词性	英文翻译
58	敞开	敞開	chǎngkāi	v.	open wide
59	心扉		xīnfēi	n.	heart
60	天使		tiānshǐ	n.	angel
61	发芽	發芽	fāyá	v.	sprout
62	出场	出場	chūchǎng	v.	come on the stage
63	眼眶湿润	眼眶濕潤	yǎn kuàng shī rùn	vp.	眼眶 eye socket 湿润 moist 眼眶湿润 with tears in one's eyes
64	子欲养而亲不待	子欲養而親不待	Zǐ yù yǎng ér qīn bú dài	phr.	common saying Sometimes parents pass away before their children have a chance to repay (their kindness/hard work) in bringing them up.
65	白发人送黑发人	白髮人送黑髮人	Bái fà rén sòng hēi fà rén	phr.	common saying The old buries the young.
66	故作坚强	故作堅強	gù zuò jiān qiáng	phr.	pretend to be calm and strong put on a show of false positivity
67	默默痛哭		mò mò tòng kū	vp.	默默 quiet, silent 痛哭 wail with grief 默默痛哭 crying silently
68	下辈子	下輩子	xiàbèizi	n.	next life 上辈子 这辈子
69	无奈	無奈	wúnài	v.	nothing sb. can do; above one's pay grade 我很无奈。My hands are tied. I have no control over this.
70	泪流满面	淚流滿面	lèi liú mǎn miàn	idm.	be all tears
71	北漂		běipiāo	n.	drifters in Beijing
72	沪漂	滬漂	hùpiāo	n.	drifters in Shanghai
73	聚少离多	聚少離多	jù shǎo lí duō	idm.	spend far less time together than apart
74	残酷	殘酷	cánkù	adj.	cruel, brutal
75	众生态	眾生態	zhòngshēngtài	n.	panorama of all kinds of people
76	淘气	淘氣	táoqì	adj.	mischievous, naughty

	简体	繁體	拼音	词性	英文翻译
77	配型		pèixíng	v.	to find a matching donor
78	冷冷清清		lěnglěng-qīngqīng	adj.	deserted; cold and cheerless
79	借酒消愁		jiè jiǔ xiāo chóu	idm.	drown one's sorrows in alcohol
80	感染		gǎnrǎn	v.	imbue; infect
81	审判	審判	shěnpàn	v.	try and sentence 接受审判 undergo a trial
82	艰难	艱難	jiānnán	adj.	tough; hard
83	古人云		gǔrényún	phr.	古人 ancients 古人云 as ancient saying goes
84	物质	物質	wùzhì	n.	substance, material, matter 物质和精神 the material and the spiritual
85	信念		xìnniàn	n.	faith, belief

语法结构 Grammar Patterns

1 **颇**······ (adverb) rather, quite ...

颇为+V./adj.　(disyllabic word)　颇为重视；颇为了解
颇为不满 be quite discontent with ...

颇具/颇有+n.　(disyllabic word)　颇具特色 something has its own distinguishing characteristic
颇具人气/颇受欢迎 quite popular

对······颇有兴趣 have considerable interest in ...
例句：熊顿本名项瑶，是一位颇具人气的青年漫画家。
Xiong Dun, whose real name is Xiang Yao, is a popular young cartoonist.
王警官办案多年，对罪犯的心理颇为了解。
Officer Wang has been a criminal police officer for many years and has a good understanding of criminal psychology.
他对中国历史和民间艺术颇有兴趣，因此专门赴中国学习了三年。
He was quite interested in Chinese history and folk art, so he went to China to study for three years.

2 **用**······**的方式（来）呈现/表现**······**的话题/主题**
S. presents the topic of ... in a ... way

例句：这部电影用喜剧的方式呈现沉重的生死话题。
The film presents the heavy topic of life and death in a comedic way.

作家汪曾祺常常用幽默的方式表现他生活的智慧。

Writer Zengqi Wang often expresses the wisdom of his life in a humorous way.

这部电影用对比的方式来呈现中西方家庭观念的不同。

The film uses a contrasting approach to present the difference in family values between China and the West.

3　在……之际，……

on the occasion of ...; at the time of ...

例句：在29岁生日到来之际，漫画家熊顿却接二连三地遭受生活的打击。

On the occasion of her 29th birthday, cartoonist Xiong Dun was struck by repeated misfortune.

在教师节之际，他想向老师表达感恩之情。

On the occasion of Teacher's Day, he would like to express his gratitude to his teacher.

在总统大选之际，候选人的任何举动都可能引起政治风险。

In the midst of the presidential election, any actions of the candidates may cause political risks.

4　对sb.敞开心扉 open heart to sb.

例句：熊顿病情恶化再次入院，在她弥留之际，梁医生对她敞开了心扉。

Xiong Dun's condition deteriorated, and he was admitted to the hospital again. While she was on her deathbed, Dr. Liang opened his heart to her.

夫妻之间需要互相信任，敞开心扉。

Couples need to trust each other and open their hearts.

你对他们越敞开心扉，越真诚，你的计划就越可能成功。

The more open and honest you can be with them, the more successful your plan will be.

5　在……的感染下

be influenced by sb. be rubbed off on by sb.

例句：在熊顿的感染下，夏梦终于放下过去，痛快做自己。

Under the influence of Xiong Dun, Xia Meng finally put her past behind her and was happy to be who she was.

在王教授的感染下，我越来越热爱音乐。

Professor Wang has rubbed off on me, and I found myself appreciating music more.

在她的笑容的感染下，我原本紧张的心情放松了。

Under the influence of her smile, my nervous mood relaxed.

成语解释 Idioms

1　接二连三jiē èr lián sān：一个接连着一个，形容不间断。
one after another

不要接二连三地提问了。
Please stop your continual questions.
王先生在工作上接二连三地失误，辜负了老板的期望。
Mr. Wang made a series of mistakes in his work and failed his boss's expectations.

2　落荒而逃luò huāng ér táo：（打架的时候被打败了）慌张逃跑的样子。
run away; flee in panic; be defeated and flee

农夫把狼打了一顿，狼便落荒而逃。
The wolf was beaten by the farmer, and then ran away.
他被枪打伤了，不得不落荒而逃。
He was shot and wounded. He had to flee.

3　恰到好处qià dào hǎo chù：指说话做事恰好到了最合适的地步。
be just perfect; be to the point; just right
V得恰到好处；　恰到好处地V；　恰到好处的N

这部电影的拍摄节奏恰到好处，让观众沉浸其中。
This movie has great pacing, which immerses the audience in the movie.
这件婚纱恰到好处地展示了她的身材。
This wedding dress shows off her figure to perfection.

4　时日无多shí rì wú duō：形容所剩的时间不多了，一般用来指重病的人。
days are numbered

外婆自知时日无多，嘱咐妈妈准备葬礼用的丧服。
Knowing that she did not have much time left, my grandmother asked my mother to prepare the mourning clothes.
这个重病的孩子已经时日无多，父母想要满足他所有的心愿。
The seriously ill child has numbered days, and his parents want to fulfill all his wishes.

5　（在）弥留之际mí liú zhī jì：病危快要死的时候。
on one's deathbed

父亲在弥留之际告诉母亲: 他今生唯一爱过的女人就是母亲。
As father lay dying, he told mother that she was the only woman he loved in all his life.

好莱坞女演员凯瑟琳·赫本晚年身体状况不佳，她弥留之际很多家人都陪在她身边。

Hollywood actress Katharine Hepburn was in poor health in her later years. She was surrounded by all her family members on her deathbed.

6　**冷冷清清lěnglěng-qīngqīng：意思是环境气氛凄凉，冷落，人少，死气沉沉。deserted; cold and cheerless**

新冠病毒爆发以来，我们家的生意一直冷冷清清。
Our family's business has been deserted since the outbreak of the coronavirus.
公园里冷冷清清，一个人也没有。
It is cold and cheerless in the park, and no one is there.

7　**借酒消愁jiè jiǔ xiāo chóu：只用酒来浇灭心中的愁苦或气氛等不良情绪。也写作"借酒浇jiāo愁"。**

drown one's sorrows in alcohol; cry in one's beer

我考试不及格，女朋友又把我甩了，所以我准备去借酒消愁。
I failed my test and my girlfriend broke up with me, so I'm going to drown my sorrows in liquor.
她记得那段时间，她的父母常常借酒消愁来逃避残酷的现实。
She remembers that time when her parents sought escape in the bottle from hard realities.

文法练习 Grammar and Vocabulary Exercises

1　**看拼音写汉字，并用这些词语填空。**

jiē'èr lián sān	kàng'ái	lìzhìpiàn	àimù
dàda-liēliē	yíhàn	chūguǐ	xīnfēi	sǐdǎng

　　这部电影是一部_____，讲述了漫画家熊顿的_____经历。在电影中，熊顿遭受了_____的打击：先是丢了工作，然后发现男友_____，最后得知自己罹患癌症。但是熊顿性格_____，乐观积极。她_____梁医生，勇敢表达自己的心意，梁医生最后也对她打开了_____。虽然还是有很多_____，但在_____和家人的陪伴下，熊顿最后的日子是快乐的。

2　**选择合适的词语填空**

传递　感染　碰巧　渴盼　借鉴　遗愿　奋斗　着重　眼眶湿润

1)　新冠病毒期间，我无法回国，但是每天都_____着跟国内的家人团聚。

2) 虽然在网络上每个人都有言论自由，但是还是希望更多的网民可以_____正能量，而不是攻击观点不同的人。

3) 我会完成母亲的_____，在她去世后把她带回家乡举办葬礼。

4) 上个星期我去云南旅游，_____遇见了我的一个高中同学。

5) 目前，政府应该_____解决失业人口的问题，而不是花钱搞城市建设。

6) 最近几年我们公司_____了外国公司的管理经验，在工作效率上有了很大的提升。

7) 看完这个电影以后，我_____了，电影中的爱情故事让我感动无比。

8) 作为一名北漂，我已经在北京_____了十年了。

9) 他乐观阳光的态度_____身边的每一个人。

3　成语练习

根据语境，补充完成下面的句子。

1　寒假的时候大学校园**冷冷清清**，_____。

2　_____，所以他最近总是**借酒消愁**。

3　_____，家人希望他最后的日子是快乐**的**。（请使用"**时日无多**"）

4　A: 你觉得今天的舞台剧女主角的表演怎么样？
　　B: _____。
　　（请使用"**恰到好处**"）

4　请你用所给的生词和结构回答问题。

1) 请你描述一下电影中熊顿的生活经历。
　　（颇具人气；在……之际；确诊；恶化；信念）

2) 你怎么看待电影中熊顿和父母的关系？请谈谈你的感想。
　　（聚少离多；遗憾；白发人送黑发人；故作坚强）

5　修辞练习

课文中有多处使用了修辞手法 (literary devices)，例如比喻 (metaphor)。请你找出课文中2-3个使用修辞手法（literary devices）的句子，说一说作者用了什么修辞手法（literary devices），为什么要这样写？

例如:

友情的珍贵如同浇灌枯萎玫瑰的甘霖，让她在生命最后的一年再次展现了耀人的光彩。

自己创作，使用修辞手法（literary devices）来写一写"亲情，友情，爱情"。

例：友情如同一把火，驱散孤独者心中的阴云，照亮迷途者前进的方向。

电影初探 Film Exercises

1　课前预习问题

1) 看电影时记录5–10个生词、词组或者感兴趣的语句，并整理在自己的生词本中。

2) 请你记录电影中让你最感动或者你觉得最有意思的一个场景，将场景叙述出来，并谈谈让你感动或者觉得有意思的原因。

3) 这部电影被称为一部"正能量"的电影。在生活中，什么是"正能量"？什么是"负能量"？请在电影里找出代表正能量和负能量的例子，并分析这些例子对电影情节发展有什么作用。

4) 看了电影以后你有什么没看懂的地方，或者想和同学讨论的问题，请你列出来。

2　根据对电影的理解，请判断下面的句子是否正确。

1) 电影中熊顿和小夏在同一家公司工作。（　　）

2) 梁医生常被大家称作"梁老板"是因为他有钱。（　　）

3) 熊顿说了很多她想做却没有做的事情，其中一个是去山顶看一次日出。（　　）

4) 熊顿在弥留之际把银行卡的密码告诉了爸爸。（　　）

5) 梁医生的前女友是生病去世的。（　　）

3　电影片段分析：

A　电影中有一分钟的场景是熊顿和Amy的争吵的对话（大概在电影的01:33:09 – 01:34:17），他们说了什么？请你把每句话记录下来。

Amy：出院了不好好回家休息，……

熊顿：

为什么Amy和熊顿会有这样的争吵？你觉得在这件事情上Amy和熊顿谁对谁错？

这段对话中出现了一些北方方言词语，请你解释这些下划线的词语是什么意思（可以用英文解释）。

得 dè 瑟 sè

病好了可以甩 shuǎi 脸子了是吗？

咱们撤 chè！

B　请观看电影中熊顿和夏梦飙车后在天桥上的对话（大概在电影的01:07:53 – 01:09:46），她们对话的主要内容是什么？这段话表达了熊顿什么样的生活态度？

文化小课堂 Cultural Elements

1　电影中的部分内容反映了熊顿和Amy在大城市的工作生活，而且她们两个人都辞职了，请你描述一下她们的工作生活有什么特点，她们的上司有什么特点。这样的职场文化跟你的国家有什么不同？

2　小毛豆父亲的朋友去医院找梁医生，他们是想给梁医生毛豆的手术费，但是却被当成"医闹"。什么是"医闹"？他们常做什么事情？上网查阅资料或者采访你的中国朋友，然后跟同学一起讨论医闹在中国出现的原因，医闹的新闻实例等等。

3　观察电影中熊顿和父母的相处有什么特点，这跟你和父母的相处方式一样吗？哪些地方是不同的？哪些地方可以反映出中国父母的特点？综合以上几点，谈一谈中国式亲情的特点。

讨论交流 Discussion

1　《滚蛋吧！肿瘤君》和《别告诉她》都是讲述癌症病人的故事，在医生和家人对待癌症病人的态度上，你觉得这两部电影有什么相同之处吗？

2　这部电影被称为一部"正能量"的电影。在生活中，什么是"正能量"？什么是"负能量"？请在电影里找出代表正能量和负能量的例子，并分析这些例子对电影情节发展有什么作用。

3　电影中熊顿和她的死党每个人都有自己的特点，请你分别用几个词语来形容熊顿、老正、小夏、Amy、梁医生各自有什么特点？这些人在熊顿的生命中分别有什么样的意义？你觉得熊顿和梁医生之间是真的互相喜欢吗？你怎么看熊顿和梁医生之间的感情？

4　请列举电影中的幽默/喜剧元素，再找找电影中的悲剧元素。你认为这部电影是一部喜剧还是悲剧？应该如何定义一部电影是喜剧还是悲剧？

5　电影中很多镜头使用了计算机合成特效（computer-generated effects）、慢动作（slow-motion）等镜头，主要集中在熊顿幻想出的一些动漫、恐怖、科幻、浪漫爱情等场景。请你结合具体场景分析这些特效在表达人物情感、塑造电影风格、推动情节发展等方面的作用。

6　看了熊顿的抗癌经历，你印象最深刻的是什么？如果你是熊顿的朋友，在她生命的最后一年，你会为她做什么？

表达演示 Projects and Presentations

1　活动

1) 角色扮演。电影中熊顿在餐厅碰巧看到男朋友出轨，她落荒而逃。三个同学一组，重新设计台词和剧情，按照你们自己的想法表演熊顿发现男朋友出轨的场景。

2) 跟同学一起读熊顿的漫画《滚蛋吧！肿瘤君》（在网上可以找到在线阅读），可以几个同学一组，每组读一个章节。同学们互相分享阅读感受，也可以跟电影中的情节做比较，漫画和电影给你什么不同的感受？

2　写作

1) 请选择一个你感兴趣的角度，写一篇关于此电影的影评。

2) 谈一谈电影中表现的熊顿的爱情观和人生观，这些跟你自己的想法有什么不同，对你有什么影响？

3) 从熊顿的角度出发，以"我的人生故事"为题，写一篇人物传记。

阅读延伸 Reading Comprehension

面对癌症患者，医生应该告知真相还是帮家属隐瞒？

在中国，无论是生活中还是电影电视中，对癌症病人隐瞒病情的情况都比较常见。最近，致力于癌症研究和科普的菠萝博士采访了中山大学肿瘤防治中心的陈功教授，请他分享对于这个难题的见解："面对癌症病人，告知还是隐瞒"？

根据陈功教授的说法，在被隐瞒病情的成年人中，老人所占的比例最大，尤其是文化程度低或者农村的老人。如果是年轻人生病，隐瞒的情况会少一点，特别是有文化、有工作的人。主要原因首先是，一般人对癌症非常恐惧，谈"癌"色变，家人会下意识认为老人承受不了疾病的打击，加上有的人确诊癌症之后就有了轻生的念头，所以很多时候，作为家属第一个主观的反应就是对患者隐瞒病情。而另一个原因跟中国传统文化有关：在中国，除非是文化程度很高，或者在家里本来就是一家之主的老人，否则老人到了一定年纪，对事情的决定权自然而然地就转给子女或其他家庭成员了。

作为医生，陈功教授不支持对病人隐瞒真相，尤其是对那些文化程度比较高的人，也是很难隐瞒住的。如果病人不识字，看不懂医院的名称（很多医院的名称为"肿瘤医院"），看不懂病历或者处方，这种就比较好隐瞒。如果病人识字，应该客观地跟病人讲清楚，但是在具体交待病情程度时会稍作考虑。如果是早期的，陈功教授基本上从来不隐瞒，而且会鼓励患者这个病的治愈率是很高的。但如果是晚期的疾病，尤其是那种家属已经瞒了很久的，可能就得慢慢地、一步一步地透露。

陈功教授经常跟家属说，有时候你为了圆一个谎言，你要再编十个谎言，甚至想办法做假报告等。之后病人住院了，还要防病友、护士无意的泄露，你又不可能时时刻刻都守在他旁边，这其实是很难瞒得住的。从我们自身的角度，作为有自我认知、自我管理能力的成年人，希不希望主宰自己最后的生命？答案是肯定的。但是我们中国人就太习惯替别人做主。可能我们从小就是在这样的环境里，在学校是老师给你做主，家里有家人为你做主，在外有政府国家为你做主，所以等到生病的时候还是家人给你做主。

对病人隐瞒病情其实对治疗是很不利的，尤其是癌症的治疗，治疗方法都是创伤比较大的，手术也往往都是器官毁损性的。对所有人都告知真相的话，医生也能够更加自由、自信地从科学和专业的角度去处理，这是对各方都好的情况。这也是减少医患纠纷最重要的途径。百分之八九十的医疗纠纷，首先是因为沟通出现了问题，缺乏事先的有效沟通，后续治疗中如果疗效不理想，病人肯定就是不理解的。但是如果沟通得很充分，那么病人就会意识到现在出现的问题，心里面已经有所准备了。

在美国如果你不告诉病人病情，有可能涉嫌违法，但我们国家的法律在这方面是空白的。病人家属跟医生要求病情保密，医生就得遵守约定。但事实上从法律的角度，家属这种要求是不合理不合法的。但在我们国家没有这项法律，所以在医院你会看到很多时候医生和护士的留言板上会写"##病房，病情保密"。陈功教授认为所有医生都应该尝试去跟病人或者家属沟通，把病情进行完全的公开。当然这个病情怎么公开，用什么样的语气，在什么时间点，什么样的场合，这个是值得认真考虑的。

1　根据文章，家属和医生常常对什么样的病人隐瞒病情？( )

　　A　年轻人

　　B　文化程度高的老人

　　C　文化程度低或者农村的老人

2　根据文章的分析，大部分家庭对癌症病人隐瞒病情的原因是什么？

3　对于"面对癌症病人，告知病情还是隐瞒病情"这个问题，陈功教授认为应该告知还是隐瞒？他的理由是什么？（请至少写3个理由）

4　中国没有跟"隐瞒病人病情"相关的法律规定，你认为中国是否要增加相关的法律？为什么？

繁體字課文

《滾蛋吧！腫瘤君》：與癌症鬥爭的一年

導讀：

　　《滾蛋吧！腫瘤君》是一部由韓延（Hán　Yán）執導的勵志愛情電影，於2015年在中國大陸上映。這部電影改編自漫畫家熊頓（Xióng Dùn）的同名漫畫作品，真實記錄了熊頓在罹患癌症後樂觀堅強的抗癌經歷。熊頓本名項瑤（Xiàng　Yáo），是一位頗具人氣的青年漫畫家，2011年被診斷為「非霍奇金淋巴瘤」（Fēihuòqíjīn línbāliú），她親切地稱之為「腫瘤君」。抗癌治療充滿了痛苦的折磨，她卻把自己與腫瘤鬥爭的過程創作成一幅幅幽默可愛的漫畫。熊頓發佈在網上的連載漫畫引起了巨大轟動，她樂觀的抗癌精神感動了無數網友。正能量在每一幅漫畫下面傳遞，然而大家渴盼的奇跡卻沒有發生，從確診到去世僅僅一年的時間，腫瘤君最後還是永遠地帶走了熊頓。將漫畫《滾蛋吧！腫瘤君》拍成電影是熊頓的遺願。電影上映後獲得第11屆中美電影節（Chinese American Film Festival）的金天使獎（the Golden Angel Award）。

正文：

　　在29歲生日到來之際，漫畫家熊頓卻接二連三地遭受生活的打擊：因頂撞上司而丟了工作；在飯店吃飯卻碰巧看到男友出軌，不得不落荒而逃；然而失業和失戀都不是最大的打擊，熊頓在生日晚會上突然暈倒，醒來後被確診為非霍奇金淋巴瘤，從此開始了與死神賽跑的日子。電影並未著重表現癌症的痛苦和死亡的可怕，而是把更多的筆墨放在了友情、愛情、親情上面。電影利用熊頓的幻想，借鑒經典的電影場景，大膽地設計了動漫、恐怖、科幻、浪漫愛情等元素，用喜劇的方式呈現沉重的生死話題。搞笑元素恰到好處，感情主線又能緊緊抓住觀眾的心，可以說這部電影是近年來勵志片的一部佳作。

　　熊頓是一個愛憎分明，大大咧咧，同時又充滿想象力的女孩。她和小夏，艾米，老正三個死黨一起在北京奮鬥，加班熬夜的快節奏生活也常常充滿歡樂。身患癌症的熊頓是不幸的，但是有三個死黨陪伴的她又是幸運的。一起剃光頭，飆車，羞辱出軌的前男友，一起哭，一起笑……正是有這些好友的陪伴，熊頓在生命的最後日子裏才創造出了無限美好的回憶。正如熊頓對艾米所說的「我可以失戀十次，但卻不可以失去妳一次」，友情的珍貴如同澆灌枯萎玫瑰的甘霖，讓她在生命最後的一年再次展現了耀人的光彩。

　　愛情是甜蜜的，但也是苦澀的。熊頓對帥氣的梁醫生一見鐘情，鼓起勇氣大膽表達自己的愛慕。但是面對一個時日無多的癌症病人，應該勇敢放手去愛不留遺憾，還是為避免失去時的痛苦而克制自己的感情？作為熊頓的主治醫生，梁醫生被熊頓抗癌的樂觀態度和可愛的性格所吸引，但是面對癌症病人，他不得不克制自己的感情。熊頓病情惡化再次入院，在她彌留之際，梁醫生對她打開了心扉：「妳是我一生只會遇見一次的驚喜，就像上帝派來的天使，在我心裏種下了一顆歡樂的種子，現在，它已經發芽了。」熊頓對梁醫生的愛慕最後總算有了一個溫暖的回應。愛情有時候是美麗的痛苦，但人不能因害怕失去，就不去擁有。經歷過，愛過，堅強過，才算沒有白活。

　　親情在這部電影中並沒有占太多的筆墨，熊頓的父母在電影的後半部分才出場，但每個鏡頭都讓觀眾眼眶濕潤。中國人常說，「子欲養而親不待」是人生最痛苦的事之一，但更痛苦的恐怕是「白髮人送黑髮人」。老兩口從梁醫生口中得知女兒的病情後，在女兒面前故作堅強，只有獨自一人的時候才默默痛哭。這註定是一場艱難的告別，是最難開口說的「再見」。熊頓跟媽媽說「下輩子我們還做一家人」，這份無奈和難過讓人淚流滿面。有無數像熊頓一樣的「北漂」「滬漂」的年輕人，為了夢想到大城市奮鬥，每年跟父母聚少離多，還未等體會成功的喜悅，生活便留給他們「子欲養而親不待」的遺憾，或者「白髮人送黑髮人」的殘酷。

　　電影選擇用輕鬆溫暖的方式講述這段痛苦的抗癌之旅，在友情、愛情、親情之外，導演也展示了醫院裏的眾生態。同一個病房的病友小毛豆淘氣可愛，給熊頓帶來了很多溫暖和歡樂。父親為了給毛豆治病幾乎花光了所有的錢，但是毛豆配型失敗，他們只能無奈地回家。他是一個好父親，明知孩子時日無多，但還是堅持給孩子最後的幸福和希望。跟親朋好友圍繞身旁的熊頓相比，病友夏夢（Xià Mèng）的病床前總是冷冷清清，從沒有人來看望她。夏夢生病後被男朋友拋棄，孤單的她在深夜借酒消愁，但在熊頓的感染下，終於放下過去，痛快做自己，後來也成為了熊頓的死黨之一。這樣一群人，他們因為共同的原因在醫院相遇，等待生死的審判。在人生最艱難的時刻，他們之間互相傳遞正能量，給醫院白色的病房生活，增加了無數歡樂的色彩。

　　古人云：「三十而立」，意思是人在三十歲的時候應該在精神和物質上獨立，有自己的追求，對自己的人生負責。但熊頓的人生卻永遠留在了三十歲。腫瘤君贏了，但是熊頓並沒有輸，她留給我們的信念永遠溫暖著我們。正如她在自己的葬禮視頻中所說的：「我沒有離開妳們，只是換了一種方式，繼續活在妳們的生命裏。」

第四课
《谁先爱上他的》：爱是毒药，还是解药？
Dear Ex: Is Love a Poison or an Antidote?

学习目标：

1 通过学习本课文，掌握文中的词汇、句型。
2 能使用文中的词汇与句型来描述电影中不同人物的经历与故事，叙述电影情节。
3 能分析同性恋这个议题下每一个人物的选择与遭遇背后的原因，了解同性恋者在社会中的生存困境。
4 能够阅读与同性恋、形婚、同妻等话题相关的文本，分析文本的主要内容及观点，并进行写作及做正式的口头报告。
5 能够研究及探讨这部电影的叙事方式（narrative form），特别是电影中的闪回（flashback），以及背景音乐、画外音（offscreen sound）和动画涂鸦（animation graffiti）的艺术效果。

导读：

　　《谁先爱上他的》是由台湾导演徐誉庭 (Xú Yùtíng) 和许智彦 (Xǔ Zhìyàn) **联合**指导的剧情片。电影采用**轻喜剧**的方式，从一位**已故**的大学教授将**保险金**留给自己的同性男友而非妻子的情节切入，引出了妻子刘三莲（Liú Sānlián）为争夺保险金而与丈夫的同性爱人阿杰（Ā Jié）对抗的故事。电影通过**紧凑**的情节、特别的**闪回**场景描述了家庭与个人，同性与异性，真爱与**世俗、伦理**之间的**冲突**。电影荣获了台北电影节（Taiwan Film Festival）五项大奖以及金马奖[1]最佳女主角（Best Actress），最佳**原创**电影歌曲（Best Original Soundtrack），最佳**剪辑**（Best Editing）三大奖项。这也是台湾市场上继电影《十七岁的天空》[2]之后第一部正面**触碰同性恋议题**的电影，是2018年备受**瞩目**的华语电影。

---

1 金马奖 Golden Horse Awards: 是华语电影业界最具影响力与代表性的电影奖，也是华语电影业界最早的电影奖项。为全球历史最悠久的华语电影奖，有"华语的奥斯卡金像奖"的美誉，与香港电影金像奖（Hong Kong Awards）并称华语电影两大最高殊荣。
2 《17岁的天空》*Formula 17*是台湾导演陈映蓉执导的同志爱情电影。该片于2004年4月2日在台湾上映。该片讲述了一位乡下来的年轻人周小天，与香港俊男白铁男交往的故事。

DOI: 10.4324/9781003276340-6

正文：

　　《谁先爱上他的》这部电影于2018年11月2日上映。那时，台湾同性婚姻还未得到正式认可，同性恋者生活在社会的灰色地带。社会上**无疑**存在许多**形式婚姻**（简称"形婚"），以及像刘三莲一样被骗婚的"同妻"——同性恋者的妻子。这部电影通过强烈的**戏剧**冲突，向观众展现了同妻、同性恋丈夫与同性爱人之间的三角关系，借此反映世俗价值观对个人及家庭的**绑架**和**束缚**。

　　首先，电影向观众真实展现了现实社会中"同妻"面临的困境。由于同性婚姻不合法，加上中国传统文化中**传宗接代**、**养儿防老**等观念的束缚，男同性恋者被迫与女同性恋者形婚；或者直接骗婚，使得一个**单纯**的女孩子成为同妻。同妻被当成**掩盖**谎言的工具，是同性恋者隐藏身份的**牺牲**品。刘三莲就是这样一个实实在在的悲剧人物。当初她满怀着对家庭的**憧憬**与丈夫宋正远（Sòng Zhèngyuǎn）结婚，没想到却**跌**入了无爱婚姻的**万丈深渊**。丈夫婚后十几年都在欺骗刘三莲，对其日益疏远，而三莲用尽各种方式讨好丈夫，换来的结果是丈夫**坦白**自己是同性恋。三莲甚至试图想改变丈夫的**性取向**，可这一切都**无济于事**。她为了家庭**不顾一切**地**妥协**，结果却**一无所获**，连儿子都偏向了丈夫的同性爱人。三莲见心理咨询师时哭着说："这一切都是假的吗？真的没有一点爱吗？"电影通过她情绪**崩溃**的场面，生动地向观众展现了"同妻"的痛苦**遭遇**。

　　这部电影也反映了以宋正远与阿杰为代表的同性恋群体在社会中生存的艰难。显然两人代表的是两种**截然不同**的生活选择——向主流社会和世俗思想妥协与**忠于**内心、积极追求爱情的两种生活方式。宋正远是**儒雅**的大学教授，有学识，有社会地位，可仍被传统价值观**捆绑**。"我需要一个正常的妻子，一个正常的婚姻，做一个所谓正常的男人。"他的**软弱**直接导致了这一场悲剧。也许我们并不能将批判的**矛头**指向宋正远，在保守的社会环境中，并不是每一个同性恋者都有勇气和信心去**反抗**残酷的现实。阿杰是戴着**镣铐**跳舞的勇敢青年，是电影中塑造的浪漫形象，**执拗**、单纯，为了爱情**奋不顾身**。他与宋正远因**排练**巴厘岛[3]这部舞台剧相爱，后来宋正远为了正常生活将他抛弃，确诊癌症后才回到阿杰身边。但阿杰始终对宋正远**用情至深**，**不离不弃**。宋正远去世后，阿杰仍旧为他**还债**，**历经**艰难还原了17年前的舞台剧。在三角关系中，刘三莲被欺骗了感情，而阿杰所付出的真心与努力也很难得到回报。

　　电影的特别之处在于其**叙事**和呈现方式，即由儿子宋呈希（Sòng Chéngxī）的视角展开描述，用孩子充满**童真**和**猜测**的视角把这个原本沉重的话题**包装**成了一部轻喜剧。电影中母亲**暴躁**、敏感又唠叨，母子关系总是非常紧张，儿子称妈妈为"全世界最吵的女人"，"不去**好莱坞**当演员是好莱坞的一大损失"。当儿子知道阿杰是爸爸的同性爱人后，他**戏**

---

3 巴厘岛Bali Island位于印度尼西亚。巴厘岛风景优美，是世界上著名的旅游胜地。

谴说"我爸的保险金一定是他用美色骗走的"。观众也**忍俊不禁**，对这个内心淘气的儿子有了几分好感和**怜惜**。在儿童视角的基础上，电影还采用了动画**涂鸦**的方式来加入儿子的内心**独白**。比如，儿子为去世的父亲插上了天使的翅膀。电影中也出现了儿子心中的小三与小王变成**魔鬼**争斗的画面。涂鸦不仅增添了幽默的喜剧效果，也**弱化**了故事沉重的**外壳**。**伴随**着涂鸦画面的通常是一些闪回镜头。这就让观众更加**真切**地感受到了故事的内容及**走向**。儿子一步步了解到故事的真相，认识清楚母亲、阿杰与父亲三者间的关系与**纠葛**，最终选择与母亲**修复**关系，故事也因此收获了圆满的结局。

　　导演没有**刻意**将谁塑造成坏人，也没有刻意强调谁是**受害者**，而是以温情的**和解**方式结束整部电影。这样充满了理解和宽容的结局，在一定程度上也**寄托**了电影导演对生活的美好愿望。**借用**导演的话说："这100分钟的故事，其实讲的是**原谅**：原谅那些伤害过你的人，你不知道为什么要原谅，但是从那一天开始，你变得比之前更加快乐了。"正如刘三莲一样，她选择原谅，选择放下对阿杰，放下对自己不幸婚姻的恨之后，便重获了儿子的尊重与爱。阿杰也是如此，当他真正与去世的爱人告别后，才能快乐地开始新的生活。爱是**毒药**，又何尝不是**解药**呢？

生词：

导读

	简体	繁體	拼音	词性	英文翻译
1	联合	聯合	liánhé	n./v.	alliance, union; unite
2	轻喜剧	輕喜劇	qīngxǐjù	n.	light comedy
3	已故		yǐgù	adj.	late, deceased
4	保险金	保險金	bǎoxiǎnjīn	n.	insurance money
5	紧凑	緊湊	jǐncòu	adj.	compact 情节/日程/安排+紧凑
6	闪回	閃回	shǎnhuí	n.	flashback
7	世俗		shìsú	n./adj.	secularity; secular, worldly
8	伦理	倫理	lúnlǐ	n.	ethics
9	冲突	衝突	chōngtū	n.	conflict, clash
10	原创	原創	yuánchuàng	n./adj.	original; originality 原创歌曲；原创设计
11	剪辑	剪輯	jiǎnjí	v./n.	editing, film editing
12	触碰	觸碰	chùpèng	v.	touch, lay a finger on
13	同性恋	同性戀	tóngxìngliàn	n.	homosexual 男同性恋，简称男同 女同性恋，简称女同
14	议题	議題	yìtí	n.	topic for discussion

	简体	繁體	拼音	词性	英文翻译
15	瞩目	矚目	zhǔmù	v.	focus one's attention upon 引人瞩目 conspicuous, catch someone's eye 备受瞩目 attract much attention

正文

	简体	繁體	拼音	词性	英文翻译
16	无疑	無疑	wúyí	adv.	undoubtedly, surely
17	形式婚姻		xíng shì hūn yīn	n.	marriage of convenience 形式婚姻，简称形婚，又称为互助婚姻。一些人为了移民身份与人结婚，或者一个男同性恋者和一个女同性恋者组建家庭等，都属于形式婚姻。
18	戏剧	戲劇	xìjù	n.	drama, play
19	绑架	綁架	bǎngjià	v.	kidnap
20	束缚	束縛	shùfù	v./n.	tie, bound, constrain; constraint 受到……的束缚 be constrained by 挣脱……的束缚 get rid of the constraint of ...
21	传宗接代	傳宗接代	chuán zōng jiē dài	idm.	carry on the family line, continuity of a clan
22	养儿防老	養兒防老	yǎng ér fáng lǎo	idm.	bring up sons to support parents in their old age
23	单纯	單純	dānchún	adj.	pure, simple
24	掩盖	掩蓋	yǎn'gài	v.	cover up
25	牺牲	犧牲	xīshēng	v./n.	sacrifice 牺牲品 prey, victim
26	憧憬		chōngjǐng	n./v.	longing; have visions of, look forward to 对未来的憧憬 憧憬未来
27	跌		diē	v.	fall, drop 下跌
28	万丈深渊	萬丈深淵	wàn zhàng shēn yuān	n.	a bottomless chasm, an abyss of 100,000 feet
29	坦白		tǎnbái	v.	to be frank 向/跟……坦白
30	性取向		xìngqǔxiàng	n.	sexual orientation, sexual preference

(Continued)

正文 (Continued)

	简体	繁體	拼音	词性	英文翻译
31	无济于事	無濟於事	wú jì yú shì	idm.	of no help, of no use
32	不顾一切	不顧一切	bú gù yí qiè	idm.	desperately, recklessly do something; go to the most extreme lengths to ...
33	妥协	妥協	tuǒxié	v.	compromise 在……上妥协 to compromise on sth. 向 sb./sth. 妥协 compromise with sb./sth. 达成妥协 to make/reach/come to a compromise
34	一无所获	一無所獲	yì wú suǒ huò	idm.	have gained nothing
35	崩溃	崩潰	bēngkuì	v.	collapse, breakdown
36	遭遇		zāoyù	n./v.	(bitter) experience; encounter (something bad) 遭遇不幸 meet with misfortune 遭遇危险 encounter danger
37	截然不同		jié rán bù tóng	idm.	be entirely different
38	忠于	忠於	zhōngyú	v.	loyal to, faithful to 忠于+内心/祖国/人民
39	儒雅		rúyǎ	adj.	learned and refined
40	捆绑	捆綁	kǔnbǎng	v.	bind, tie up 把/将 sb./sth. 捆绑起来 tie … up 被……捆绑 be bound by
41	软弱	軟弱	ruǎnruò	adj.	flabby, weak
42	矛头	矛頭	máotóu	n.	spearhead
43	反抗		fǎnkàng	v.	revolt, defy
*	镣铐	鐐銬	liàokào	n.	shackle, bond "戴着镣铐跳舞": dance in shackles. It is generally used as a metaphor for having a good action or idea but being restricted by external factors and unable to develop completely freely.
44	执拗	執拗	zhíniù	adj.	stubborn, pigheaded
45	奋不顾身	奮不顧身	fèn bú gù shēn	idm.	to forget about one's own, daring regardless of self
46	排练	排練	páiliàn	n./v.	rehearse; rehearsal

	简体	繁體	拼音	词性	英文翻译
47	用情至深		yòng qíng zhì shēn	idm.	have a great depth of feeling 对sb.用情至深
48	不离不弃	不離不棄	bù lí bú qì	v.	never leave or forsake 对sb.不离不弃
49	还债	還債	huánzhài	v.	repay a debt, pay one's debt
50	历经	歷經	lìjīng	v.	go through 历经+苦难/艰辛/风雨 历经+多少年
51	叙事		xùshì	v.	narrate, recount
52	童真		tóngzhēn	n.	innocence, children's simplicity
53	猜测	猜測	cāicè	n./v.	conjecture; speculate, guess
54	包装	包裝	bāozhuāng	n./v.	packaging; wrap, parcel up 食品包装 包装礼物/食品
55	暴躁		bàozào	adj.	irritable, cranky
*	好莱坞	好萊塢	hǎoláiwū	n.	Hollywood
56	戏谑	戲謔	xìxuè	v.	banter, joke with sb.
57	忍俊不禁	忍俊不禁	rěn jùn bù jīn	idm.	cannot help laughing
58	怜惜	憐惜	liánxī	v.	take pity on, feel tender and protective toward
59	涂鸦	塗鴉	túyā	n.	scrawl, graffiti
60	独白	獨白	dúbái	n.	monolog
61	魔鬼		móguǐ	n.	demon, devil
62	弱化		ruòhuà	v.	weaken
63	外壳	外殼	wàiké	n.	shell
64	伴随	伴隨	bànsuí	v.	accompany; follow
65	真切		zhēnqiè	adj.	clear, lifelike, realistic
66	走向		zǒuxiàng	n.	trend 故事/剧情的走向
67	纠葛	糾葛	jiūgé	n.	entanglement, complication 情感纠葛 爱恨纠葛
68	修复	修復	xiūfù	v.	repair, restore
69	刻意		kèyì	adv.	deliberately
70	受害者		shòuhàizhě	n.	victim
71	和解		héjiě	n./v.	reconciliation; reconcile
72	寄托	寄託	jìtuō	v.	place (hope, etc.) on, leave with sb.

(Continued)

正文 (Continued)

	简体	繁體	拼音	词性	英文翻译
73	借用		jièyòng	v.	borrow
74	原谅	原諒	yuánliàng	v.	forgive
75	毒药	毒藥	dúyào	n.	poison, toxicant
76	解药	解藥	jiěyào	n.	antidote

语法结构 Grammar Patterns

1　（电影/小说/文章……）从……（视角/角度/故事/情节/场景……）切入
(The film/fiction/article ...) develops/starts from the (angle/story/plot/ scene ...) of ...

例句：电影从一位已故的大学教授将保险金留给同性男友而非妻子的情节切入，引出了妻子刘三莲为争夺保险金而与丈夫的同性爱人阿杰对抗的故事。

The film begins with the story of a late university professor who leaves his insurance money to his boyfriend, leading to the story of his wife, Liu San-lian, confronting her husband's lover, A-Jie, to fight for the insurance money.

这是一部从女性视角切入的爆笑喜剧电影。

This is a hilarious comedy film that is told from the female perspective.

这篇文章从中国式家庭与美国式家庭的差异切入，讲述了中国移民家庭中儿女与父母间发生冲突的具体原因。

This article cuts into the difference between Chinese families and American families, and describes the specific reasons for the conflicts between children and parents in Chinese immigrant families.

2　继something/somebody之后
after something/somebody; following something/somebody

例句：这也是台湾市场上继电影《十七岁的天空》 之后第一部正面触碰同性恋议题的电影，是2018年备受瞩目的华语电影。

This is also the first film that directly touches on the issue of homosexuality after the film *Formula 17* in Taiwan. It is a Chinese-language film that has received much attention in 2018.

继《中国好声音》之后，湖南电视台又出台了许多有趣的综艺节目。

Following the *Voice of China*, Hunan TV has released many interesting variety shows.

他是继鲁迅之后又一位充满睿智与思辨力的作家。

He is another writer full of wisdom and speculation after Lu Xun.

3　备受+disyllabic verbs: 备受瞩目/关注/认可/重视/青睐
fully experienced/received a lot of attention（瞩目/关注）/
emphasis（重视）/favor（青睐）

例句：这是2018年备受瞩目的华语电影。
This is a Chinese-language film that has received much attention in 2018.
中国的资本市场改革备受重视。
China's capital market reform has received much attention.
转眼间他就已经成为了备受瞩目的焦点。
In a blink of an eye, he has become the focus of much attention.

4　对……满怀希望/憧憬/信心/理想
be full of/fill the heart with hope/yearning/confidence/ideal for something

例句：当初她满怀着对家庭的憧憬与丈夫宋正远结婚，没想到却跌入了无爱婚姻的万丈深渊。
At the beginning, she married her husband Song Zhengyuan and was full of yearning for a family, but unexpectedly fell into the abyss of loveless marriage.
高中毕业的学生们对未来的大学生活满怀憧憬。
The students who graduated from high school have a longing for the future university life.
在一个充满仇恨的世界，我们仍然要满怀希望。
In a world full of hatred, we still have to be full of hope.

5　以……为代表/依据/线索/中心/参考 ...
take ... as representation/basis/thread/the center/reference

例句：这部电影也反映了以宋正远与阿杰为代表的同性恋群体在社会中生存的艰难。
This movie also reflects the difficulties of the gay community in the society represented by Song Zhengyuan and A-Jie.
东方文化以儒家思想为代表，而儒家思想重义轻利。
Eastern culture is represented by Confucianism, and Confucianism emphasizes righteousness over profit.
他所做的研究都以实验数据为依据。
His research is based on experiments and data.

6　将批判的矛头指向sb./sth.
directly criticize sb./sth. (point the finger; blame; criticize)

例句：也许我们并不能将批判的矛头直接指向宋正远，在保守的社会环境中，并不是每一个同性恋者都有勇气和信心去反抗残酷的现实。

Perhaps we cannot directly criticize Song Zhengyuan. In a conservative social environment, not every homosexual person has the courage and confidence to resist the cruel reality.

这篇文章的作者将批判的矛头直接指向统治者，揭露了统治阶层的贪婪与残酷。

The author of this article directly criticizes the ruler, exposing the greed and cruelty of the ruling class.

所有的物种灭绝的模式和原因都不同。这位科学家将矛头指向了气候变化和生存环境的破坏。

All species have different patterns and causes of extinction. The scientist pointed the finger at climate change and the destruction of the environment.

7　……，即 …… namely; be

例句：电影的特别之处在于其叙事和呈现方式，即由儿子宋呈希的视角展开描述，用孩子充满童真和猜测的视角把这个原本沉重的话题包装成了一部轻喜剧。

What makes the film special is the way it is told and presented. It is described from the perspective of Song Chengxi, the son, who wraps this heavy topic in a light comedy with the child's perspective full of innocence and speculation.

知识即力量。

Knowledge is power.

所谓幸福，即内心的知足与安定。

So-called happiness means inner contentment and stability.

8　（对 ……）寄托……希望/期望/祝福　entrust hope/expectation/wishes (to ...)

例句：这样充满了理解和宽容的结局，一定程度上也寄托了电影导演对生活的美好愿望。

The ending is full of understanding and tolerance. To a certain extent, it shows the film director has entrusted good wishes for life.

父母在孩子身上寄托了很大的期望。

Parents place great expectations on their children.

节日里给朋友们寄出的贺卡寄托了我的美好祝福。

The greeting cards sent to my friends during the holiday entrusted my best wishes.

成语解释 Idioms

1　**传宗接代chuán zōng jiē dài：传延宗族，接续后代。指生了独生子可以使家世一代一代传下去。carry on the family line; continuity of a clan**

在中国，许多有封建思想的人认为要生儿子才能传宗接代。

For many people with feudal ideas in China, it is necessary to have a son in order to pass on from generation to generation.

在旧中国，姓氏是家族传宗接代的标志，女性出嫁前大多没有正式名字，出嫁后随夫姓，子女则随父姓。

The surname is a sign of family succession in ancient China. Most women do not have an official name before marrying. After they marry, they follow their husband's surname, and their children follow their father's surname.

2　**养儿防老yǎng ér fáng lǎo：养育儿子是为了防备年老。raise children to provide for one's old age**

"养儿防老" 在传统的中国社会里是天经地义的事，也是中华民族的传统美德。

"Bringing up children to guard against old age" is a matter of course in traditional Chinese society and a traditional virtue of the Chinese nation.

当今社会的养老制度正冲击着养儿防老的旧传统观念。

The old-age care system in current society is impacting the old traditional concept of raising children to prevent old age.

3　**万丈深渊wàn zhàng shēn yuān：很深的水潭，比喻十分不利的处境。a bottomless chasm; an abyss of 100,000 feet**

她的心情跌入了万丈深渊。

Her mood fell into the abyss.

苦难对于能干的人是一笔财富，对于弱者是个万丈深渊。

Suffering is wealth for the abled, and an abyss for the weak.

4　**无济于事wú jì yú shì：对事情没有什么帮助或益处，不解决问题。of no help; of no use**

医生千方百计想救活他，但无济于事。

The doctors tried everything to keep him alive, but to no avail.

无论她多么努力，好像都无济于事。

However hard she tried, nothing seemed to work.

5　**一无所获yì wú suǒ huò：什么东西都没有得到。**
have gained nothing; empty-handed; gainless

依目前的情况来看，这场战争似乎一无所获。
Judged from the current situation, the war seems to have achieved nothing.

如果你期待着某件事或某个人来改变你的生活，你将一无所获。
If you expect an event or person to change your life, nothing will happen.

6　**截然不同jié rán bù tóng：两件事情毫无共同之处，完全不一样。**
be entirely different

年轻人有一整套截然不同的价值观和期望。
The young people have a completely different set of values and expectations.
两次投票产生的结果截然不同。
The two polls produced strikingly different results.

7　**奋不顾身fèn bú gù shēn：指奋勇向前，不考虑个人安危。**
to forget about one's own; daring regardless of self; be daring regardless
of personal danger

其实我们都一样，对爱的人都会奋不顾身。
In fact, we are all the same. We are desperate for those we love.
他奋不顾身跳进急流去救那个男孩。
He jumped into the torrent to save the boy, disregarding his own life.

8　**忍俊不禁rěn jùn bù jīn：意思是指忍不住笑出来。让/令……忍俊不禁**
cannot help laughing

大熊猫憨厚可爱的模样让游客们忍俊不禁。
The panda's honest and cute appearance made tourists laugh.
这个相声节目实在幽默风趣，令大家忍俊不禁。
This cross-talk show is really humorous, and everyone can't help but laugh.

文法练习 Grammar and Vocabulary Exercises

1　**看拼音写汉字，并用这些词语填空。**

yìtí　　　jiūgé　　　yǐgù　　　túyā
shùfù　　　ruòhuà　　　zhǔmù　　　bǎoxiǎnjīn

《谁先爱上他的》这部电影讲述的是一位_____的大学教授将_____留给同性爱人后而引发的妻子、孩子、与爱人三者之间感情上_____的故事，是2018年备受_____的华语电影。电影关注同性恋_____，也揭示了同妻的生存困境，真实反映了遭受世俗伦理_____而导致的悲剧。特别的是，电影通过动画_____的方式将悲剧轻松化，_____了沉重的故事外壳。

2　选择合适的词语填空

憧憬　历经　掩盖　戏谑　坦白　妥协　刻意　真切

1) 谎言无法_____事实的真相。
2) 现在的他一无所有，只能靠_____自己将来美好的生活保持乐观。
3) _____千辛万苦，他终于回到了自己的家乡。
4) 面对困境，我会勇敢地去战胜它，绝对不_____。
5) 无论大家对他怎么嘲笑、_____，他始终坚持自己的艺术事业，不被旁人的眼光影响。
6) 他向老师_____了自己的错误，并希望得到原谅。
7) 这位作家曾经在美国住过十年，因此小说中对美国当地风俗的描述十分_____。
8) 有人说，爱是人们生下来就具备的能力，不必_____去培养或者训练。

3　请用本文中所学的成语翻译下面的句子。

1) As modern society develops, the notion of passing on traditions from generation to generation has become weaker and weaker in people's minds.
2) If you always think and do research with the wrong point of view, you will end up with nothing.
3) He and his parents treat money completely differently.
4) Dogs are so cute, considerate, and faithful. When you are in danger, they will fight for you regardless of their own danger.

4　请你用所给的生词和结构回答问题。

1) 宋正远去世后，刘三莲和阿杰的反应有什么不同？

（暴躁；崩溃；满怀＋憧憬/理想/信心；不离不弃；忠于；捆绑）

2)　电影中，儿子对母亲刘三莲的看法是什么样的？

（唠叨；受害者；执拗；束缚；不顾一切；原谅）

3)　电影中的动画涂鸦有什么样的效果？

（童真；呈现；包装；弱化；忍俊不禁）

电影初探 Film Exercises

1　课前预习问题

1)　看电影时记录5–10个生词、词组或者感兴趣的语句，并整理在自己的生词本中。
2)　看完电影后，请用自己的话概括电影的主要内容，包括电影中出现的主要人物，以及他们各自的生活情况。
3)　请记录电影中让你印象深刻的3个场景，将场景叙述出来，并谈谈你印象深刻的原因。
4)　留意电影的叙事方式，尤其注意电影中的闪回叙事方式，将电影中出现闪回的画面记录下来，并思考这样叙事的意义。
5)　电影的题目是《谁先爱上他的》，根据你的理解，这个题目是什么意思？你觉得"谁先爱上他的"这个问题有没有答案？

2　根据对电影的理解，请判断下面的句子是否正确。

1)　在电影中，儿子是通过跟心理咨询师对话的方式将他对事情的看法说出来了。（　）
2)　刘三莲第一次见到阿杰的母亲时，就将阿杰是同性恋的真相告诉了他母亲。（　）
3)　宋正远在与刘三莲结婚前就已经认识阿杰了，是通过排练《巴厘岛》这部舞台剧认识的。（　）
4)　刘三莲想跟阿杰争夺保险金的主要原因是她缺钱供孩子读书上学。（　）
5)　电影中的宋正远是一个又有才华又儒雅的老师，在大学教电脑。（　）

3　电影片段分析：

A　观看阿杰跟宋呈希聊天时，回忆宋正远教他弹吉他唱歌的片段（大概在电影的00:32:00 – 00:34:00），仔细听阿杰与宋正远的谈话内容。

(1) 请概括他们聊天的主要内容。

(2) 阿杰问宋正远，"为什么我们不能说实话？"宋正远是怎么回答的？请把他们的对话记录下来。

宋正远：＿＿＿＿＿＿＿＿＿＿＿＿＿＿＿＿＿＿＿＿＿

阿杰：＿＿＿＿＿＿＿＿＿＿＿＿＿＿＿＿＿＿＿＿＿＿＿

宋正远：＿＿＿＿＿＿＿＿＿＿＿＿＿＿＿＿＿＿＿＿＿

宋正远的回答是什么意思？反映了他什么样的想法？

(3) 注意这个片段中的拍摄方式，导演的镜头给了谁？你看到宋正远的正脸了吗？你认为这样的拍摄角度有什么特别的意义？

B　观看儿子宋呈希结束和心理医生的聊天后，画面马上转到刘三莲去剧院找阿杰的场景（大概在电影的 00:54:00 – 00:56:00），完成下面的问题。

(1) 这一段场景中发生了什么？刘三莲跟阿杰说了什么？儿子宋呈希为什么不高兴？刘三莲的反应是什么？

(2) 阿杰为什么发怒？发怒背后的原因是什么？

(3) 你认为阿杰、三莲和儿子三人之间的正面冲突在电影中起什么样的作用？

C　观看刘三莲看心理医生这个片段（大概在电影的00:60:00–00:69:30），完成下面的问题。

(1) 三莲刚坐下跟心理医生聊天，电影就马上出现了一个闪回的画面，这个画面主要讲述了什么内容？三莲的朋友跟她说什么？宋正远和三莲说了什么？三莲是怎么回复的？这样可以看出三莲是怎么看待同性恋这个话题的？

(2) 电影回到三莲跟心理医生聊天的画面后，马上又进入了下一个闪回画面，请看一下第二个画面描述了什么内容？

(3) 你认为通过闪回的叙事方式交代内容，有什么艺术效果？闪回的画面是从什么时候开始，什么时候结束的？

文化小课堂 Cultural Elements

1　电影中刘三莲去庙里问佛祖，"请问一下这是什么命？凭什么我要有这种命？"她去庙里拜佛是为了什么？你觉得刘三莲说的"命"是什么意思？"命"是由谁决定的？在你的文化中，对"命"的看法是什么样的？

2　在电影大概51:00 – 53:00的片段中，刘三莲跟阿杰的母亲在公交车上聊天，说到了自己的名字，她是怎么介绍自己的？阿杰妈妈为什么觉得她跟三莲有缘分？

讨论交流 Discussion

1　课文中介绍了哪几个主要人物？他们的性格分别是什么样的？你最喜爱/讨厌电影中的哪一个人物？

2　阿杰和宋正远所代表的两种同性恋群体各有什么特点？他们要面对生活中什么样的挑战？在你看来，同妻刘三莲是不是电影中最大的受害者？请说说你的理由。

3　电影中，巴厘岛这部舞台剧被反复提到，电影中的配乐也是"巴厘岛"这个曲子，在你看来，这部舞台剧以"巴厘岛"命名的原因是什么？请把"巴厘岛"的歌词记录下来，并谈谈你对每一句歌词的理解。整体说说歌词有什么特别的含义？

4　电影的结尾是这部电影的一大特色，你喜欢这样的结尾吗？为什么？如果要对电影的结尾作出改编，你会怎么改编？谈谈改编的理由。

5　电影中反映的同性恋者骗婚的情况在现实生活中是否常见？请上网去做相关调查和研究，并看看不同国家对待同性恋者的态度是什么？同妻和骗婚的现象在不同国家是否有所不同？

6　课文中谈到了电影的一些创作手法，比如电影的首尾通过儿子的视角所展现的叙事方式，也通过在屏幕中呈现动画涂鸦及画外音来加入儿子的内心独白等，请跟同学讨论，举一两个跟电影的创作手法有关的情节，详细地来分析这些创作手法的效果。

表达演示 Projects and Presentations

1　活动

1) 角色扮演。四位同学一组，分别饰演刘三莲、宋正远、宋呈希，以及阿杰。请合作设计一个宋正远生前的场景，比如说宋正远与阿杰分手的场景、宋正远跟刘三莲坦白自己是同性恋的场景等等，自己设计台词并表演。表演时注意表现出人物之间的冲突，场景设计符合人物的性格特点。

2) 电影改编。观看电影中宋正远向刘三莲坦白自己是同性恋使的场景，思考场景中的情感冲突和主要矛盾，并发挥想象力，跟同学合作，对电影情节和内容进行适当程度的改编，每个小组分别谈谈改编的方式以及改编的理由。

3) 动画涂鸦场景创作。电影通过动画涂鸦的方式增加了故事的喜剧效果，请选择电影中一段感兴趣的场景，跟同学合作完成一个片段的涂鸦创作，最后请以PPT的方式呈现你们的设计，并谈谈这样创作和设计的原因及效果。

4) 看纪录片《我们一家人》*All in My Family*。这部纪录片关于一位留学后移民美国的中国同性恋者，他和同性伴侣在美国通过代孕生子创造了一个现代家庭，但他的难题是如何向他传统的中国父母和亲戚介绍自己的伴侣和孩子。看完纪录片后，说说纪录片中主要人物的性格特点和生活经历，叙述人物遇到的困难以及他们的选择和解决方式。选择纪录片中的1–2个人物，与电影《谁先爱上他的》中的相应角色作对比，谈谈他们的异同。

2　写作

1) 请选择电影中的任意一个人物，以这个人物为视角，写一篇叙事性的文章，注意表现出这个人物的性格特点和心理活动。

2) 电影中提到宋正远在去世前给儿子宋呈希写了一封信，但影片中并没有出现信的内容。请根据电影情节，发挥想象力，写一封父亲给儿子的信。

3) 请选择一个你感兴趣的角度，写一篇关于此电影的相关影评。

4) 请选择一个角度，对同妻/同性恋议题进行相关的研究，并写一篇议论性的文章。

阅读延伸 Reading Comprehension

中国"形婚"电影亮相阿姆斯特丹亚洲电影节

台湾电影《谁先爱上他的》是华语地区不可多得的一部同性题材的电影，用喜剧的外壳来讲述严肃的社会问题，很大程度地拓宽了华语同性题材电影的表达格局。在此之前，同样收获很高荣誉的华语同性电影虽然也有，但是极少，涉及的剧情也基本都是两个人之间的爱情故事，比如《蓝宇》和《春光乍泄》这两部电影，虽然收获了很高的票房，它但并没有揭示社会的大环境对同性恋群体造成的巨大压力。

华人导演李安在90年代拍摄的《喜宴》也触及到了同性恋者所需要面对的与传统思想的冲突和碰撞，《喜宴》的故事发生在美国纽约，电影在美国上映，讲述了华人男孩高伟同为尽孝道，向传统的台湾父母隐瞒自己性取向，并与一位大陆女孩顾威威假结婚的故事。假结婚不仅可以满足父母传宗接代抱得孙子的愿望，又能让威威拿到美国的绿卡，还能继续保持伟同与他的同性爱人西蒙的关系。殊不知，这样的骗婚反而引来了更复杂的冲突和矛盾。《喜宴》的导演李安突破了传统观念的障碍，生动形象地刻画出中国传统思想与现代西方思想碰撞。

在今年4月举行的第七届阿姆斯特丹亚洲电影节（Cinemasia Film Festival）上，一部讲述中国形式婚姻的小成本纪录片《奇缘一生》（*Lesbians Marry Gay Men: Our Marriages*）引发了广泛关注。

该影片讲述了中国东北的两对女同性恋伴侣在亲朋好友的"逼婚"压力下，为了继续维持她们的爱情，通过QQ群等方式在网上寻找男同性恋"形式结婚"的故事。形式婚姻简称形婚，是指男女同性恋者迫于来自家庭社会等各方面的压力，在不愿意公开自己的性取向的情况下，由男同志与女同志在知情自愿的前提下组成的没有性关系的形式意义上的家庭。表面上看来，这是个由一男一女组成的正常家庭，而实际上，"夫妻"双方在生理和人格上都保持独立，双方只是借助婚姻的外在形式来抵挡外界的压力。

目前中国无有关"形婚"的确切统计，但我们可以从一个侧面了解这种中国特有社会现象的流行程度。谷歌上有关形婚的搜索结果高达3900多万，为男女同性恋提供配对服务的"形婚"交友网站也多达十几家。知名社会学家李银河认为，形式婚姻只是同性恋应对周边逼婚压力的一种权宜之计，在周边压力不是特别大的情况下，不必进入形式婚姻，可以与自己喜欢的同性同居，也可以指望不久的将来中国批准同性婚姻。美国加州大学博士卢星星认为，虽然很多人由于压力不得不考虑形式婚姻，但实际上能长久瞒住的并不多，而且一旦揭穿，对家人来讲，很多比当初被直接告知还要恶劣，所以建议尽量避免。

作为欧洲最重要的亚洲电影节之一，阿姆斯特丹亚洲电影节自2003年创办以来，已成功举办过七届。在今年的电影节上，来自中国、印度、菲律宾等亚洲各国的近40部电影参加了展映。

自创办以来，电影节致力于推广身处荷兰以及欧洲的亚裔群体的生活经历，提升亚裔群体在荷兰乃至欧洲社会的可见度，电影节组织者、电影人Doris　Yeung在接受荷兰在线采访时曾表示：**"如果你的群体被媒体所忽视，该群体在其社会中就近乎于不存在。"**

（文章选自"荷兰在线"平台刊登的文章《中国"形婚"电影亮相阿姆斯特丹亚洲电影节》，2014年5月，文章有所改动）

阅读上面的文章，思考以下问题：

1　这篇文章提到了哪几部展现同性恋题材的华语电影？请上网搜索任意一部电影，详细描述电影的故事情节及其社会意义。

2　《奇缘一生》这部电影主要探讨了什么社会问题？

3　社会学家李银河是怎么看待形式婚姻的？

4　美国加州大学的卢博士不赞成形式婚姻的原因是什么？

5　你怎么理解文章中划线的句子？请解释划线句子的意思，并谈谈你是
　　否同意这句话。

繁體字課文

《誰先愛上他的》：愛是毒藥，還是解藥？

導讀：

　　《誰先愛上他的》是由臺灣導演徐譽庭（Xú Yùtíng）和許智彥（Xǔ Zhìyàn）聯合指導的劇情片。電影採用輕喜劇的方式，從一位已故的大學教授將保險金留給自己的同性男友而非妻子的情節切入，引出了妻子劉三蓮（Liú Sānlián）為爭奪保險金而與丈夫的同性愛人阿傑對抗的故事。電影通過緊湊的情節、特別的閃回場景描述了家庭與個人，同性與異性，真愛與世俗、倫理之間的衝突。電影榮獲了臺北電影節（Taiwan Film Festival）五項大獎以及金馬獎[1]最佳女主角（Best Actress），最佳原創電影歌曲（Best Original Soundtrack），最佳剪輯（Best Editing）三大獎項。這也是臺灣市場上繼電影《十七歲的天空》[2]　之後第一部正面觸碰同性戀議題的電影，是2018年備受矚目的華語電影。

正文：

　　《誰先愛上他的》這部電影於2018年11月2日上映。那時，臺灣同性婚姻還未得到正式認可，同性戀者生活在社會的灰色地帶。社會上無疑存在許多形式婚姻（簡稱「形婚」），以及像劉三蓮一樣被騙婚的「同妻」——同性戀者的妻子。這部電影通過強烈的戲劇衝突，向觀眾展現了同妻、同性戀丈夫與同性愛人之間的三角關係，藉此反映世俗價值觀對個人及家庭的綁架和束縛。
　　首先，電影向觀眾真實展現了現實社會中「同妻」面臨的困境。由於同性婚姻不合法，加上中國傳統文化中傳宗接代、養兒防老等觀念的束縛，男同性戀者被迫與女同性戀者形婚；或者直接騙婚，使得一個單純的女孩子成為同妻。同妻被當成掩蓋謊言的工具，是同性戀者隱藏身份的犧牲品。劉三蓮就是這樣一個實實在在的悲劇人物。當初她滿懷著對家庭的憧憬與丈夫宋正遠（Sòng Zhèngyuǎn）結婚，沒想到卻跌入了無愛婚姻的萬丈深淵。丈夫婚後十幾年都在欺騙劉三蓮，對其日益疏遠，而三蓮用盡各種方式討好丈夫，換來的結果是丈夫坦白自己是同性戀。三蓮甚至試圖想改變丈夫的性取向，可這一切都無濟於事。她為了家庭不顧一切地妥協，結果卻一無所獲，連兒子都偏向了丈夫的同性愛人。三蓮見心理諮詢

1　金馬獎 Golden Horse Awards: 是華語電影業界最具影響力與代表性的電影獎，也是華語電影業界最早的電影獎項。為全球歷史最悠久的華語電影獎，有「華語的奧斯卡金像獎」的美譽，與香港電影金像獎（Hong Kong Awards）並稱華語電影兩大最高殊榮

2　《17歲的天空》Formula 17是臺灣導演陳映蓉執導的同誌愛情電影。該片於2004年4月2日在臺灣上映。該片講述了一位鄉下來的年輕人周小天，與香港俊男白鐵男交往的故事。

師時哭著說：「這一切都是假的嗎？真的沒有一點愛嗎？」電影通過她情緒崩潰的場面，生動地向觀眾展現了「同妻」的痛苦遭遇。

這部電影也反映了以宋正遠和阿傑為代表的同性戀群體在社會中生存的艱難。顯然兩人代表的是兩種截然不同的生活選擇——向主流社會和世俗思想妥協與忠於內心、積極追求愛情的兩種生活方式。宋正遠是儒雅的大學教授，有學識，有社會地位，可仍被傳統價值觀捆綁。「我需要一個正常的妻子，一個正常的婚姻，做一個所謂正常的男人。」他的軟弱直接導致了這一場悲劇。也許我們並不能將批判的矛頭指向宋正遠，在保守的社會環境中，並不是每一個同性戀者都有勇氣和信心去反抗殘酷的現實。阿傑是戴著鐐銬跳舞的勇敢青年，是電影中塑造的浪漫形象，執拗、單純，為了愛情奮不顧身。他與宋正遠因排練巴厘島[3]這部舞臺劇相愛，後來宋正遠為了正常生活將他拋棄，癌症確診後才回到阿傑身邊。但阿傑始終對宋正遠用情至深，不離不棄。宋正遠去世後，阿傑仍舊為他還債，歷經艱難還原了17年前的舞臺劇。在三角關係中，劉三蓮被欺騙了感情，而阿傑所付出的真心與努力也很難得到回報。

電影的特別之處在於其獨特的敘事和呈現方式，即由兒子宋呈希（Sòng Chéngxī）的視角展開描述，用孩子充滿童真和猜測的視角把這個原本沈重的話題包裝成了一部輕喜劇。電影中母親暴躁、敏感又嘮叨，母子關係總是非常緊張，兒子稱其為「全世界最吵的女人」，「不去好萊塢當演員是好萊塢的一大損失」。當兒子知道阿傑是爸爸的同性愛人後，他戲謔說「我爸的保險金一定是他用美色騙走的」。觀眾也忍俊不禁，對生活在母親重壓下內心淘氣的兒子有了幾分好感和憐惜。在兒童視角的基礎上，電影還採用了動畫塗鴉的方式來加入兒子的內心獨白。比如，兒子為去世的父親插上了天使的翅膀。電影中也出現了兒子心中的小三與小王變成魔鬼爭鬥的畫面。塗鴉不僅增添了幽默的喜劇效果，也弱化了故事沈重的外殼。伴隨著塗鴉畫面的通常是一些閃回鏡頭。這就讓觀眾更加真切地感受到了故事的內容及走向。兒子一步步了解到了故事的真相，認識清楚了母親、阿傑與父親三者間的關係與糾葛，最終與母親修復了關係，故事也因此收獲了圓滿的結局。

導演沒有刻意將誰塑造成壞人，也沒有刻意強調誰是受害者，而是以溫情的和解方式結束。這樣充滿了理解和寬容的結局，一定程度上寄託了電影導演對生活的美好願望。借用導演的話說：「這100分鐘的故事，其實講的是原諒：原諒那些傷害過你的人，你不知道為什麼要原諒，但是從那一天開始，你變得比之前更加快樂了。」正如劉三蓮一樣，她選擇原諒，選擇放下對阿傑，放下對自己不幸婚姻的恨之後，便重獲了兒子的尊重與愛。阿傑也是如此，當他真正與去世的愛人告別後，才能快樂地開始新的生活。愛是毒藥，又何嘗不是解藥呢？

---

3 巴厘島Bali Island位於印度尼西亞。巴厘島風景優美，是世界上著名的旅遊勝地。

第三单元

校园与社会

Campus and Society

第五课
《归途列车》：不归之途
Last Train Home: **A Journey of No Return**

学习目标：

1 通过学习本篇课文，掌握文中的词汇和句型。
2 能够运用本课所学的生词和句型讨论电影的情节，人物性格特点等。
3 能够进一步分析及讨论有关农民工生存现状、留守儿童教育及成长环境等相关的话题，了解并讨论农民工及其子女在中国社会的生存问题。
4 能够通过收集资料、调查及研究等方式就本课提出的问题进行进一步论证、分析及写作，能够学习并了解电影影评的写作方式。
5 能够探讨纪录片这种电影创作方式的意义，探讨及分析电影中的叙事方式（narrative form）、镜头(lens)及音乐这些艺术手法的效果。

导读：

　　《归途列车》是由加拿大华人导演范立欣（Fàn Lìxīn）**历时**三年拍摄而成的关注农民工生存现状的**纪录片**。影片记录了来自四川的张昌华（Zhāng Chānghuá）和陈素琴（Chén Sùqín）夫妇为生活所迫外出打工的经历，重点讲述了他们的女儿琴琴（Qín'qin）未能如父母所愿读书成才，而走上了与父母同样的打工之路的故事。本片关注为中国经济**蓬勃**发展做出巨大贡献的打工者的故事，**聚焦**中国经济**腾飞**背后这些**卑微**人物的命运与选择。导演范立欣（Fàn Lìxīn）凭借该片获得了众多国际大奖。2010年，MIPDoc[1]**授予**导演**"先锋**精神奖"（Trailblazer Award）。

正文：

　　归途列车，即**载**人回家的一班列车，然而或许只有常年在外打工的人才能明白这一班列车意味着什么？2006年春节**前夕**，张昌华和妻子陈素琴

---

1 MIPdoc: 戛纳(Gānà，Cannes)春季纪录片交易会 Similar to the Cannes film festival and hosted in Cannes, MIPDoc is the leading international showcase for documentaries and factual programming. The objective of this showcase is to learn, network, share insights, discuss trends and uncover new production and co-production opportunities.

DOI: 10.4324/9781003276340-8

在火车站排队购票。站里人山人海，**水泄不通**，有人为抢不到火车票而**恼怒不已**，有人因买到了票而**欣喜万分**。张昌华夫妇幸运地在**汹涌**的人潮中购得了两张车票，踏上回乡的**旅途**。然而一年中剩下的三百多天，他们都过着跟广大打工者一样的艰苦生活。

在中国，农民工**遍布**在每一个经济发达、**基础设施**完善的大城市里。为了减少**开支**，他们大多聚居于"城中村"[2]、地下室、建筑**工棚**或者单位宿舍等价格低廉、环境简陋的住房中。工作环境也并不理想，许多人被迫挤在**阴暗**的厂房里做高强度的工作，几乎没有**闲暇**时间。他们被企业主视为**廉价**的劳动力，常被**拖欠**工资，甚至时时面临被**解雇**的危险。他们一个个仍然愿意**背井离乡**到大城市打工的目的就只有一个：**摆脱**农村贫困的经济条件，多赚点钱给子女提供更好的教育机会。

张昌华夫妇就是千千万万农民工的**缩影**。他们每天一大早就离开**狭小**的单位宿舍，到**缝纫车间**里**没日没夜**地工作，拿到手的却是与付出不成**比例**的**微薄**工资。影片的镜头多次对准了他们**赖以生存**的工具——缝纫机。缝纫机曾是家庭**品质**生活的象征之一，随着技术的发展已离开了人们的**视线**。电影对缝纫机的关注和拍摄，正**印证**了老张夫妇与现代社会**脱节**的现实。

常年在外打工也导致老张夫妇与孩子之间产生巨大的隔阂，最后付出了沉重的情感**代价**。老张夫妇平时**疏于**跟家人联系，相对**内敛**含蓄的他们在电话中也不愿直接表达对家人和孩子的**思念**。父母在孩子的成长中缺席，显然使得女儿琴琴产生了"被抛弃感"。她甚至觉得，父母对金钱的**执迷**，对摆脱农村生活**歇斯底里**的渴望已经超过了他们对自己的爱："父母一切都为了钱，没钱不行。" 试问，一心为了改善儿女生活而辛苦在外打工的父母听到这样的心声时，他们会作何感想？

像琴琴一样生活在农村的留守儿童几乎都面临着这样的困境。他们从小便要接受与父母分开的现实，在农村与爷爷奶奶**相依为命**。孩子在心理上对祖父母的**依恋**很深，而对父母**或多或少**怀着**怨恨**和不解。电影中老张与女儿发生的**剧烈**冲突看似突然，实则也在**意料之中**，这正体现了父母在子女成长方面缺席而导致的情感危机。父亲不理解女儿为何学会了**脏话**，**屡教不改**之时动手体罚，而**倔强**、**叛逆**的女儿认为父亲长期**失职**，没有教她**为人处世**的权力。琴琴的大声**嘶吼**仿佛就是对缺爱这么多年最强烈的**控诉**。

太多打工者家庭必须要面对亲情**纽带**的**断裂**，期盼的**落空**，但他们仍然把生活的希望寄托在子女的教育上，把教育视为**脱贫致富**的唯一途径。老张夫妇明白，他们不想让孩子跟自己一样，就算**砸锅卖铁**，也要投资孩子的教育。确实，对于无社会关系，无**殷实**家底的家庭来说，接受教育是改变命运的唯一**途径**。可老张夫妇不明白，父母在无法给子女提供舒适成

2　城中村是指留存在城市区域内的传统乡村，是中国大陆地区城市化进程中出现的一种特有的现象。从广义上说，城中村是指在城市高速发展的进程中，滞后于时代发展，不在现代城市管理范围内的生活水平低下的居民区。

长环境的情况下，采用压制和强迫的方式，**一味敦促**其认真学习，反而会**适得其反**，导致孩子产生**厌倦**和**抵触**的情绪。琴琴毅然放弃学习、走向城市的选择就恰恰反映了这种"**教育为本**"的传统思想所存在的问题。琴琴抱着对城市生活的渴望，去广州开启新生活，到**琳琅满目**的商店购置新衣、去理发厅做个时髦的发型等都让她尝到了逃离父母**桎梏**、获得自由的喜悦。这却是老张夫妇最不愿看到的结果：孩子成了"民工二代"，未来只能沿着父母的生活**轨迹**，无法摆脱贫穷的恶性**循环**。期盼落空的老张夫妇，只能无奈地说："女儿想做啥做啥啊，我们做父母的不会**勉强**。"其实他们已**自然而然**地将希望转移到了儿子身上。

儿子会像父母所**预期**的一样考上大学，走上更高的平台，成为**人中龙凤**，亦或是像姐姐一样，离开农村去城市过**光鲜亮丽**的自由生活？无论他的选择如何，他走上的无疑是一条不归之途，**漂泊**就是他的命运。

生词：

导读

	简体	繁體	拼音	词性	英文翻译
1	历时	歷時	lìshí	v.	lasts, takes 历时+a period of time
2	纪录片	紀錄片	jìlùpiàn	n.	documentary film
3	蓬勃		péngbó	adj.	vigorous, flourishing, exuberant 蓬勃发展 develop vigorously
4	聚焦	聚焦	jùjiāo	v.	focus, concentrate
5	腾飞	腾飛	téngfēi	v.	rise rapidly, soar, take off 经济腾飞
6	卑微		bēiwēi	adj.	lowly, inferior, humble 出身/地位/身份+卑微
7	授予		shòuyǔ	v.	confer, award, grant 授予 ... 的奖/学位
8	先锋	先鋒	xiānfēng	n.	pioneer, vanguard

正文

	简体	繁體	拼音	词性	英文翻译
9	载	載	zài	v.	load, carry, hold
10	前夕		qiánxī	n.	eve 国庆前夕on the eve of National Day
11	水泄不通	水洩不通	shuǐ xiè bù tōng	idm.	even a drop of water couldn't leak out [trickle through], tightly packed

(Continued)

正文 (Continued)

	简体	繁體	拼音	词性	英文翻译
12	恼怒不已	惱怒不已	nǎo nù bù yǐ	idm.	very angry ~不已 unceasingly; to a great extent 兴奋不已/赞叹不已
13	欣喜万分	欣喜萬分	xīn xǐ wàn fēn	idm.	very happy and joyful 万分: extremely 万分悲痛/激动（悲痛万分/感激万分）
14	汹涌	洶湧	xiōngyǒng	adj.	tempestuous, turbulent
15	旅途		lǚtú	n.	journey, trip
16	遍布	遍佈	biànbù	v.	spread all over
17	基础设施	基礎設施	jī chǔ shè shī	n.	infrastructure
18	开支	開支	kāizhī	n.	expenditure, expense, outgoings
19	工棚		gōngpéng	n.	builders' temporary shed, work shed
20	低廉		dīlián	adj.	inexpensive, cheap 价格低廉；房租低廉
21	简陋	簡陋	jiǎnlòu	adj.	simple and crude
22	阴暗	陰暗	yīn'àn	adj.	dark, gloomy
23	闲暇	閒暇	xiánxiá	n.	leisure 闲暇时间 leisure time
24	廉价	廉價	liánjià	adj.	cheap, at a low price
25	拖欠		tuōqiàn	v.	be behind in payment, be in arrears 拖欠房租/工资
26	解雇	解僱	jiěgù	v.	dismiss, fire
27	背井离乡	背井離鄉	bèi jǐng lí xiāng	idm.	be forced to leave one's hometown, be away from home
28	摆脱	擺脫	bǎituō	v.	extricate oneself from, get rid of
29	缩影	縮影	suōyǐng	n.	epitome, representation of
30	狭小	狹小	xiáxiǎo	adj.	narrow, narrow and small
31	缝纫	縫紉	féngrèn	v.	sewing, stitching 缝纫机 sewing machine
32	车间	車間	chējiān	n.	workshop work unit 工作/生产车间
33	没日没夜	沒日沒夜	méi rì méi yè	adv.	all day and all night 没日没夜地工作/学习
34	比例		bǐlì	n.	scale, proportion, ratio

	简体	繁體	拼音	词性	英文翻译
35	微薄		wēibó	adj.	meager, scanty
36	吃苦耐劳	吃苦耐勞	chī kǔ nài láo	idm.	endure hardships and be capable of hard work; hard-working
37	赖以生存	賴以生存	lài yǐ shēng cún	idm.	survive on, live on 赖以生存的家园/环境 the place/environment we live in
38	品质	品質	pǐnzhì	n.	character, quality
39	视线	視線	shìxiàn	n.	sight line, sight
40	印证	印證	yìnzhèng	v.	confirm, corroborate, verify
41	脱节	脫節	tuōjié	v.	come apart, be disjointed
42	隔阂	隔閡	géhé	n.	estrangement, misunderstanding
43	代价	代價	dàijià	n.	cost, price 不惜一切代价 at any cost 付出了沉重的代价 pay a heavy price
44	疏于	疏於	shūyú	v.	to neglect; failure to 疏于维护 疏于考虑
45	内敛	內斂	nèiliǎn	adj.	restrained, introverted
46	思念		sī'niàn	v.	think of, long for
47	执迷	執迷	zhímí	v.	be addicted to, be obsessed with 对……执迷；执迷于……
48	歇斯底里		xiē sī dǐ lǐ	n./adj.	[loanword] hysteria; hysteric
49	相依为命	相依為命	xiāng yī wéi mìng	idm.	stick together and help each other in difficulties
50	依恋	依戀	yīliàn	v./n.	be attached to, be unwilling to leave; attachment
51	或多或少		huò duō huò shǎo	idm.	more or less
52	怨恨		yuànhèn	n./v.	have a grudge against sb.; resentment, grudge
53	剧烈	劇烈	jùliè	adj.	violent, acute
54	意料之中		yì liào zhī zhōng	idm.	in accordance with expectation(s), as might have been expected
55	脏话	髒話	zānghuà	n.	bad language, dirty talk
56	屡教不改	屢教不改	lǚ jiào bù gǎi	idm.	refuse to mend one's ways [despite] repeated [criticisms] correction

(Continued)

正文 (Continued)

	简体	繁體	拼音	词性	英文翻译
57	倔强	倔強	juéjiàng	adj.	stubborn, unyielding, obstinate
58	叛逆		pànnì	adj./v.	rebellious; rebel 性格叛逆 叛逆期 rebellious phase
59	失职	失職	shīzhí	v.	be derelict in one's duty
60	为人处世	為人處世	wéi rén chǔ shì	idm.	behave and deal with the circumstances
61	嘶吼		sīhǒu	v.	shout, roar, scream
62	控诉	控訴	kòngsù	v./n.	accuse, denounce, make a complaint against; complaint
63	纽带	紐帶	niǔdài	n.	tie, bond
64	断裂	斷裂	duànliè	v.	break, disrupt
65	落空		luòkōng	v.	come to nothing, fail, fall through 希望/计划落空
66	脱贫致富	脱貧致富	tuō pín zhì fù	idm.	get rid of poverty and become better off
67	砸锅卖铁	砸鍋賣鐵	zá guō mài tiě	idm.	smash one's iron pots and pans into pieces and sell them as scrap iron; sacrifice everything one has
68	殷实	殷實	yīnshí	adj.	well-off, substantial 家境/家底殷实The family is well-off.
69	途径	途徑	tújìng	n.	way, channel, approach
70	一味		yíwèi	adv.	blindly, merely
71	敦促		dūncù	v.	(sincerely) urge, press
72	适得其反	適得其反	shì dé qí fǎn	idm.	run counter to one's desire, be just the opposite of what one wished
73	厌倦	厭倦	yànjuàn	v.	be weary of, be tired of
74	抵触	抵觸	dǐchù	v./n.	resent, resist; resentment, resistance 对……产生抵触情绪
75	教育为本	教育為本	jiào yù wéi běn	phr.	Education should be regarded as the foundation.
76	琳琅满目	琳瑯滿目	lín láng mǎn mù	idm.	a superb collection of beautiful things; a feast for the eyes 商品琳琅满目
77	桎梏		zhìgù	n.	fetters and handcuffs, shackles
78	轨迹	軌跡	guǐjī	n.	trajectory, trail
79	循环	循環	xúnhuán	n./v.	circulation, cycle; circulate 恶性循环 vicious circle

	简体	繁體	拼音	词性	英文翻译
80	勉强	勉強	miǎnqiǎng	adv./v.	reluctantly; manage with an effort, do with difficulty
81	自然而然		zì rán ér rán	idm.	come very naturally, as a matter of course
82	预期	預期	yùqī	v./n.	anticipate; expectation
83	人中龙凤	人中龍鳳	rén zhōng long fèng	np.	the dragon and phoenix among people, outstanding person among a group of people
84	光鲜亮丽	光鮮亮麗	guāng xiān liàng lì	adj.	glamorous and glossy 衣着光鲜 be neatly dressed
85	漂泊		piāobó	v.	lead a wandering life, wander around

语法结构 Grammar Patterns

1   **为……所 Vbe V-ed by ...**

   为……所 …… construction introduces a passive sentence structure in which the doer of the action is placed after **为** and the action is placed after **所**.

   例句：影片记录了来自四川的张昌华和陈素琴夫妇为生活所迫外出打工的经历。

   The film records the experience of Zhang Changhua and Chen Suqin from Sichuan, who were forced to go out to work for their lives.

   为生活所迫，他不得不背井离乡，来到这陌生的城市打工。

   Forcedby life, he had to leave his hometown to work in this strange city.

   非洲大部分地区曾作为殖民地长期为西方强国所控制。

   Mostareas of Africa were once colonies controlled by Western powers for a long time.

2   **如sb.所愿 as wished/hoped/wanted by sb.**

   例句：影片重点讲述了他们的女儿琴琴未能如父母所愿读书成才，而走上了与父母同样的打工之路的故事。

   The film focuses on the story of their daughter Qinqin, who failed to become a talent as her parents wanted, but embarked on the same way of working as her parents.

   她没有如父母所愿成为医生，而选择了能让她迷恋一生的事业——写作。

   Instead of becoming a doctor as her parents wanted, she chose a career that would make her obsessed with writing for a lifetime—writing.

我尽了很大努力去争取这个职位，可结果并非如我所愿。

I tried very hard to get this position, but the result was not as I wanted.

3   ……意味着…… mean/signify ...

例句：或许只有常年在外打工的人才能明白这一班列车意味着什么？

Perhaps only those who work outside all year round can understand what this train means.

雇佣廉价劳动力对公司来说意味着利润的提高。

Hiring cheap labor means increased profits for the company.

多数人谈到自己的缺点时，往往会避重就轻，好像有缺点就意味着一个人犯有严重错误似的，其实不然。

When most people talk about their own shortcomings, they tend to avoid the most important ones, as if having a shortcoming means that a person has made a serious mistake, but it does not.

4   ……是 ……的缩影 ... is the epitome/representation/microcosm of ...

例句：张昌华夫妇就是千千万万农民工的缩影。

They are representative of millions of migrant workers in China.

这个小山村就是中国农村的缩影：人民生活贫穷、基础设施不完备。

This small mountain village is the epitome of Chinese rural areas: people living in poverty and infrastructure being incomplete.

《红楼梦》中的贾府是日趋没落的中国封建社会的缩影。

The House of Jia in *Dream of the Red Chamber* is a microcosm of the declining feudal society of China.

5   A与B成比例/不成比例 (not) in proportion to

例句：他们每天一大早就离开狭小的单位宿舍，到缝纫车间里没日没夜地工作，拿到手的却是与付出不成比例的微薄工资。

They live in small dormitories, and repeat their work mechanically in the sewing workshop day and night, with meager wages not in proportion to their effort.

牛顿发现宇宙中任何两个物体都相互吸引，而且这股引力与它们的质量成比例。

Newton discovered that any two objects in the universe attract each other, and that this force is proportional to their mass.

许多居民抱怨薪资待遇低，收入与消费水平不成比例。

Many residents complained about low salaries as well as disproportionate income and consumption levels.

6　印证（了）……的说法/观点/态度……　confirm/corroborate/verify the saying/view/attitude ...

例句：电影对缝纫机的关注和拍摄，正印证了老张夫妇与现代社会脱节的现实。

The film's attention to and shooting of sewing machines confirms the reality that Lao Zhang and his wife are out of touch with modern society.

研究专家说他们团队的发现印证了还有更早的美洲定居者的观点。

The research expert says that his team's findings validate the view of those who argue for an earlier colonization of the Americas.

一份民意调查印证了这个观点：民众对总统的信任基于总统任职期间的表现。

An opinion poll confirms that the people's trust in the president is based on the performance of the president during his tenure.

7　sb.会作何感想？How should sb. feel?
sb.有何感想？What do/does sb. feel?

例句：试问，一心为了改善儿女生活而辛苦在外打工的父母听到这样的心声时，他们会作何感想？

Just ask, what do parents who work hard to improve the lives of their children feel when they hear this kind of sentiment?

当您看到街上都是无家可归的人，您却没办法帮助他们时，您作何感想？

How do you feel when you see a lot of homeless people on the street, but you can't offer help?

当你望着满天的星星时，您有何感想？

What do you feel when you look at the stars in the sky?

8　或多或少VP　more or less

例句：这样的生活方式使得孩子在心理上对祖父母的依恋更深，而对父母或多或少怀着怨恨和不解。

Such a way of life makes children more psychologically attached to their grandparents, and they more or less have resentment or incomprehension towards their parents.

近年来，网购有增长趋势，大多数人或多或少都有过网上购物的经历。

In recent years, there is a growing tendency for people to shop online, and most people more or less have the experience of shopping online.

任何药都不能独立起效果，而是或多或少地受到很多其它因素的影响。

No medication works in isolation but is affected to a greater or lesser extent by many other factors.

9　看似……，实则/其实…… look like ... , but in fact ...

例句：电影中老张与女儿发生的剧烈冲突看似突然，实则也在意料之中。
The violent conflict between Lao Zhang and his daughter in the movie seems to be sudden, but in fact it is also expected.
他的生活看似光鲜亮丽，其实辛酸痛苦，每天要为生计奔波。
His life seems to be bright, but in fact it is bitter and painful. He has to struggle for his livelihood every day.
这件事看似无关紧要，实则涉及到多方的利益，必须谨慎处理。
This matter may seem irrelevant, but in fact it involves the interests of many parties and must be handled with caution.

10　一味V（强调/鼓励/追求/重视……） blindly/stubbornly + V

例句：父母在无法给子女提供舒适成长环境的情况下，一味敦促其认真学习，反而会适得其反。
When parents are unable to provide a comfortable environment for their children to grow up in, blindly urging them to study will be counterproductive.
政府一味追求经济发展，而不重视环境保护，往往会给社会带来很多负面影响。
The government blindly pursues economic development without paying attention to environmental protection, which often brings many negative effects to society.
现在一些电视节目为了收视率一味迎合观众的低级趣味。
Nowadays, some TV programs blindly cater to the low-level tastes of the audience for the sake of ratings.

成语解释 Idioms

1　**水泄不通shuǐ xiè bù tōng: 连水也流不出去，形容拥挤或包围得非常严密。**
even a drop of water couldn't leak out; tightly packed.

这条小巷被围观的人群挤得水泄不通。
The alley was crowded with onlookers.
节日的天安门广场人山人海，水泄不通。
Tiananmen Square during festivals is crowded with people.

2　**背井离乡bèi jǐng lí xiāng：离开家乡到外地，常指被迫远离家乡到外地谋生。**
be away from home; be forced to leave one's hometown.

为了逃避战乱，他们不得不背井离乡。

In order to escape the war, they had to leave their hometown.

在旧中国，大多数华侨由于生活所迫，背井离乡，出国谋生。

In old China, most Chinese left their homes and went abroad to make a living, forced by life.

3　**屡教不改lǚ jiào bù gǎi：多次教育，仍不改正。**
refuse to mend one's actions after repeated education

犯了错误并不可怕，可怕的是屡教不改。

It's not terrible to make a mistake, but the terrible thing is not to correct it after repeated instructions.

对屡教不改的罪犯，必须采取严厉的惩罚措施。

Severe punitive measures must be taken against the criminals who do not correct themselves after repeated reeducations.

4　**为人处世wéi rén chǔ shì：为人和处世的总称。一个人生活在世上对待事情以及事务的处理方式与方法。the way that someone interacts with people and deals with circumstances.**

为人处世的知识只能从实践中而不是在书本里获得。

Knowledge of worldly affairs can only be acquired through first-hand experience not through books.

家人为人处世的方式对个人人生观的影响非常大。

The way family members behave in the world has a great influence on one's personal outlook on life.

5　**适得其反shì dé qí fǎn：恰恰得到与预期相反的结果。**
just the opposite to what one wishes

别试图以强力使人心服，结果总是适得其反。

Don't try to convince people with force; the result will always be counterproductive.

许多家长因为对孩子期望过高，对孩子采取了不适当的教育方法，结果适得其反。

Parents expect too much from their children and therefore adopt inappropriate parenting methods that backfire.

6　**自然而然zì rán ér rán：非人力干预而自然如此。naturally**

他们两人之间的关系自然而然地改善了一点。

The relationship between them naturally improved a bit.

社区掌管学校自然而然地促进了社区本身的发展。

The management of the school by the community naturally promotes the development of the community itself.

文法练习 Grammar and Vocabulary Exercises

1　用所给的词语填空。

抵触、解雇、授予、内敛、预期、历时、控诉

1) 警察对该案件进行了_____三年的调查，却一无所获。
2) 今年的诺贝尔物理学奖_____了在黑洞研究方面作出贡献的两位物理学家。
3) 她性格_____，不太善于表达自己的感情，但其实心思非常细腻。
4) 在这个竞争激烈的公司，你不认真工作就有可能遭到_____。
5) 父母的管教越严格，孩子对父母的_____情绪愈发强烈。
6) 这位作家通过他所写的寓言故事_____冷漠残酷的世界。
7) 她是个感情方面比较脆弱的人，受不了这样跟_____完全不同的沉重打击。

殷实、品质、途径、蓬勃、剧烈、勉强、桎梏

1) 消费者受到欺诈，可通过法律_____去获得保护和赔偿。
2) 从小家境_____的他，从未体会过生活的艰辛。
3) 你列举的理由都很_____，恐怕难以令人信服。
4) 他表面上看起来举止得体，淳朴善良，没想到_____坏到这种地步。
5) 爸爸的公司从刚刚起步到_____发展，只用了三年的时间，全家人都感到欣喜万分。
6) 成功的桂冠，从来都属于那些不安于平庸、敢于冲破_____的勇者。
7) 心脏功能衰弱的人应该避免做_____运动。

2　选择合适的四字词语填空

水泄不通、自然而然、意料之中、屡教不改、歇斯底里、适得其反

1) 他吃保健品是想滋补身体，但由于食用过量，结果_____，惹出了不少麻烦。
2) 学习书法没什么捷径，只要每天练习，字_____就能写好了。
3) 抗议的大批群众将政府大楼围得_____。

4) 每个人醉酒后的状态不同，有的_____地发疯，有的安静地睡去。

5) 电影故事的结局都在观众的_____，没什么惊喜和反转。

6) 他是个_____的问题学生，是学校的重点关注对象。

3　请你用所给的生词和结构回答问题。

1) 请介绍一下《归途列车》这部电影中张昌华夫妇的生活。

（简陋；低廉；缝纫；成比例/不成比例；没日没夜）

2) 打工者归家旅途的艰难表现在什么方面？

（汹涌；水泄不通；~不已；欣喜；如……所愿）

3) 请谈谈《归途列车》这部电影中张昌华夫妇在子女教育上存在的问题。

（隔阂；一味V；　敦促；叛逆；适得其反）

电影初探 Film Exercises

1　课前预习问题。

1) 这部纪录片讲述了一个什么样的故事？请用自己的话概括。

2) 电影中张昌华夫妇、琴琴以及琴琴的弟弟和姥姥分别过着什么样的生活？

3) 电影采用了平行叙事（parallel narrative）的方式，观看电影的同时，请找出电影叙事的两条主线分别是什么？为什么导演要采用这样的叙事方式？

4) 琴琴与父母之间最大的矛盾是什么？导致矛盾的原因是什么？

5) 观看电影时，请留意电影是否使用了背景音乐？如果有，请记下让你印象深刻的背景音乐片段。如果没有，请思考一下为什么没有？这样有什么效果？

6) 整体而言，你喜欢这部纪录片吗？你认为这部纪录片的主题是什么？

2　根据对电影和课文的理解，请判断下面的句子是否正确。

1) 张昌华夫妇的老家在四川省，而打工的地方在广东省。（　　）

2) 琴琴高中的时候辍学了。在农村，像她这样退学的学生很少见。（　　）

3) 张昌华夫妇回家除了要坐火车以外，还要坐汽车和船。（　　）

4) 张昌华夫妇居住的环境极为恶劣，每天以缝纫机工作谋生。（　　）

5) 琴琴与父母之间的隔阂自她小时候起就慢慢形成了。（　　）

3 电影片段赏析：

A 电影刚开始有一段陈素琴给琴琴打电话，之后陈素琴和张昌华去买票的片段，大概在电影的00:08:00 – 00:10:00 这两分钟）。请观看这个片段，回答问题：这一片段反映出打工者生活中的哪些问题？请举出片段中的具体例子来谈谈你的看法。

B 电影前半段有一段陈素琴和张昌华回家，到家后和一家人吃饭的片段（大概在电影的00:16:00 – 00:20:30）。请观看这个片段，回答问题：1.陈素琴在船上讲述了自己过去出门打工的经历，请用自己的话概括她的经历。2.张昌华夫妇到家以后，做的第一件事情是什么？3.全家人在饭桌上一起吃饭，张昌华和陈素琴跟孩子们说了什么？谈谈你对张昌华夫妇所说的那一段话的理解，体会他们的感情。

C 电影后半段，有一段张昌华和陈素琴再次过节返回农村老家，父亲和女儿发生强烈冲突的片段（大概在电影的01:00:00 – 01:07:00）。请观看这个片段，回答问题：1. 张昌华夫妇回家后和先儿子谈论了什么话题？儿子的反应是什么？从这里可以看出儿子跟父母的关系怎么样？2. 父母与孩子的对话反映出课文中谈到的哪个问题？3. 引起父亲与女儿争吵的原因是什么？为什么后来从吵架变成了殴打？你觉得父亲和女儿分别做什么可以避免这场冲突？4. 请注意这个片段电影拍摄的手法，请从镜头、音乐、拍摄方式等方面选择一个角度谈谈这样拍摄的效果。

文化小课堂 Cultural Elements

1 纪录片刚开始拍摄的火车站里人山人海的场面就是"春运"的一部分，请上网查一查，"春运"是什么？"春运"和打工者之间有什么联系？在你生活的国家和地区，有类似"春运"的现象吗？
2 电影中女儿顶撞父亲后，父亲极为生气，最后从争吵演变成了殴打。琴琴说了什么让父亲如此生气？在父亲殴打琴琴时，妈妈和姥姥在做什么说什么？从这个场景可以看出，中国传统的家庭关系讲究什么？

讨论交流 Discussion

1 课文中介绍的打工者的生活情况是什么样的？他们的生活中需要面对哪些困难？请举具体的例子来说明。在电影拍摄中，导演通过哪些方式表现出打工者生活的辛苦？可以从画面、声音、拍摄角度、叙事方式等方面来谈。
2 纪录片有什么特点？纪录片跟剧情片有什么不同？可以从纪录片的拍摄方式，镜头，光线，声音等不同角度来谈。你认为《归途列车》这部纪录片是否真实且有效地反映出了农民工的生活情况？

3 留守儿童是中国社会中的一个特殊群体。这个群体主要指哪些人？他们的生活跟普通儿童有什么不同？你认为留守儿童的生活存在哪些困难？他们与父母之间的隔阂和距离会对哪些方面造成影响？留守儿童是不是中国特有的现象？可以举你所了解的例子来谈。

4 与留守儿童相对应的另一个群体是在农村的留守老人。农村中许多青壮年都外出打工，只有老人才会留在农村。请设想一下，这些留守老人的生活是什么样的？他们又会面临什么样的问题？这些问题能不能得到改善？可通过举例来谈。

5 你跟父母吵过架吗？是因为什么？你对父母说过脏话或者有过不尊重他们的行为吗？父母对你生气的时候会怎么做？他们惩罚过你吗？具体的惩罚方式什么？你怎么看电影中的父亲殴打女儿的教育方式？

6 教育始终是中国家庭非常重视的一部分。电影中张昌华夫妇对儿女有什么样的期望？对于出生农村的孩子来说，你认为教育改变命运的可能性大不大？贫困地区的孩子要怎么样才能获得更好的生活？

表达演示 Projects and Presentations

1 活动

1 结对练习：两位同学一组，一位扮演琴琴的父亲，一位扮演琴琴，模拟琴琴和父亲发生冲突后坐下来好好聊聊的场景。对话中双方得有各自的观点，也要包含能让对方信服的理由。注意对话要有开头和结尾，注意措辞和语气。

2 角色扮演：请以琴琴一家五口在饭桌上谈话的场景为基础，讨论琴琴要不要回学校念书这个问题，爸爸、妈妈、弟弟、姥姥和琴琴都会发表各自的看法。

3 三到五位同学一个小组，去拍摄一个三到五分钟左右的记录短片，影片内容可以是展现中国城或者其他地方打工者的生活。提交短片时，每组同学需为短片写一篇200字左右的内容介绍。

2 写作

1 从电影中某一个角色出发，创作一篇文章，可写他/她自己的故事，或者他/她对整个事件的观察与看法。人物角色可以是琴琴，父亲、母亲、弟弟或者姥姥。题目自拟。

2 写作练习/故事改写：请对电影故事进行改写，比如说琴琴按照父母的期望接着读书而不是辍学去打工，想想故事会有什么样的结局。请说明你改编的理由，分析改编的电影故事与原故事相比，有什么特别之处。

3 请你上网或者利用身边的资源，了解中国打工者的情况，去调查一下他们的生活是什么样的？面临什么样的生存困境？他们的生活是怎么维持下去的？然后选择一个角度，写一篇议论文章。请运用至少2个具体的例子来说明。

4　采访2–3个移民打工者（比如说饭馆的服务员），了解以下内容，然后自选角度写一篇报告：一、进城后从事过什么样的工作，遇到过什么困难，找工作的情况如何？二、与孩子的关系如何，是否与孩子生活在一起，对孩子未来生活的期望是什么？三、是否打算几年以后回自己的国家？现在对老家的感情如何？四、对在美国打工的生活有什么样的看法？

5　随着经济和科技的发展，很多工作都已经被机器取代。在科技化的社会，这些农民工的未来在哪儿？请你以琴琴为例，谈谈农民工二代的相关问题和你的看法。题目自拟。

阅读延伸 Reading Comprehension

2020年北京市外来新生代农民工监测报告

国家统计局北京调查总队在全市范围开展了农民工市民化进程动态监测调查，2020年监测数据显示，新生代农民工占比达到50.1%，已经成为农民工的主体。新生代农民工具体指的是在1980年及之后出生的，进城从事非农业生产达到至少6个月的，并且常住地在城市，户籍地仍在乡村的劳动力，新生代农民工是新时代的产业工人。

新生代农民工与老一代农民工最显著的区别在于，虽然他们被冠以"农民工"称号，但其中的大多数人对于农业生产并不熟悉，对农村生活方式较为陌生，对农村传统文化的认同也较为淡漠，他们有的从学校毕业后就直接进入城市打工，有的则一直跟随在城市打工的父母。总之，其就业经历和成年后的生活经历更多地是与城市联系在一起的。因此，他们比老一代农民工有着更强烈的融入城市的愿望。

一、新生代农民工总体特征

男性占比高于女性，差距进一步加大。新生代农民工中男性占比为66.3%。31–40岁农民工占比提高，新生代农民工平均年龄31.4岁。大学本科以上学历新生代农民工占比增加。新生代农民工中大学本科以上学历占比为21.2%，比去年提高了7.9%。另外，外来新生代农民工主要来自北京周边地区。其中，河北、河南两省占比最大，河北省占比为37.3%，河南省占比为12.3%。

二、新生代农民工就业情况

新生代农民工的就业主要集中于劳动密集型行业，主要包括制造业、建筑业、住宿和餐饮业等。不过，从事信息传输、软件和信息技术服务业的新生代农民工占比有了大幅提高，预计将来会有更多的农民工走向信息技术服务业。

另外，新生代农民种的收入水平也整体得到了提高。调查样本中，新生代农民工月均收入6214元，比上年增加364元，增长6.2%。其中，66.5%月均收入在5000元及以上，比上年高8.6个百分点。调查还发现，自营就业的新生年代农民工月均收入6716元，属于收入比较高的行业，不过工作强度也相对较大。自营就业的新生代农民工平均每周工作6.5天，每天工作9.5小时，分别比务工就业人员多0.9天和0.7小时。

三、新生代农民工生活情况

（一）消费支出下降，吃穿住消费占新生代农民工总消费支出的7成以上

受疫情影响，未来收入的不确定性增加，新生代农民工消费支出降低。2020年，新生代农民工家庭户均生活消费支出42395元，比上年减少1833元，下降了4.1%。

（二）居住性质略有改变，居住满意度小幅提升

租赁私房人员占比减少，单位提供住房比例提升。从住房性质来看，新生代农民工主要以租赁私房为主，租赁私房的占60.5%，比上年同期降低3.2个百分点；单位提供住房的占33.1%，比上年同期提高4.7个百分点。

（三）网络依赖增加，自我提升类活动减少

上网已经成为新生代农民工业余时间的主要休闲活动。新生代农民工业余时间的主要活动排在前三位的依次是：上网、休息和朋友聚会，其中上网占60.1%，比上年同期提高4.7个百分点。

（文章的统计信息来源于北京市统计局网站文章《2020年北京市外来新生代农民工监测报告》，2021年7月）

阅读上面这篇文章，并思考以下问题：

1　新生代农民工具体指哪一群人？他们与老一代农民工有什么不同之处？

2　新生代农民工的总体特征是什么？至少说出两点。

3　新生代农民工的就业情况怎么样？收入水平如何？与过去比有什么样的变化？

4　目前新生代农民工的生活情况是什么样的？他们的消费能力、住宿环境等跟过去比有什么变化？

5　请你展望下一代农民工的未来生活情况，谈谈他们的生活会有什么新变化？《归途列车》课文里所提到的农民工面临的问题，在将来会不会得到改善？说说你的理由。

繁體字課文

《歸途列車》：不歸之途

導讀：

　　《歸途列車》是由加拿大華人導演范立欣（Fàn Lìxīn）歷時三年拍攝而成的關注農民工生存現狀的紀錄片。影片記錄了來自四川的張昌華（Zhāng Chānghuá）和陳素琴（Chén Sùqín）夫婦為生活所迫外出打工的經歷，重點講述了他們的女兒琴琴（Qín'qin）未能如父母所願讀書成才，而走上了與父母同樣的打工之路的故事。本片關注為中國經濟蓬勃發展做出巨大貢獻的打工者的故事，聚焦中國經濟騰飛背後這些卑微人物的命運與選擇。導演范立欣（Fàn Lìxīn）憑藉該片獲得了眾多國際大獎。2010年，MIPDoc[1] 授予導演「先鋒精神獎」(Trailblazer Award)。

正文：

　　歸途列車，即載人回家的一班列車，然而或許只有常年在外打工的人才能明白這一班列車意味著什麼？ 2006年春節前夕，張昌華和妻子陳素琴在火車站排隊購票。站裡人山人海，水洩不通，有人為搶不到火車票而惱怒不已，有人因買到了票而欣喜萬分。張昌華夫婦幸運地在洶湧的人潮中購得了兩張車票，踏上回鄉的旅途。然而一年中剩下的三百多天，他們都過著跟廣大打工者一樣的艱苦生活。

　　在中國，農民工遍布在每一個經濟發達、基礎設施完善的大城市裡。為了減少開支，他們大多聚居於「城中村」[2]、地下室、建築工棚或者單位宿舍等價格低廉、環境簡陋的住房中。工作環境也並不理想，許多人被迫擠在陰暗的廠房裡做高強度的工作，幾乎沒有閒暇時間。他們被企業主視為廉價的勞動力，常被拖欠工資，甚至時時面臨被解僱的危險。他們一個個仍然願意背井離鄉到大城市打工的目的就只有一個：擺脫農村貧困的經濟條件，多賺點錢給子女提供更好的教育機會。

　　張昌華夫婦就是千千萬萬農民工的縮影。他們每天一大早就離開狹小的單位宿舍，到縫紉車間裡沒日沒夜地工作，拿到手的卻是與付出不成比例的

1　MIPdoc: 戛納(Gānà，Cannes) 春季紀錄片交易會 Similar to the Cannes film festival and hosted in Cannes, MIPDoc is the leading international showcase for documentaries and factual programming. The objective of this showcase is to learn, network, share insights, discuss trends and uncover new production and co-production opportunities.

2　城中村是指留存在城市區域內的傳統鄉村，是中國大陸地區城市化進程中出現的一種特有的現象。從廣義上說，城中村是指在城市高速發展的進程中，滯後於時代發展，不在現代城市管理範圍內的生活水平低下的居民區。

微薄工資。影片的鏡頭多次對準了他們賴以生存的工具——縫紉機。縫紉機曾是家庭品質生活的象徵之一，如今隨著技術的發展已離開了人們的視線。電影對縫紉機的關注和拍攝，正印證了老張夫婦與現代社會脫節的現實。

常年在外打工也導致老張夫婦與孩子之間產生巨大的隔閡，最後付出了沉重的情感代價。老張夫婦平時疏於跟家人聯繫，相對內斂含蓄的他們在電話中也不願直接表達對家人和孩子的思念。父母在孩子的成長中缺席，顯然使得女兒琴琴產生了「被拋棄感」。她甚至覺得，父母對金錢的執迷，對擺脫農村生活歇斯底里的渴望已經超過了他們對自己的愛：「父母一切都為了錢，沒錢不行。」試問，一心為了改善兒女生活而辛苦在外打工的父母聽到這樣的心聲時，他們會作何感想？

像琴琴一樣生活在農村的留守兒童幾乎都面臨著這樣的困境。他們從小便要接受與父母分開的現實，在農村與爺爺奶奶相依為命。孩子在心理上對祖父母的依戀很深，而對父母或多或少懷著怨恨和不解。電影中老張與女兒發生的劇烈衝突看似突然，實則也在意料之中，這正體現了父母在子女成長方面缺席而導致的情感危機。父親不理解女兒為何學會了髒話，屢教不改之時動手體罰，而倔強、叛逆的女兒認為父親長期失職，沒有教她為人處世的權力。琴琴的大聲嘶吼彷彿就是對缺愛這麼多年最強烈的控訴。

太多打工者家庭必須要面對親情紐帶的斷裂，期盼的落空，但他們仍然把生活的希望寄託在子女的教育上，把教育視為脫貧致富的唯一途徑。老張夫婦明白，他們不想讓孩子跟自己一樣，就算砸鍋賣鐵，也要投資孩子的教育。確實，對於無社會關係，無殷實家底的家庭來說，接受教育是改變命運的唯一途徑。可老張夫婦不明白，父母在無法給子女提供舒適成長環境的情況下，採用壓制和強迫的方式，一味敦促其認真學習，反而會適得其反，導致孩子產生厭倦和抵觸的情緒。琴琴毅然放棄學習，走向城市的選擇就洽洽反映了這種「教育為本」的傳統思想所存在的問題。琴琴抱著對城市生活的渴望，去廣州開啟新生活，到琳瑯滿目的商店購置新衣、去理髮廳做個時髦的髮型等都讓她嚐到了逃離父母桎梏、獲得自由的喜悅。這卻是老張夫婦最不願看到的結果：孩子成了「民工二代」，未來只能沿著父母的生活軌跡，陷入貧窮的惡性循環。期盼落空的老張夫婦，只能無奈地說：「女兒想做啥做啥啊，我們做父母的不會勉強。」其實他們已自然而然地將希望轉移到了兒子身上。

兒子會像父母所預期的一樣考上大學，走上更高的平台，成為人中龍鳳，亦或是像姐姐一樣，離開農村去城市過光鮮亮麗的自由生活？無論他的選擇如何，他踏上的無疑是一條不歸之途，漂泊就是他的命運。

第六课
《少年的你》：愿你被世界温柔相待
Better Days: **May You Be Treated With Tenderness**

学习目标：

1 通过学习本篇课文，掌握文中的词汇及句型。

2 能运用文中的词汇及结构流利地叙述文章的主要内容及电影的故事情节。

3 能够阅读并理解与高考、校园霸凌等话题相似的文本，阐述文本的主要观点，并展开思考及分析。

4 能分析及探讨与高考、校园霸凌、青少年心理健康等相关的议题，能够通过收集资料、调查及研究等方式就本课的话题进行进一步论证、分析及写作。

5 能对电影中的人物特写镜头（close-up）、光线明暗对比（lighting contrast）、蒙太奇montage（交叉式剪辑crosscutting、对比蒙太奇contrast montage等）等进行研究及讨论。

导读：

　　《少年的你》是2019年中国大陆拍摄的一部青春爱情**犯罪**电影，改编自小说《少年的你，如此美丽》。本片关注中国电影中**罕见**的校园**霸凌**现象，电影上映后获得了观众的**一致**好评，荣获第39届香港电影金像奖[1]最佳电影、最佳导演、最佳编剧（Best Screenplay）等8个奖项。众多媒体与影评人对此电影表示肯定，这"是近期反映校园或者青春**题材**最好的一部电影"、"导演对于中国年轻人有非常独到的关注和呈现"、"拍出了那种**阴沟**之中闪现出的爱的**光芒**"。电影通过**细腻**的创作手法，把校园霸凌问题

---

1 香港电影金像奖（Hong Kong Film Awards）是由香港电影金像奖协会在中国香港地区举办的电影奖项，创办于1982年，与中国电影金鸡奖和台湾电影金马奖并称为"华语电影三大奖"。The Hong Kong Film Awards, founded in 1982, is an annual film awards ceremony in Hong Kong. The ceremonies are typically in April. The awards recognize achievement in various aspects of filmmaking, such as directing, screenwriting, acting and cinematography.

DOI: 10.4324/9781003276340-9

带入公众**视野**，充满**戏剧性**地展示了青少年成长过程中遇到的种种问题。作为90后和00后的年轻演员代表，主演周冬雨（Zhōu Dōngyǔ）和易烊千玺（Yì Yángqiānxǐ）凭借**出色**的演技**俘获**了更多观众的心，易烊千玺更是凭借此片打破了很多人对"**流量**明星"的偏见。

正文：

《少年的你》讲述的不是青春电影中**千篇一律**的**霸道**校草[2]爱上**灰姑娘**的情节，也不是动作片中**正直**帅气的英雄救美人的故事。男女主角都是边缘化的角色：一个在学校被**欺凌**，**忍气吞声**；一个是社会上的**小混混**，**不务正业**。两人在**患难**中相识，从此相依为命，成为**彼此**生命中**不可替代**的依靠。双方都成长于缺爱的环境中，却给了彼此最多的关爱。面对冷漠的社会，他们建立起了对抗残酷世界的**同盟**。

影片以高考为时间背景，真实地展现了高中生的校园生活。"**万般皆下品，唯有读书高**"，自古以来，中国文化就重视读书成才、**金榜题名**，高考成了无数孩子改变命运的唯一途径。影片中，学校里到处挂着**鼓舞人心**的大字**标语**，学生刻苦学习、**埋头**考试的身影随处可见。"**吃得苦中苦，方为人上人**"是学校对学生的要求和标准。这种一切为高考让路的思想，深深地**扎根**在每个人的脑海中。面对外界的巨大**干扰**，陈念（Chén Niàn）依旧拼了命学习。抱着高考后生活会重见光明的期待，她在**失手**杀人后，无奈接受了小北做**替罪羊**的牺牲。没想到一度被**神圣化**的高考，竟然跟犯罪联系到了一起。身处高考倒计时中的学生，大脑中时时刻刻都**紧绷**着一根**弦**，暴力和罪行也许就是自身压力的**发泄**。

面对欺凌和暴力时，受害者的反应各种各样，不尽相同。小北从来都**不屈服**，即使被打得**浑身**是血，也会站起来抵抗暴行。胡小蝶（Hú Xiǎodié）绝望地选择自杀的方式来向世界发出求救**讯号**。陈念被孤立、**排挤**，被嘲笑、欺凌时，都选择了忍耐。像她妈妈说的，熬过高考，做一只"**打不死的小强**"。只是没想到旁人的**冷漠**，更让整件事**雪上加霜**。对老师来说，只要拿"马上就要高考"当**挡箭牌**，就可以无视欺凌的严重性；而警察，只要没闹出人命，都可以**睁一只眼**，**闭一只眼**。难道这些暴力的受害者，都不值得相关机构的重视与关爱吗？

电影用大幅的笔墨来展现受害者的感受，对于**施暴者**的**心态**及犯罪**动机**的呈现却相对较少。校园霸凌的**始作俑者**魏莱（Wèi Lái）虽然家境**富足**，可与父母关系**疏远**。因为高考**落榜**，父亲对她实施**冷暴力**，一年没跟她交流。在母亲眼里，她是个"单纯"的女孩儿，面对**指控**，母亲只急着

---

2 校草：校草就是指学校里大家公认的最帅的男生，这个说法起源于台湾学生的流行语，指在校门口卖香草的人，引申为一个学校中最帅的男生。

想办法为女儿**洗白**。在这样缺少爱与沟通的环境中长大，可能就是魏莱**共情**能力弱的原因，她享受着**恶作剧**带来的快感，却意识不到事情的严重程度。家庭环境无疑对青少年的外在表现有着最直接的影响，但社会也**难逃其责**。从影片中能看出，公安**机关**对于未成年人犯罪的**惩戒**措施并不严格，也缺乏相应的教育。许多青少年就像魏莱一样，由于家庭和社会的**疏忽**，慢慢走向了施暴的道路。

另外，影片也巧妙地使用了不同的艺术手法来**渲染**故事的**压抑**氛围。例如电影中的灯光设计：学生们在校园中的快乐时光总是伴随着明亮的日光，而当陈念遭遇暴力时，光线就变得**昏暗**而**阴沉**，紧张感**扑面而来**。在小北家中，唯一充满光亮的地方就是**鱼缸**，那是陈念和小北最爱观赏的地方，**隐喻**了他们对光明的**向往**。另外，电影中**狭窄**、**阴湿**的街道，被**栏杆**围起来的教学楼等场景都让人感到压抑。大量的人物**特写**镜头，**蒙太奇**叙事，尤其是**审讯**室的**交叉**剪辑方式，都营造出了强烈的**恐慌**与不安的气氛，同时也恰到好处地**把控**了电影的节奏。这些艺术手法的完美运用也是电影成功的关键因素之一，将生活在阴沟里的孩子的世界富有画面感地展现在观众面前，引起反思及审视，正是这部电影的重大意义。

生词：

导读

	简体	繁體	拼音	词性	英文翻译
1	犯罪		fànzuì	n./v.	crime, sin; commit a crime
2	罕见	罕見	hǎnjiàn	adj.	rare; rarely seen
3	霸凌		bàlíng	v./n.	bully; bullying
4	一致		yízhì	adj./ adv.	identical, unanimous, consistent; unanimously 一致好评 unanimous acclaim 一致决定 agree unanimously 想法一致 be of the same mind
5	题材	题材	tícái	n.	theme, subject matter
6	阴沟	陰溝	yīn'gōu	n.	sewer, drain, covered drain
7	光芒		guāng-máng	n.	radiance; rays of light, brilliant rays 太阳的光芒 人性的光芒
8	细腻	細膩	xìnì	adj.	delicate, exquisite, fine and smooth
9	视野	視野	shìyě	n.	view, horizon 扩大视野 expand (one's horizon) 拓宽tuòkuān视野 broaden vision

	简体	繁體	拼音	词性	英文翻译
10	戏剧性	戲劇性	xìjùxìng	n./adj.	theatricality; dramatic 充满戏剧性
11	出色		chūsè	adj.	outstanding, remarkable
12	演技		yǎnjì	n.	acting skill
13	俘获	俘獲	fúhuò	v.	capture, seize
14	流量		liúliàng	n.	rate of flow; traffic 流量明星 celebrity with a huge fan base

正文

	简体	繁體	拼音	词性	英文翻译
15	千篇一律		qiān piān yí lù	idm.	follow the same pattern; all in the same key
16	霸道		bàdào	adj.	potent, strong, bossy
*	灰姑娘		huīgūniang	n.	Cinderella
17	正直		zhèngzhí	n./adj.	integrity; honest, upright
18	边缘化	邊緣化	biānyuánhuà	n.	marginalization 边缘 edge, border, verge 悬崖xuányá的边缘 the edge of a precipice 经济破产的边缘 the verge of economic bankruptcy
19	欺凌		qīlíng	n./v.	bullying; bully and humiliate, tread on 欺凌别人 遭到sb.的欺凌
20	忍气吞声	忍氣吞聲	rěn qì tūn shēng	idm.	submit to humiliation, eat humble pie, bear insult
*	小混混		xiǎohùnhun	n.	hoodlum, punk, gangster 小混混 mainly refers to teenagers around the age of 16 or 17 who are wandering in society
21	不务正业	不務正業	bú wù zhèng yè	idm.	not attend to one's proper works or duties
22	患难	患難	huànnàn	n.	adversity, trials and tribulations
23	彼此		bǐcǐ	pron.	each other, both parties 彼此+disyllabic verbs (关心/照顾/信任/……) disyllabic verbs (关心/照顾/信任/……)+彼此
24	不可替代		bù kě tì dài	idm.	irreplaceable, non-substitutable

(Continued)

正文 (Continued)

	简体	繁體	拼音	词性	英文翻译
25	同盟		tóngméng	n.	alliance, league
26	万般皆下品，唯有读书高	萬般皆下品，唯有讀書高	Wàn bān jiē xià pǐn，wéi yǒu dú shū gāo	phr.	Nothing is lofty except reading books; learning is more valuable than anything else.
27	金榜题名	金榜題名	jīn bǎng tí míng	idm.	have passed the examination, one's name was put on the published list of successful candidates 小朱今年高考金榜题名。 金榜题名是许多读书人都梦想取得的成果。
28	鼓舞人心		gǔ wǔ rén xīn	idm.	inspiring, heartening, inspirational sth. 鼓舞人心 鼓舞人心的故事/消息
29	标语	標語	biāoyǔ	n.	slogan
30	埋头	埋頭	máitóu	v.	immerse, bury, immerse oneself in, be engrossed in 埋头工作/埋头读书/埋头干活
31	吃得苦中苦，方为人上人	吃得苦中苦，方爲人上人	Chī dé kǔ zhōng kǔ，fang wéi rén shàng rén	phr.	If you wish to be the best man, you should suffer the bitterest of the bitter. Only by experiencing the hardest hardships can one rise above the ordinary.
32	扎根	紮根	zhāgēn	v.	take root 扎根于someplace 在someplace扎根
33	干扰	干擾	gānrǎo	v./n.	disturb, obstruct; interference, distraction 干扰sb. 干扰sb.的工作/学习/休息 受到……的干扰：be interrupted by
34	失手		shīshǒu	v.	accidentally drop, inadvertently kill and wound 失手打碎了杯子 失手杀人
35	替罪羊		tìzuìyáng	n.	scapegoat
36	神圣化	神聖化	shénshènghuà	n.	sanctification
37	紧绷	緊繃	jǐnbēng	adj.	uptight, taut
*	弦		xián	n.	chord, bowstring, string, quadrature

	简体	繁體	拼音	词性	英文翻译
38	发泄	發洩	fāxiè	v.	give vent to, vent 发泄情绪 vent one's feelings 发泄不满/怨恨/愤怒 vent one's dissatisfaction/resentment/anger
39	屈服		qūfú	v.	submit to, surrender, yield 向……(困难/权贵/……)屈服
40	浑身	渾身	húnshēn	adv.	from head to foot; all over 浑身都是宝；浑身疼痛；浑身是血
41	讯号	訊號	xùnhào	n.	signal same as "信号"
42	排挤	排擠	páijǐ	v.	elbow out, push aside, push out 排挤sb. 被sb.排挤
43	嘲笑		cháoxiào	v.	laugh at, make fun of
*	打不死的小强	打不死的小强	dǎ bù sǐ de xiǎo qiáng	phr.	小强 refers to cockroach, because cockroaches have tenacious vitality and they are difficult to eradicate. "打不死的小强" is a metaphor to describe someone who is very strong and tough.
44	冷漠		lěngmò	n./adj.	indifference; cold and detached, unconcerned, indifferent
45	雪上加霜		xuě shàng jiā shuāng	idm.	one disaster after another, add insult to injury
46	挡箭牌	擋箭牌	dǎngjiànpái	n.	shield
47	睁一只眼，闭一只眼	睜一隻眼，閉一隻眼	Zhēng yì zhī yǎn, bì yì zhī yǎn	phr.	turn a blind eye to something 对……睁一只眼，闭一只眼
48	施暴者		shībàozhě	n.	施暴 v. take violent action 施暴者 the violent party, perpetrator
49	心态	心態	xīntài	n.	mentality, mindset
50	动机	動機	dòngjī	n.	motive, intention
51	始作俑者		shǐ zuò yǒng zhě	idm.	the initiator of evil, creator of a bad precedent
52	富足		fùzú	adj.	rich, abundant, plentiful 家庭富足，生活富足
53	疏远	疏遠	shūyuǎn	v.	keep at a distance, become estranged 疏远sb.
54	落榜		luòbǎng	v.	flunk a competitive examination for a job or school admission 高考落榜/比赛落榜

(Continued)

正文 (Continued)

	简体	繁體	拼音	词性	英文翻译
55	冷暴力		lěngbàolì	n.	tacit violence, emotional abuse
56	指控		zhǐkòng	v./n.	accuse, allege; charge 指控sb. 受到……的指控
57	洗白		xǐbái	v.	white washing 洗白名声/罪名 为sb.洗白
58	共情		gòngqíng	n.	empathy
59	恶作剧	惡作劇	èzuòjù	n.	mischief, prank, hoax, trick 搞恶作剧 vp. play practical jokes
60	难逃其责	難逃其責	nán táo qí zé	idm.	hard to escape responsibilities
61	机关	機關	jīguān	n.	office, organ, institution 政府机关 government organization 公安机关public security organization
62	惩戒	懲戒	chéngjiè	v.	punish sb. to teach him a lesson, discipline sb. as a warning 惩戒sb. 对……进行惩戒
63	疏忽		shūhu	n./v.	negligence, cursoriness; neglect
64	渲染		xuànrǎn	v.	apply colors to a drawing, play up, reinforce
65	压抑	壓抑	yāyì	n./adj./v.	repression, suppression; depressed; depress, constrain 精神压抑 感到压抑 压抑……的天性/情感
66	昏暗		hūn'àn	adj.	dim, dusky 昏暗的天空/房间/角落
67	阴沉	陰沉	yīnchén	adj.	gloomy, cloudy, overcast, somber 天气阴沉、心情阴沉
68	扑面而来	撲面而來	pū miàn ér lái	vp.	something coming directly in one's face ……的味道/情绪扑面而来
*	鱼缸	魚缸	yúgāng	n.	fish tank
69	隐喻	隱喻	yǐnyù	n.	metaphor
70	向往	嚮往	xiàngwǎng	v.	yearn for 向往……的生活 yearn for the life of ... Sth.令人向往 sth. is glamorous
71	狭窄	狹窄	xiázhǎi	adj.	narrow

	简体	繁體	拼音	词性	英文翻译
72	阴湿	陰溼	yīnshī	adj.	dark and moist 阴湿的地下室
73	栏杆	欄杆	lángān	n.	handrail
74	特写	特寫	tèxiě	n.	close-up
75	蒙太奇		méngtàiqí	n.	montage
76	审讯	審訊	shěnxùn	n./v.	inquest; interrogate, try
77	交叉		jiāochā	v.	cross, overlap, intersect
78	恐慌		kǒnghuāng	n./adj.	panic, scare; panicky, panic-stricken
79	把控		bǎkòng	v.	handle, control 把控……的节奏/质量/技术……

语法结构 Grammar Patterns

1　把……带入公众视野 bring something into public eye
……进入公众视野 ... come into public eye

例句：电影通过细腻的创作手法，把校园霸凌问题带入公众视野。
The film brings the issue of campus bullying into the public eye through delicate creative techniques.
中国互联网公司的员工把996、007这样的加班文化带入了公众视野。
The employees of Chinese Internet companies brought the overtime culture of "996" and "007" into the public eye.
网红逐渐进入公众视野，对社会、年轻人、实体经济的影响会是如何？
Internet celebrities gradually enter the public eye; what will be the impact on society, young people and the real economy?

2　（思想/信念/精神/意识/形象/特点……）（深深地）扎根在sb.的大脑中/脑海中
(thoughts/faith/spirit/consciousness/image/trait...) (deeply) embedded/ rooted in one's mind

例句：这种一切为高考让路的思想，深深地扎根在每个人的脑海中。
This idea that everything should make way for the college entrance examination is deeply rooted in everyone's mind.
雷锋"做好事不留名"的形象深深地扎根于老一辈中国人的脑海中。
Lei Feng's image of "doing good without leaving a name" is deeply rooted in the minds of the older generation of Chinese.
"只许成功、不许失败"的信念深深地扎根在他的脑海中。
The belief of "only success, no failure" is deeply rooted in his mind.

3　抱着（对）……的期待/希望/憧憬，SVP
S对……抱着/抱有(很大的)期待/希望/憧憬……
have the expectation of/hope of/longing for ...

例句：抱着高考后生活会重见光明的期待，她在失手杀人后，无奈接受了小北做替罪羊的牺牲。

With the expectation that life will see the light again after the college entrance examination, she reluctantly accepted Xiaobei's sacrifice as a scapegoat after she accidentally killed the person.

他是一个对公司有认同感、归属感的人，对公司的未来抱着很大的期望。

He is a person who has a sense of identity and belonging to the company, and has great expectations for the company's future.

抱着项目大概率会成功的期待，公司已经开始规划下一个方案。

With the expectation that the project will succeed with a high probability, the company has already begun to design the next plan.

4　拿……当挡箭牌 take ... as a shield/excuse
……是/成（为）了挡箭牌 ... is/become(s) the shield/excuse

例句：对老师来说，只要拿"马上就要高考"当挡箭牌，就可以无视欺凌的严重性。

For teachers, they can ignore the seriousness of bullying as long as they use "the approaching college entrance examination" as an excuse.

小明做错事的时候，总是拿别人来挡箭牌。

When Xiao Ming did something wrong, he always used others as an excuse.

官二代和富二代嚣张行事，父母就是他们的挡箭牌。

The official second generation and the rich second generation act arrogantly, and their parents are their shields.

5　无视……的严重性 ignore/disregard the seriousness of ...
无视 + noun/noun phrase ignore/disregard something

例句：对老师来说，只要拿"马上就要高考"当挡箭牌，就可以无视欺凌的严重性。

For teachers, they can ignore the seriousness of bullying as long as they use "the approaching of college entrance examination" as a shield.

旧社会的贪官污吏，常常无视人民群众的疾苦，满足于自身富足的生活。

Corrupt officials in the old society often ignored the suffering of the people and were content with their own rich lives.

媒体称鼓励人们集会和游行就是无视疫情的严重性。

The media says that to encourage people to gather and march is to ignore the severity of the pandemic.

6　对……睁一只眼，闭一只眼 turn a blind eye to something

例句：对警察来说，只要事情没闹出人命，都可以睁一只眼，闭一只眼。
For the police officers, as long as the thing is not leading to death, they can turn a blind eye to it.
老师对作弊睁一只眼、闭一只眼是不应该的。
The teacher should not turn a blind eye to cheating.
有时找合法的工人不但困难，而且花费很大，所以一些雇主走捷径 (jié jìng)，对非法工睁一只眼闭一只眼。
Sometimes finding legal workers is not only difficult, but also expensive, so some employers take shortcuts and turn a blind eye to illegal workers.

7　渲染（了）……的气氛/氛围 （压抑/悲伤/热闹/喜庆/神秘/……）
create the atmosphere/ambiance of ... (depress/sorrow/liveliness/festiveness/mystery ...)

例句：影片也巧妙地使用了不同的艺术手法来渲染故事的压抑氛围。
The film also cleverly uses different artistic techniques to create the depressive atmosphere of the story.
影片一开始就通过昏暗的灯光渲染了一股神秘的气氛。
From the beginning of the film, a mysterious atmosphere was created through dim light.
有些人认为音乐在渲染气氛或调动感情方面比其他媒介更有优势。
Some people believe that music has advantages over other media in creating an atmosphere or evoking emotions.

8　隐喻 can be a verb or noun.
是……的隐喻 is a metaphor of ...
隐喻…… metaphorically shows ...

例句：在小北家中，唯一充满光亮的地方就是鱼缸，那是陈念和小北最爱观赏的地方，隐喻了他们对光明的向往。
In Xiaobei's home, the only place full of light is the fish tank, which is the favorite place for Chen Nian and Xiaobei to watch. It metaphorically shows their yearning for light.
时间就是金钱，这就是我们生活中常见的隐喻。

Time is money. This is a common metaphor in our lives.

电影《亲爱的》中，导演用挣扎的泥鳅来隐喻家长内心的煎熬。

In the movie *Dearest*, the director uses the struggling loach fish to metaphorically show the parents' inner suffering.

成语解释 Idioms

1　**千篇一律**qiān piān yí lǜ：原指一千篇文章都一个样，现指文章公式化，比喻办事非常机械。 **follow the same pattern; all in the same key** 千篇一律的NP/something千篇一律

他们讨厌千篇一律的生活。

They simply hate living a monotonous life.

每篇文章的结构都应该包括导言和结论，但是每个段落的结构不应该千篇一律。

Every paper should have an introduction and conclusion as structure, but not every paragraph should follow the same pattern.

2　**忍气吞声**rěn qì tūn shēng：受了气也要忍耐，有话不敢说出来。**to swallow insult and humiliation silently; control oneself and suppress one's indignation**

无论老板何时责骂他，他都忍气吞声，不敢反抗。

No matter how the boss scolds him, he controls himself and suppresses his anger without resisting.

旧社会许多妇女都过着忍气吞声的日子。

Many women in the old society lived a life of suffocation.

3　**万般皆下品，唯有读书高**Wàn bān jiē xià pǐn, wéi yǒu dú shū gāo：所有行业都是低贱的，只有读书入仕才是正途。**Nothing is lofty except reading and studying.**

"万般皆下品，唯有读书高"，暂且不论这一观点是否正确，读书人在社会各阶层心目中的地位是很高的。

"Nothing is lofty except reading and studying." Regardless of whether this view is correct or not, scholars do have a high status in the minds of all classes of society.

中国历代王朝向来推崇"万般皆下品，唯有读书高"的理念。

The past Chinese dynasties always praised highly the saying that "nothing is lofty except reading and studying."

4　吃得苦中苦，方为人上人Chī dé kǔ zhōng kǔ, fang wéi rén shàng rén：
吃得了千辛万苦，才能获取功名富贵，成为别人敬重、爱戴的人。
**Only by experiencing the hardest hardships can one rise above the
ordinary.**

父母总是说："不要总想着怎么偷懒，吃得苦中苦，方为人上人。"
Parents always say: "Don't always try to stay lazy. Only by experiencing the
hardest hardships can one rise above the ordinary."
"吃得苦中苦，方为人上人"，在工作中，我一定尽责尽责，做一名优
秀的员工。
"Only by experiencing the hardest hardships can one rise above the ordi-
nary." At work, I will do my best to be a good employee.

5　雪上加霜xuě shàng jiā shuāng：在雪上还加上了一层霜，常用来比喻接
连遭受灾难，损害愈加严重。**The word literally means snow plus frost.
It is a metaphor meaning to add to the misfortunes of a man who is
already unfortunate.**

这场危机使得本就脆弱的教育系统雪上加霜。
The crisis has placed huge additional stress on our creaking educational system.
高额燃料成本令疫情期间的航空公司雪上加霜。
High fuel costs have made airlines even worse during the pandemic.

6　始作俑者shǐ zuò yǒng zhě：恶劣风气的创始者。
the initiator of evil; creator of a bad precedent

老王是我们公司行贿的始作俑者。
Lao Wang is the initiator of bribery in our company.
近几年楼价急升，地产中介被视为始作俑者。
Property prices have soared in recent years, and real estate agencies are
regarded as the initiators.

文法练习 Grammar and Vocabulary Exercises

1　**看拼音写汉字，并用这些词语填空。**

bàlíng　　　wúnài　　　yīn'gōu　　　tèxiě
shìyě　　　jīguān　　　ōudǎ　　　jiǎnjí

《少年的你》是根据小说改编而成的电影。该片讲述了高考前夕，被
一场校园意外改变命运的两个少年相依为命，守护彼此的故事。该片将青
春片与现实主义题材相结合，把高考、校园、＿＿＿＿＿＿等社会热点话题带入

到公众的_____。影片并非像以往的青春爱情片一样讲述青春的美好，而
是直面青春的痛苦和_____，在国产电影中十分少见。影评人表示，影
片以大量的人物_____镜头、交叉式_____等方式营造出了强烈的现
实感和压抑感，让观众对辱骂、_____等校园欺凌的行为有了更直接的
认识。影片也以此呼吁大家以及公安_____重视此类问题，正如文中所
说，_____里的孩子能看见星空，一定是身处充满爱的大世界。

2   选择合适的词语填空

向往   细腻   发泄   洗白   浑身   渲染   不可替代   疏忽

1) 这部小说的文字直白，没有过多地_____情感，是一本理性视角
   的书。
2) 医生给病人做手术时要特别小心，一点儿也不能_____。
3) 友情是很宝贵的财富，朋友对我的影响是家人和爱
   人_____的。
4) 城市里灯火明亮、繁华热闹的景象让身处农村的小王非
   常_____。
5) 小丽突然发起了高烧，现在_____难受，一点儿力气也没有。
6) 他受了那么多委屈，却没有人能聊聊，也没地方_____情绪，只
   能忍气吞声。
7) 这首流行歌曲讲述的是美好的爱情，歌词_____，曲调优美，
   深受大家的喜爱。
8) 日本政府_____历史罪行的行为受到了西方和亚洲媒体的批判。

3   成语练习：
根据语境，补充完成下面的句子

1) 他作为当红的大明星，_____，扮演的
   所有的角色都**千篇一律**。
2) _____，现在的主
   要任务是追查谁是**始作俑者**。
3) 王大志_____，**不务正业**，最
   终女朋友也跟他分手了。
4) 美国和俄罗斯在许多国际问题上本来就存在很大的分
   歧，_____。（请使用"**雪上加霜**"）

4   请你用所给的生词和结构回答问题。

1) 影片中展现出的高考画面跟你所了解的有什么相同和不同的地方？

   （埋头、标语、鼓舞人心、抱着 …… 的期待/希望、金榜题名）

2) 在你看来，校园暴力有哪些表现方式？

（嘲笑、孤立、排挤、发泄、施暴者、殴打、辱骂、恶作剧）

3) 从影片中看来，校园暴力是否受到了社会的广泛关注？

（罕见、睁一只眼，闭一只眼、指控、惩戒）

5　请用下面所给的结构或者俗语造句，注意句子要有上下文。

1) 万般皆下品，唯有读书高。
2) 吃得苦中苦，方为人上人。
3) （思想/信念/精神/意识/形象/特点……）(深深地)扎根在sb.的大脑中/脑海中
4) 隐喻
5) 无视 ... 的严重性

电影初探 Film Exercises

1　课前预习问题

1) 看电影时记录5–10个生词、词组以及感兴趣的语句，并整理在自己的生词本中，课上与同学们分享。
2) 请记录电影中有关高考的场景，并谈谈哪一个场景让你印象最深刻？试着把这个场景详细地叙述出来，并说说你印象深刻的理由。
3) 仔细观察电影中男女主角的生活，他们的家庭情况以及跟别人的相处模式，用自己的话谈谈男女主角的性格特点。
4) 电影中哪些人物是正面形象？哪些人物是反面形象？请特别关注学校老师和警察，说说你对他们的看法。

2　根据对电影的理解，请判断下面的句子是否正确。

1) 胡小蝶坠楼自杀后，同学都忙着拍照发微信，只有陈念为她盖上衣服。（　）
2) 电影中校园暴力的领导者魏莱是复读生，第二次参加高考。（　）
3) 小北的父母离异，他从小跟随父亲生活，缺少母爱。（　）
4) 电影中，家境富裕的好学生其实是校园霸凌的始作俑者，而旁人眼中的小混混却真正付出行动保护弱者。（　）
5) 陈念的母亲因为赌博欠债太多而跑去远方躲避债务。（　）
6) 男警察郑易（Zhèng Yì）对陈念和小北的关系一无所知。（　）

3 电影片段分析：

A 观看电影开头时，陈念被同学欺负后回家，与母亲对话的一个片段（大概在电影的00:15:00 – 00:17:00）。

(1) 请用自己的话叙述这一片段的主要内容。

(2) 这段中透露，陈念的妈妈是做什么工作的？陈念所谓的"三无产品"是什么意思？

(3) 陈念妈妈现在想赚钱的主要目的是什么？

(4) 根据视频里的对话，将下面的台词填充出来：

陈念妈妈：最近学习还好吧？

陈念：挺好的，_____。

妈妈：_____。

陈念听到母亲的话后，为什么生气地跑开了？妈妈的话暗含的意思是什么？

(5) 从这个片段来看，你认为陈念和母亲的关系如何？

B. 看电影中魏莱受警察审问的片段（大概在电影的00:35:00 – 00:37:00），完成下面的问题。

(1) 面对警察关于欺凌陈念和逼死胡小蝶的审问，魏莱的回答是什么？请摘录她的回答。在你看来，魏莱所说的是否就是她的真实想法？你认为她内心对于受害者有没有内疚心情？为什么？

(2) 魏莱对于警察叫父母来是什么态度？她为什么反应这么大？对于胡小蝶的死，魏莱是怎么说的？你认为，她这么说跟她的家庭成长环境有没有关系？

C 看电影中展现高考画面的片段（大概在电影的01:15:00 – 01:20:00），完成下面的问题。

(1) 片段中，陈念拿到准考证以后，想起了与妈妈的对话，她跟妈妈说了什么？电影中特别插入陈念与母亲的电话有什么作用？

(2) 在你看来，同学们一起放孔明灯（Sky Lantern）的情景有什么象征意义？

(3) 在高考当天，高考前的场面分别是什么样的？同学们喊的口号是什么？考试正式开始后，电影展现了哪些画面？这样的场景跟你经历的考试有什么相同和不同的地方？

(4) 在这段电影中哪部分使用了交叉剪辑？这样的剪辑手法有什么意义？可以从视觉效果、情绪渲染、情节发展等角度来分析。

文化小课堂 Cultural Elements

1　魏莱在欺负陈念的时候说了一句话"龙生龙，凤生凤，老鼠的儿子会打洞"，想一想，龙、凤、老鼠这些动物分别有什么象征意义？上网查一查这句俗语的意思，谈谈魏莱对陈念说这句话的意思是什么？

2　影片中的学校里拉着很多大字横幅标语，你认为校园里有这么多标语的原因是什么？找出2个横幅标语，将横幅中的文字写下来，谈谈你对这些文字的理解。

3　电影是在重庆拍摄的，根据电影中的取景和画面，还有上网查找的资料，从地形、气候等方面谈谈重庆的特点，以及在重庆拍摄这部电影的意义。如果换成拍摄地点换成北京或者上海，你觉得会对电影效果产生什么样的影响？

讨论交流 Discussion

1　电影中陈念和小北是什么关系？这种关系形成的原因是什么？陈念和小北的感情线是不是电影刻画的重点？说说你的理由。

2　影片将校园欺凌议题搬到屏幕上，观看电影以前，你对校园欺凌的了解是什么？看完电影后，你对校园欺凌有了哪些更多的认识？在你看来，校园欺凌的存在跟哪些因素有关？减少校园欺凌和校园暴力的发生，需要怎么做？

3　青少年的心理健康与成长也是本片重点关注的话题，父母、学校、社会等对青少年的健康成长分别起什么作用？请举影片中不同的例子来谈谈。

4　电影开头和结尾都有一段陈念在课堂上教学的片段，这两段片段分别展现了什么？她所谓的"失去乐园"的感觉又是什么呢？在你看来，这样首尾呼应（shǒu wěi hūyìng, ending echoes the beginning）的拍摄方式有什么好处？影片想要通过这样的方式表达什么？

5　仔细观看电影，可以发现电影里每个人物角色的名字都值得解读，比如警察的名字郑易，是"正义"的谐音。施暴的女同学名字叫魏莱，是"未来"的谐音，请你思考一下，警察叫郑易，施暴者叫魏莱，分别隐喻了什么？请再找找别的人物角色的名字，与同学讨论这些人物名字的具体涵义。

6　文章中谈到了电影中使用的艺术手法，如灯光设计、人物特写镜头、蒙太奇叙事、交叉剪辑方式等等，请你谈谈对这些电影手法的了解。你认为这些手法对表现电影主题有什么作用？请举具体的例子来说。

表达演示 Projects and Presentations

1 活动

1) 辩论：高考是普通人改变命运的方式。正方、反方分别出4位辩手，就这个话题进行辩论。学生需提前查资料，写提纲，为辩论做好准备。

2) 电影改编：假如陈念没去警察局认罪，而由小北为陈念顶罪，并被判刑入狱，电影的情节会有什么变化？请跟同学合作，发挥想象力，为电影结局做一个改编。每组分别谈谈改编后的故事情节是什么样的，以及改编的理由。

3) 角色扮演：2人一组，一个同学扮演心理医生，一个同学扮演以下几个角色中的任何一个（陈念、小北、魏莱、胡小蝶）。心理医生会针对病人描述的情况对其进行心理疏导。请设想一下病人会跟心理医生说什么，心理医生会怎么疏导？病人最终能否通过心理疏导的方式获得疏解压力？将这个过程表演出来。

4) 社会调查：请随机采访身边的几位朋友，了解他们对校园暴力和校园欺凌的认识，可问类似的问题：1. 你是否听说过/遇到过校园暴力，如果有，谈谈具体的情况。2. 在你看来，校园暴力问题严重不严重，这样的问题对青少年的健康成长有什么坏的影响？ 3. 校园暴力跟哪些因素有关？跟青少年所在的学校，所出生的家庭，所接受的教育是否都有一定的关系？4. 社会对校园暴力/校园欺凌的问题是否重视？从哪些地方能看出来？5. 相关单位可以怎么做来更好地帮助青少年健康成长？采访完以后，每个学生做五分钟左右的报告来介绍采访的结果以及自己的观察与思考。

2 写作

1) 将活动4的采访写成一份报告。

2) 请选择一个角度，为《少年的你》这部电影，写一篇影评。

3) 选择一个影片中的角色（陈念/小北/魏莱/胡小蝶/……），从这个角色的角度出发，写一篇日记。

4) 教育始终是中国家长重视的话题，而如今，有越来越多关于"寒门难出贵子"的讨论，大家倾向于认为当前社会中，出生"寒门"的孩子想要通过教育取得成功、出人头地，会比他们父辈的那一代更难了。在你看来，你是否同意"寒门难出贵子"这个说法？请写一篇文章，谈谈你的看法。

阅读延伸 Reading Comprehension

谁是校园欺凌的隐形推手

　　法国著名思想家伏尔泰（Fú'ěrtài）曾说"雪崩时，没有一片雪花是无辜的"。在校园欺凌面前，无论是"魏莱们"为首的霸凌者还是屡遭欺凌的"陈念们"，之所以卷入校园欺凌，都有其背后深刻的因素。何种家庭教育下的孩子更容易卷入校园欺凌？校园环境又会对校园欺凌产生何种影响？浙江工业大学研究团队（以下简称"团队"）用半年的时间对某省4100名中学生进行问卷调查，回收有效问卷3753份，并以此作为数据分析的基础，从个人、家庭和学校3个角度走近校园欺凌，试图寻找影响中学生卷入校园欺凌的因素。

一、欺凌者与被欺凌者的群体共性特征

　　在生活中，欺凌者与被欺凌者一样，个人特征类型都是各种各样的。团队通过经验总结与访谈，发现欺凌者和被欺凌者在某些方面仍存在一些群体共有的特征。其中，欺凌者通常表现为：冲动且不易克制；心胸狭隘，不愿接受别人的批评；自私，从不考虑他人或集体的利益，当自己的利益得不到满足时，便心存不满；善妒，好胜心强，容不得别人超过自己。而拥有某些特征或习惯的学生确实更容易成为校园欺凌中的受害者：性格内向孤僻，不喜欢交朋友；在生活习惯方面存在一定的问题，如不爱干净、不讲卫生等；具有少数特征的人群，如肥胖、女性化的男生，同性恋群体；人际交往存在一定问题，说话做事不注意场合或方式等等。

二、消极教养　导致孩子卷入校园欺凌

　　团队对父母教养方式与中学生校园欺凌得分进行相关分析发现，父母惩罚严厉会导致中学生更容易卷入校园欺凌。

　　团队发现，无论是欺凌者还是被欺凌者，其父母的教养方式都更为严厉，且经常给予的惩罚超过了孩子的应受程度。团队分析，在这种教养方式下，父母在社交技能与人际冲突应对策略方面，给孩子的指导较少，加之这类孩子较少在父母面前进行自我坦露，不愿意跟父母分享自己的生活，心理适应能力差，导致他们不能恰当地进入人际交往情境，可能在处理社会信息方面更加极端偏激，常常把他人的行为解释为敌对的，并在生活中通过侵略性表现出来，从而更容易卷入欺凌行为。

　　团队在调查中发现，有很大一部分中学生家庭受生活压力以及父母自身文化素质所限，没有多余的时间、精力教育孩子，造成了亲子情感的断裂。

有的家长不知道如何有技巧地管教子女，在欺凌事件发生后，有的家长原本是想教育孩子反抗欺凌，却因为"往死里打""做人就要狠""忍一忍就过去了"等不当言辞误导了孩子，使孩子欺凌别人或者成为受欺凌对象。有的家长在得知孩子受欺凌后，甚至直接参与到孩子的欺凌事件中来。

三、被调研学校都没有专门的校园欺凌处置方案

学校作为校园欺凌发生的主要场所，学校内外环境很大程度上影响着校园氛围及教育效果，进而对学校的校园欺凌发生情况有着重要的影响作用。

在团队调研的十来所中学里，都没有专门针对校园欺凌问题的处置办法。一位老师告诉团队："学校、老师对校园欺凌的界定不统一，尽管国家已经出台了相关文件，但在现实中，我们很难对校园欺凌事件进行甄别，也不知道该如何处理此类事件。"

所以，尽管多数教师对欺凌事件都有所了解，却不会直接参与其中。他们一般的做法是，大范围地对学生进行学校纪律教育和社会公德教育，但这样做的弊端显而易见——欺凌者更加有恃无恐。

在访谈中，一位欺凌者告诉团队："老师也没有做什么，就是教育批评我们，让我们在说明书上写明原因……反正我经常被叫去办公室也经常写检讨，都习惯了，也没觉得有啥大不了的，他们又不会开除我，事情过去了又是一样。"

团队建议，对校园欺凌进行一个统一明确的界定，制定全面的前期预防、中期干预与后期处置方案，对于防治校园欺凌事件的发生是十分必要的。

四、监控报警设备完善学校的学生更少参与校园欺凌

以监控、报警设备为主的学校硬件设施也是影响孩子卷入校园欺凌的一大原因。因为欺凌成本高且隐蔽性差，监控报警设备完善学校的学生更少参与校园欺凌。

访谈中，一位欺凌者告诉团队："我们一般打架当然会选择人少的隐蔽的地方，比如说厕所，只需要两个人在门口放哨盯着不要有老师过来，就很安全……其他人就算看到一般也不会告状，他们也不敢。"

目前，在团队调研的十来所学校中，校园安防监控系统虽已基本覆盖校园，但主要以视频监控设备为主，只能用于影像的保存和事后备查。对于安防系统中所必须的报警设备，尚存在系统间相互独立、不能联动的弊端。

（文章改编自刘晓教授发表于《中国青年报》的文章《谁是校园欺凌的隐形推手》，2020年6月）

阅读文章，思考并回答下面的问题：

1　第一段中的加粗句子 "雪崩时，没有一片雪花是无辜的"，你怎么理解？

2　文章中提到，欺凌者与被欺凌者分别有哪些群体特征？

3　父母哪些错误的教育或者惩罚方式会导致孩子卷入到校园欺凌中？

4　学校和老师应对校园欺凌的方式是什么样的？

5　安装监控报警设备是不是从根本上应对校园欺凌的方式？为什么？

繁體字課文

第六課　《少年的你》：願你被世界溫柔相待
Better Days: May You Be Treated With Tenderness

導讀：

　　《少年的你》是2019年中國大陸拍攝的一部青春愛情犯罪電影，改編自小說《少年的你，如此美麗》。本片關注中國電影中罕見的校園霸凌現象，電影上映後，便獲得了觀眾的一致好評，榮獲第39屆香港電影金像獎[1]最佳電影、最佳導演、最佳編劇（Best Screenplay）等8個獎項。眾多媒體與影評人對此電影表示肯定，這是「近期反映校園或者青春題材最好的一部電影」、「導演對於中國年輕人有非常獨到的關注和呈現」、「拍出了那種陰溝之中閃現出的愛的光芒」。電影通過細膩的創作手法，把校園霸凌問題帶入公眾視野，充滿戲劇性地展示了青少年成長過程中遇到的種種問題。作為90後和00後的年輕演員代表，主演周冬雨（Zhōu Dōngyǔ）和易洋千璽（Yì Yángqiānxǐ）憑藉出色的演技俘獲了更多觀眾的心，易洋千璽更是憑藉此片打破了很多人對「流量明星」的偏見。

正文：

　　《少年的你》講述的不是青春電影中千篇一律的霸道校草[2]愛上灰姑娘的情節，也不是動作片中正直帥氣的英雄救美人的故事。男女主角都是邊緣化的角色：一個在學校被欺凌，忍氣吞聲；一個是社會上的小混混，不務正業。兩人在患難中相識，從此相依為命，成為彼此生命中不可替代的依靠。雙方都成長於缺愛的環境中，卻給了彼此最多的關愛。面對冷漠的社會，他們建立起了對抗邪惡世界的同盟。

　　影片以高考為時間背景，真實地展現了高中生的校園生活。「萬般皆下品，唯有讀書高」，自古以來，中國文化就重視讀書成才、金榜題名，高考成為了無數孩子改變命運的唯一途徑。影片中，學校裡到處掛著鼓舞人心的大字標語，學生刻苦學習、埋頭考試的身影隨處可見。「吃得苦中苦，方為人上人」是學校對學生的要求和標準。這種一切為高考讓路的思想，深深地紮根在每個人的腦海中。面對外界的巨大干擾，陳念（Chén

---

1　香港電影金像獎（Hong Kong Film Awards）是由香港電影金像獎協會在中國香港地區舉辦的電影獎項，創辦於1982年，與中國電影金雞獎和臺灣電影金馬獎並稱為「華語電影三大獎」。The Hong Kong Film Awards, founded in 1982, is an annual film awards ceremony in Hong Kong. The ceremonies are typically in April. The awards recognize achievement in various aspects of filmmaking, such as directing, screenwriting, acting and cinematography.

2　校草：校草就是指學校裏大家公認的最帥的男生，這個說法起源於臺灣學生的流行語，指在校門口賣香草的人，引申為一個學校中最帥的男生。

Niàn）依舊拼了命學習。抱著高考後生活會重見光明的期待，她在失手殺人後，無奈接受了小北做替罪羊的犧牲。沒想到一度被神聖化的高考，竟然跟犯罪聯繫到了一起。身處高考倒計時中的學生，大腦中時時刻刻都緊繃著一根弦，暴力和罪行也許就是自身壓力的發洩。

　　面對欺凌和暴力時，受害者的反應各種各樣，不盡相同。小北從來都不屈服，即使被打得渾身是血，也會站起來抵抗暴行。胡小蝶（Hú Xiǎodié）絕望地選擇自殺的方式來向世界發出求救訊號。陳念被孤立、排擠，被嘲笑、欺凌時，都選擇了忍耐。像她媽媽說的，熬過高考，做一隻「打不死的小強」。只是沒想到旁人的冷漠，更讓整件事雪上加霜。對老師來說，只要拿「馬上就要高考」當擋箭牌，就可以無視欺凌的嚴重性；而警察，只要沒鬧出人命，都可以睜一隻眼，閉一隻眼。難道這些暴力的受害者，都不值得相關機構的重視與關愛嗎？

　　電影用大幅的筆墨來展現受害者的感受，對於施暴者的心態及犯罪動機的呈現卻相對較少。校園霸凌的始作俑者魏萊（Wèi Lái）雖然家境富足，可與父母關係疏遠。因為高考落榜，父親對她實施冷暴力，一年沒跟她交流。母親眼裡，她是個「單純」的女孩兒，面對指控，母親只急著想辦法為女兒洗白。在這樣缺少愛與溝通的環境中長大，可能就是魏萊共情能力弱的原因，她享受著惡作劇帶來的快感，卻意識不到事情的嚴重程度。家庭環境無疑對青少年的外在表現有著最直接的影響，但社會也難逃其責。影片中能看出，公安機關對於未成年人犯罪的懲戒措施並不嚴格，也缺乏相應的教育。許多青少年就像魏萊一樣，由於家庭和社會的疏忽，慢慢走向了施暴的道路。

　　另外，影片也巧妙地使用了不同的藝術手法來渲染故事的壓抑氛圍。例如電影中的燈光設計：學生們在校園中的快樂時光總是伴隨著明亮的日光，而當陳念遭遇暴力時，光線就變得昏暗而陰沉，緊張感撲面而來。在小北家中，唯一充滿光亮的地方就是魚缸，那是陳念和小北最愛觀賞的地方，隱喻了他們對光明的嚮往。另外，電影中狹窄、陰濕的街道，被欄杆圍起來的教學樓等場景都讓人感到壓抑。大量的人物特寫鏡頭，蒙太奇敘事，尤其是審訊室的交叉剪輯方式，都營造出了強烈的恐慌與不安的氣氛，同時也恰到好處地把控了電影的節奏。這些藝術手法的完美運用也是電影成功的關鍵因素之一，將生活在陰溝裡的孩子的世界富有畫面感地展現在觀眾面前，引起反思及審視，正是這部電影的重大意義。

第四单元

道德与法律

Ethics and Law

第七课
《亲爱的》：寻子路上的爱与恨
Dearest: Love and Hatred on the Road to Find Lost Children

学习目标：

1　通过学习本课文，掌握文中的词汇与句型，并用生词和句型来介绍电影剧情。
2　能流利且成段地描述电影中不同人物的经历与故事，并深入分析这些人物命运背后的深层原因。
3　能够通过搜集资料、调查及研究等方式了解电影中呈现的中国人口拐卖的社会现实，就本课的话题进行进一步讨论、分析，论述其背后深层的社会文化原因等等。
4　能够围绕着跟电影主题相关的人口拐卖、人性善恶、伦理和法律等话题做正式的口头报告或者写作。
5　电影中巧妙设置了多处暗喻，分析暗喻的艺术效果。通过电影具体场景来分析体会长镜头（long take）、远景（long shot）、中景（medium shot）、特写（close-up）的切换所表达的不同镜头语言。

导读：

　　《亲爱的》这部电影根据真实的新闻事件改编而成，由陈可辛（Peter Chan）执导，于2014年9月在全国上映。这是中国大陆第一部引起巨大轰动的**打拐**题材的电影，被观众评为年度最感人的电影。该片**汇集**了黄渤（Huáng Bó）、赵薇（Zhào Wēi）、佟大为（Tóng Dàwéi）、郝蕾（Hǎo Lěi）等众多明星，但真正打动观众的并不是强大的明星阵容，而是片中**拐卖**儿童背后的种种故事、人物和细节。该片获得了第16届中国电影华表奖优秀故事片奖，女主角赵薇凭借出色的演技**入围**第30届中国电影金鸡奖（30th Golden Rooster Awards）最佳女主角奖（Best Actress），并获得第34届香港电影金像奖（34th Hong Kong Film Awards）最佳女主角奖。

DOI: 10.4324/9781003276340-11

正文：

《亲爱的》作为一部题材敏感、风格**纪实**、具有重大现实意义的电影，**独具匠心**地给观众呈现了一个**曲折**动人的故事。这部电影**兼具**商业性与批判性：**票房累计**达到3.5亿人民币，完成了广泛**传播**的商业**使命**，同时也**揭露**了人口拐卖这一严重的社会问题，具有**发人深省**的社会力量。

电影围绕着孩子田鹏（Tián Péng）被拐卖的事件展开，讲述了以田文军（Tián Wénjūn）和鲁晓娟（Lǔ Xiǎojuān）为代表的一群**丢失**孩子的父母寻找孩子的故事，**继而**引出了拐卖儿童事件背后法律与道德的冲突、**血缘**与亲情的矛盾。田文军和鲁晓娟是一对**离异**夫妻，两人生活的唯一**交集**就是可爱的儿子鹏鹏（Péngpéng）。然而，田鹏于一次外出**玩耍**时**失踪**。绝望和崩溃之中，田文军与鲁晓娟**踏**上了**漫漫**寻子之路，并在途中**结识**了许多和他们一样无助的父母。人口拐卖似乎离我们的生活有一段距离，但这却是**如今**一些不幸的家庭面临的灾难，让很多父母一辈子**无法释怀**。我们会在电视上、**广播**里看到听到各种**声泪俱下**的父母，寄希望于好心的路人来为他们提供被拐卖孩子的消息。**人贩子**拐卖儿童所改变的绝不仅仅是一个孩子的人生，而是让整个家庭都**支离破碎**。

幸运的父母历经**千辛万苦**找回被拐的孩子，可是对于孩子来说，对**亲生**父母的记忆已经**荡然无存**。电影中鹏鹏被找回来以后，请求警察叔叔把爸爸妈妈抓起来，他在很长一段时间都选择**沉默**，第一次主动跟田文军说话是说他想家，想要回到以前在农村的家。对于年幼的鹏鹏来说，他早已忘记了日日夜夜**牵挂**着他的亲生父母，他无法理解为什么大家要**切断**他和过去的联系而强迫他重新**融入**一个新的家。李红琴（Lǐ Hóngqín）对田鹏的亲生父母充满了愧疚，但是她还是忍不住一次次**徘徊**在田文军家门口想偷偷看看田鹏。而找回孩子的父母很怕再一次失去孩子，田文军连晚上出去扔垃圾的时候都要背着**熟睡**的鹏鹏。曾经被拐卖的孩子在两个家庭之间**无所适从**，**名义上**的家庭团聚，其实对孩子来说无疑是二次拐卖。

电影中的李红琴是一个悲剧角色，导演借此角色表现了伦理和法律的冲突、血缘和亲情的矛盾。农村妇女李红琴是人贩子的妻子，她一直被丈夫**欺骗**，以为自己不能**生育**，从而把所有的母爱都给了两个**来历不明**的孩子。吉芳（Jífāng）被送到**福利院**以后，她不顾一切地想要回孩子，**满口方言**没有受过什么教育的她在大城市遭受了**歧视**、指责，甚至为了证明吉芳（Jífāng）是**弃婴**而出卖了自己的身体。在伦理上，她是孩子感情**深厚**的养母；在法律上，她是人贩子的妻子，无法证明她与吉芳**领养**关系的合法性。这种**养育关系**与**血缘关系**的矛盾在被拐儿童的**养父母**和亲生父母之间**屡见不鲜**。

在现实生活中有更多不幸的父母，为了寻子**倾其所有**，但这辈子也许都无缘再见到自己的孩子。电影中的老韩这个角色很好地诠释了这种绝望。老韩**发起**了**寻子团**，苦苦寻子八年却一无所获。有一次，当他外出寻子的时候，他唱起了崔护（Cuī Hù）的诗"去年今日此门中，人面**桃花**相映红；人面不知何处去？桃花依旧笑春风。"其实这首诗写的是诗人自己的爱情故事：桃花依旧，可是牵挂的那个人却不在了。电影通过这首诗巧妙地**暗喻**老韩多年寻子**无果**的无奈和失望。老韩夫妇最终还是向现实妥协了，他们决定生**二胎**。但是在当时计划生育政策的社会背景下，他们想生第二个孩子必须获得**准生证**，他们必须给被拐的孩子开一个**死亡证明**，这让老韩愤怒不已。老韩夫妇对于丢失的孩子的感情，是一种混合着自责、**背叛**的复杂的爱，这也是很多寻子无果而被迫开始新生活的父母的真实**写照**。

影片留给观众一个开放式的结局：李红琴发现自己**怀孕**了，曾经被丈夫告知没有生育能力的她拿着检查结果在医院的**长廊**里抱头**蹲下**，心中**五味杂陈**。李红琴**陷入**了**两难选择**，如果想要争取养女的**抚养权**，她就得放弃**腹中**的孩子；可是对于一直渴望做母亲的她来说，怎么忍心放弃自己的亲生孩子？她还能**兑现**对吉芳的**承诺**带她回家吗？为了领养吉芳她倾其所有，到头来收获的却是另一个谎言。腹中的孩子到底是老天对她的**恩赐**还是跟她开的一个玩笑？这恐怕是一个比丢失孩子更**悲凉**的悲剧。

生词：

导读

	简体	繁体	拼音	词性	英文翻译
1	打拐		dǎguǎi	v.	crack down on abduction and people trafficking
2	汇集	匯集	huìjí	v.	come together, collect
3	拐卖	拐賣	guǎimài	v./n.	kidnap and sell, traffic 人口拐卖 human trafficking 拐卖妇女 traffic in women
4	入围	入圍	rùwéi	v.	be selected for, qualify for

正文

	简体	繁体	拼音	词性	英文翻译
5	纪实	紀實	jìshí	v./n.	to record events as they happen; record of actual events; record of ... 纪实文学 documentary writing 纪实小说 documentary novel
6	独具匠心	獨具匠心	dú jù jiàng xīn	idm.	have an inventive mind, show (unique) ingenuity
7	曲折		qūzhé	adj.	zigzag, circuitous 路途曲折；剧情曲折
8	兼具		jiānjù	v.	combine/have both A and B 兼具A和B的特点/特性
9	票房		piàofáng	n.	box office

(Continued)

正文 (Continued)

	简体	繁体	拼音	词性	英文翻译
10	累计	累計	lěijì	v.	add up; accumulative total, grand total
11	传播	傳播	chuánbō	v.	spread, propagate
12	使命		shǐmìng	n.	mission
13	揭露		jiēlù	v.	expose 揭露丑闻 expose a scandal 揭露真相 reveal the truth
14	发人深省	發人深省	fā rén shēn xǐng	idm.	cause one to think deeply about; be thought-provoking
15	丢失		diūshī	v.	lose
16	继而	繼而	jì'ér	conj.	afterwards, then
17	血缘	血緣	xuèyuán	n.	blood relationship, ties of blood 血缘关系 kinship, blood relation
18	离异	離異	líyì	v./adj.	divorce; divorced 离异夫妻 divorced couple
19	交集		jiāojí	n.	intersection
20	玩耍		wánshuǎ	v.	play, have fun 在户外玩耍 play outdoors
21	失踪	失蹤	shīzōng	v.	go missing 失踪的孩子 the missing child
22	踏		tà	v.	tread, step on
23	漫漫		mànmàn	adj.	boundless, endless 漫漫长夜 endless night 路途漫漫 long road/path
24	结识	結識	jiéshí	v.	make the acquaintance of sb.; get acquainted with sb. 结识新朋友
25	如今		rújīn	n.	nowadays, now, at present
26	无法释怀	無法釋懷	wú fǎ shì huái	phr.	can't get over, can't let go 让sb.无法释怀 难以释怀 hard to let go, difficult to let go
27	广播	廣播	guǎngbō	v./n.	broadcast
28	声泪俱下	聲淚俱下	shēng lèi jù xià	idm.	in a tearful voice, shedding tears while speaking
29	人贩子	人販子	rénfànzi	n.	human trafficker
30	支离破碎	支離破碎	zhī lí pò suì	idm.	be all broken up, torn to pieces
31	千辛万苦	千辛萬苦	qiān xīn wàn kǔ	idm.	innumerable trials and hardships, untold hardships 历尽/历经千辛万苦 go through untold hardships

	简体	繁体	拼音	词性	英文翻译
32	亲生	親生	qīnshēng	adj.	biological 亲生父母one's biological parents
33	荡然 无存	蕩然 無存	dàng rán wú cún	idm.	all gone, nothing left
34	沉默	沈默	chénmò	v./adj.	be silent; taciturn
35	牵挂	牽掛	qiānguà	v.	care, worry, be concerned
36	切断	切斷	qiēduàn	v.	cut off 切断水的供应cut off the water supply 切断联系cut off communication 切断退路cut off sb.'s retreat
37	融入		róngrù	v.	assimilate into, fit in
38	徘徊		páihuái	v.	hover; wander around; hesitate 徘徊不前hesitate to go forward
39	熟睡		shúshuì	v.	deep sleep, dead asleep, sleep soundly
40	无所 适从	無所 適從	wú suǒ shì cóng	idm.	not know what to do; at a loose end, at loose ends
41	名义上	名義上	míngyì shang	adv.	nominally, in name
42	欺骗	欺騙	qīpiàn	v.	cheat, deceive
43	生育		shēngyù	v.	give birth to 生育能力fertility 生育年龄child-bearing age
44	来历 不明	來歷 不明	lái lì bù míng	idm.	unknown source or origin, obscure origin, of dubious background
45	福利院		fúlìyuàn	n.	welfare home, charity house
46	满口	滿口	mǎnkǒu	n./adv.	a mouthful, (speak) unreservedly; readily 满口脏话pour out dirty words 满口称赞praise profusely
47	歧视	歧視	qíshì	v./n.	discriminate; discrimination 种族歧视 racial discrimination
48	弃婴	棄嬰	qìyīng	n.	abandoned baby
49	深厚		shēnhòu	adj.	deep (feeling), profound (affection) 感情深厚
50	领养	領養	lǐngyǎng	n./v.	同"收养" adoption; adopt 领养/收养孩子 to adopt a child
51	养育 关系	養育 關係	yǎng yù guān xi	np.	养育：bring up 养育关系：non-blood relation, foster relation

(Continued)

正文 (Continued)

	简体	繁体	拼音	词性	英文翻译
52	养父母	養父母	yǎngfùmǔ	n.	foster parent, adopter 养父，养母
53	屡见 不鲜	屢見 不鮮	lǚ jiàn bù xiān	idm.	very common Anything, if seen often enough, loses its novelty.
54	倾其 所有	傾其 所有	qīng qí suǒ yǒu	idm.	give it all, give everything
55	无缘	無緣	wúyuán	v.	be predestined not to, have not had the luck (to do sth.)
56	发起	發起	fāqǐ	v.	sponsor, initiate, launch, start
57	寻子团	尋子團	xúnzǐtuán	n.	missing children association
58	桃花		táohuā	n.	peach blossom 桃子：peach
59	暗喻		ànyù	n./v.	metaphor; imply 也作"隐喻"
60	无果	無果	wúguǒ	phr.	no gain （意思是没有结果 ） 寻子无果：didn't find the missing kid
61	二胎		èrtāi	n.	second pregnancy 生二胎：have a second child 二胎政策
62	准生证	准生證	zhǔnshēng zhèng	n.	Birth Approval Certificate
63	死亡 证明	死亡 證明	sǐ wáng zhèng míng	np.	proof of death
64	背叛		bèipàn	n./v.	betrayal; betray
65	写照	寫照	xiě zhào	v./n.	portray; portrayal 真实写照realistic portrayal
66	怀孕	懷孕	huáiyùn	v.	be pregnant
67	长廊	長廊	chángláng	n.	gallery, corridor, passageway
*	蹲下		dūnxià	v.	squat
68	五味 杂陈		wǔ wèi zá chén	idm.	to bring mixed feelings 让/令sb.五味杂陈
69	陷入		xiànrù	v.	fall into, be caught in 陷入僵jiāng局come to a deadlock 陷入沉思be lost in thought 陷入困境get into hot water
70	两难 选择	兩難 選擇	liǎng nán xuǎn zé	n.	dilemma, two difficult choices 陷入两难选择being in a dilemma

	简体	繁体	拼音	词性	英文翻译
71	抚养权	撫養權	fǔyǎngquán	n.	抚养：bring up (one's children) 抚养权：custody
72	腹中		fùzhōng	n.	in belly 腹中的孩子：the baby in the belly
73	兑现	兌現	duìxiàn	v.	make good (on the promise) 兑现承诺 honor one's pledge cash (a check) 兑现支票
74	承诺	承諾	chéngnuò	n./v.	promise to make or give a promise (to sb.) 向sb.承诺 (李红琴向吉芳承诺会带她回家)
75	恩赐	恩賜	ēncì	n./v.	gift; bestow imperial favors 上天的恩赐 gift from God
76	悲凉	悲涼	bēiliáng	adj.	desolate; dismal; sad and dreary

语法结构 Grammar Patterns

1　累计 add up to; accumulate
N累计（达到）＋number

例句：《亲爱的》上映后票房累计达到3.5亿人民币。

The box office of *Dearest* has accumulated about 350 million yuan.

春节期间重庆火车站的旅客人数累计达到4500万人。

During the Spring Festival, the total number of passengers at Chongqing Railway Station reached 45 million.

2007年我们共为553位老人提供服务，其中家政服务累计24085.8小时，医疗服务累计 10862小时。

In 2007, we provided services to 553 elderly people. Housekeeping services accumulated 24,085.8 hours and medical services accumulated 10,862 hours.

2　（首）先……，继而…… first ...and then...

例句：电影首先围绕着鹏鹏被拐卖的事件展开，继而引出了拐卖儿童事件背后法律与道德的冲突。

The movie first revolves around Peng's abduction and then leads to the conflict between law and morality of child abduction in China.

他先感到头晕，呼吸困难，继而昏倒在地。

He first felt dizzy, had difficulty breathing, and then fainted on the ground.

表演结束后，先是寂静无声，继而全场哗然。

After the performance, there was dead silence at first, and then the audience burst into an uproar.

3   **踏上……之路/之旅 embarked on a journey of**
踏上……的旅程

例句：田文军与鲁晓娟踏上了漫漫寻子之路。
Tian Wenjun and Lu Xiaoxuan embarked on a long road of searching for children.
在实现财富自由之后，他踏上了追梦之旅。
After realizing economic freedom, he embarked on a journey of dream-chasing.
高中毕业后他辞别了父母，踏上了去美国的求学之路。
He separated from his parents after graduating from high school and embarked on the road to study in America.

4   **寄希望于（sb.+vp.）……**
count on...; pin one's hope on...

例句：丢失孩子的父母寄希望于好心人来为他们提供被拐卖孩子的消息。
Parents who have lost their children are counting on good Samaritans to provide them with information about their abducted children.
张昌华和陈素琴夫妇寄希望于子女靠读书改变命运。
Zhang Changhua and Chen Suqin pin their hopes on their children's ability to change their destiny through higher education.
很多贫困家庭的孩子寄希望于高考来改变自己的命运。
Many children from poor families hope to change their destiny on the college entrance examination.

5   **满口 a mouthful of**
满口脏话 pour out dirty words   满口称赞/赞赏 praise profusely
满口谎言 full of lies

例句：满口方言没有受过什么教育的李红琴在大城市受尽了歧视。
Li Hongqin, who had a strong dialect accent and no education, suffered a lot of discrimination in the big cities.
他喝醉时就满口脏话骂人。
He became abusive when he was drunk.
王先生烦透了这些满口谎言的政客，希望可以交一些真正的朋友。
Mr. Wang is tired of these lie-speaking politicians, hoping to make some real friends.

6　**出卖自己的身体/肉体 sell one's body, which implies sex trade**
　出卖灵魂/良知 sell one's soul/conscience　出卖朋友 sell out one's friends

例句：李红琴为了得到青山的帮助，出卖了自己的身体。
She traded sex for Qingshan's help.
为了名利，他出卖了自己的灵魂，又出卖了朋友，走上了犯罪的道路。
For fame and fortune, he betrayed his soul, betrayed his friends, and embarked on the path of crime.
善良的人为了金钱出卖良知，一步步走向罪恶的深渊。
Good people sell their souls for money, slowly entering the abyss of evil.

7　**A是B的真实写照 A is a true portrayal of B**

例句：老韩夫妇的生活是很多无法找回被拐孩子的父母的真实写照。
The lives of Han and his wife are a true portrayal of many parents who cannot find their lost children.
中国最近十年在科技创新方面取得了巨大成就，这是综合国力强大的真实写照。
China has made great achievements in innovation in the past ten years. They are a true picture of national strength.
张嘉佳的小说《从你的全世界路过》是当代中国年轻人都市爱情的真实写照。
Zhang Jiajia's novel, *I Belonged to You,* is a true portrayal of urban love among modern Chinese young people.

8　**陷入······ fall into; be caught in**

陷入两难的选择 being in a dilemma　陷入困境 get into deep trouble
陷入僵jiāng局 come to a deadlock 陷入沉思 be lost in thought
例句：李红琴陷入了两难选择，如果想要争取吉芳的抚养权，她就得放弃腹中的孩子。
Li Hongqin is caught in a dilemma. If she wants to fight for Ji Fang's custody, she has to give up the child in her womb.
她陷入了无爱婚姻的困境，找不到出路。
She was in a loveless marriage and could see no way out.
工会的罢工似乎已陷入僵局（jiāngjú）。
The strike appeared to have reached a deadlock.

成语解释 Idioms

1 **独具匠心**dú jù jiàng xīn：（在文学艺术或工艺技巧等方面）独自具有的巧妙构思。show great ingenuity; have great originality

这座教堂的设计独具匠心。
The design of this church shows great ingenuity.
这篇文章从叙述学视角分析《了不起的盖茨比》独具匠心的时空结构。
This article analyzes the exquisite spatiotemporal structure of the Great Gatsby from the perspective of narration.

2 **发人深省**fā rén shēn xǐng：启发人深刻思考而有所醒悟。
It is used to describe something which is thought-provoking. It can be used either as a verb phrase or an adjective.

这个发人深省的故事清楚地告诉我们，父母的一言一行对孩子都会产生影响。
This thought-provoking story clearly tells us that parent's words and deeds will have an impact on their children.
她创作的这部小说将现实与历史巧妙结合起来，既发人深省，又具有教育作用。
The novel she created ingeniously combines reality and history, which is both thought-provoking and educational.

3 **支离破碎**zhī lí pò suì：形容事物零散残缺，不完整。
be all broken up; fragmented; be reduced to fragments

人贩子拐卖儿童让原本幸福的家庭支离破碎。
Children are abducted by human traffickers, and happy families are torn apart.
不同教派之间的冲突让这个国家支离破碎。
The country is being torn to pieces by sectarian strife.

4 **荡然无存**dàng rán wú cún: 形容完全消失，一点儿也不存在了。
all gone; nothing left

鹏鹏被拐三年后，对亲生父母的记忆已经荡然无存。
Three years after Pengpeng's abduction, his memories of his birth parents vanished.
圆明园的那些雄伟建筑在一场大火之后已荡然无存。
After the fire, nothing remained of the magnificent buildings of the Old Summer Palace.

5　**无所适从 wú suǒ shì cóng:** 不知道依从哪个才好；也指不知道怎么办才好。

be at a loss as to what to do; at a loose end

鹏鹏被警察解救后回到亲生父母身边，面对新的家庭，他无所适从。

Pengpeng was rescued by the police and returned to his biological parents. After joining his real parents, he was at a loss and didn't know what to do in the new family.

面对政府多变的政策，老百姓无所适从。

The policies have changed so much that the people don't know what to do.

6　**屡见不鲜 lǚ jiàn bù xiān:** 本来的意思是经常到某家作客，主人就没有新鲜食物招待了。后用来形容多次见到，不觉得新奇。

Anything, if seen often enough, loses its novelty. It is often seen.

大熊猫在动物园繁殖早已屡见不鲜了。

Pandas bearing cubs in the zoo is nothing new now.

候选人通过许下美好的诺言来说服选民的情况屡见不鲜。

It's common for candidates to be elected by making inspiring promises and convincing voters that they can actually make good on them.

7　**倾其所有 qīng qí suǒ yǒu:** 一个人为了做某事而在物质上或者精神上付出自己的全部。

give it all; give everything

很多父母为了寻找丢失的孩子而倾其所有。

Many parents have given everything they have to search for their lost children.

我们倾其所有来克服这场灾难。

We are throwing everything we have at overcoming this disaster.

文法练习 Grammar and Vocabulary Exercises

1　**看拼音写汉字，并用这些词语填空。**

fārénshēnxǐng	láilìbùmíng	dǎguǎi	jìshí
shēngyù	qīnshēng	yǎngyù	shēnhòu　jiēlù

这部＿＿＿＿＿＿＿题材的电影＿＿＿＿＿＿＿了拐卖儿童的社会现实。电影风格＿＿＿＿＿＿，改编自真实新闻事件，具有＿＿＿＿＿＿的社会意义。李红琴没有＿＿＿＿＿＿＿能力，她跟两个孩子是＿＿＿＿＿＿＿关系，但是感情＿＿＿＿＿＿＿。

吉芳是一个_____的孩子，田鹏是被拐卖来的，但他们都把李红琴当成_____母亲。

2　选择合适的词语填空

牵挂　徘徊　入围　满口　承诺　离异

1) 这部电影_____了台湾金马奖和金鸡奖，但是最终并没有获奖。
2) 父母_____后，他一直跟随父亲生活，跟母亲的关系渐渐疏远。
3) 这个孩子只有12岁，但是却_____谎言，你们不要轻易相信他说的话。
4) 父母嘱咐他在国外专心学习，不必_____家里的事情。
5) 男孩子在教室门口_____了很久，最终鼓起勇气进去跟女孩表白。
6) 父母要给孩子树立好的榜样，_____给孩子的事情要努力兑现。

3　成语练习

根据语境，补充完成下面的句子。

1) _____已经**屡见不鲜**，学校领导和老师都不再像以前那么惊讶。
2) _____，李红琴在农村的四口之家已经**支离破碎**。
3) _____，鲁晓娟的丈夫对她的爱已经**荡然无存**，最终选择了离婚。
4) _____，最终却一无所获。（用"倾其所有"）
5) _____是大学生活的**真实写照**。

4　请你用所给的生词和结构回答问题。

1) 请你根据电影的时间线，以鹏鹏为主角，讲述他的故事。

　　（离异　交集　玩耍　失踪　人贩子　被拐　牵挂　千辛万苦　亲生　满口…… 无所适从　融入 ）

2) 经过几年的努力，鲁晓娟找回了儿子鹏鹏，但是她的第二任丈夫秦浩（Qín Hào）却提出跟她离婚。你怎么看待鲁晓娟和她第二任丈夫之间的关系？

　　（拐卖　冲突　领养　无法释怀　倾其所有　踏上……之路　支离破碎）

电影初探 Film Exercises

1　课前预习问题

1) 看电影时记录5–10个生词，并整理在自己的生词本中。
2) 电影的名字是"亲爱的"，你觉得这个名字是什么意思？为什么用这个名字？
3) 在电影中，你印象最深刻的是哪个角色？为什么？
4) 电影中有哪些隐喻？（这些场景/镜头）隐喻了什么？（请你从电影中找出2–5个隐喻的例子来解释）
5) 看了电影以后你有什么没看懂的地方，或者想和同学讨论的问题，请你列出来。

2　根据对电影和课文的理解，请判断下面的句子是否正确。

1) 电影中田文军的工作是一个便利店的老板。（　）
2) 电影中老韩的孩子是在游乐场丢的。（　）
3) 鹏鹏的家在深圳，后来被拐（卖）到了安徽的农村，他说安徽方言。（　）
4) 田文军能找到鹏鹏，是因为一个快递员给他们提供了重要信息。（　）
5) 鹏鹏小的时候，爸爸妈妈都希望他会说陕西方言。（　）
6) 高律师的妈妈以前是一位老师，她只有高律师这一个孩子。（　）

3　电影片段分析：

A　电影的00:58:00 – 01:04:24这几分钟是李红琴和警察、吉芳的对话，请认真观察李红琴。

1) 你觉得当警察给李红琴看照片时，李红琴的想法是什么？请你写一段话，描述她的心理活动。（例：面对警察的审讯，我感到非常紧张。警察给我看了两张照片，……）
2) 在这段对话中，关注取景的角度（angle），分析导演是如何利用俯角/俯拍（high angle）和仰角/仰拍（low angle）等来传达特定信息的。同时注意观察李红琴和警察的面部特写，从特写镜头分析李红琴和警察的心理状态。

B　看电影的01:41:37 – 01:43:20这两分钟。

1) 请你描述这两分钟发生的事情，包含时间、地点、人物和具体事件。

2) 老韩给田文军发的那条短信是什么？请你描述下老韩的心理感受。

C 看电影的00:38:24 – 00:41:00，老韩讲了一个关于猴子的故事，你觉得这个故事是什么意思？为什么他要讲这个故事？

文化小课堂 Cultural Elements

1 电影中的大部分场景都是在深圳拍摄的，说一说电影中的深圳给你留下了什么印象，深圳这个城市有什么特点。

2 电影没有告诉我们拐卖儿童的人贩子会受到怎样的惩罚，请你上网查找信息，在中国拐卖儿童罪会受到什么惩罚？

3 电影中鹏鹏被拐以后爸爸妈妈向警察求救，警察是怎么做的？在你的国家，如果有儿童失踪，警察会怎么做，跟电影中的一样吗？

讨论交流 Discussion

1 你觉得田鹏和鲁晓娟为什么会离婚？ 通过电影中他们两个人的对话和行为，请你列出几个原因。田文军和鲁晓娟在丢了孩子以后各自的生活受到了什么影响？

2 电影中寻子团的父母一起寻找丢失的孩子，他们甚至约定不再生孩子。你觉得生二胎是对丢失的孩子的背叛吗？

3 为什么说李红琴是一个悲剧人物，她的悲剧性主要体现在哪些方面？她的悲剧是由谁造成的？为什么李红琴的丈夫骗她，让她以为自己没有生育能力？假如李红琴是一个接受过高等教育的女性，她的命运会有什么不一样吗？

4 高律师是个什么样的人？他后来发生了什么转变？你觉得是什么让他发生了这样的转变？

5 电影中伦理和法律的冲突表现在哪些方面？在这些情况下，你支持法律还是支持伦理？

6 请你上网搜集资料，也可以观看2013年的纪录片《躯壳》（*Living with Dead Hearts*），了解中国拐卖儿童相关的社会现实，跟同学讨论以下问题：
为什么中国会有拐卖儿童的现象？
拐卖儿童常常发生在中国的哪些地方？
被拐卖的孩子都去哪儿了，他们被拐卖后的人生可能有哪些不同的结果？
你认为政府应该怎么做才可以有效减少拐卖儿童事件的发生？

表达演示 Projects and Presentations

1　活动

　　1)　模拟法庭：观看电影中高律师带李红琴争取孩子领养权的听证会，然后举办一个模拟法庭的活动，决定吉芳的领养权应该是归李红琴还是鲁晓娟。

　　2)　心理咨询：角色扮演，2-3人一组，安排一个心理咨询，一个同学是心理医生，服务对象从老韩夫妇、田文军、鲁晓娟，或者李红琴中选择一个。

2　写作

　　1)　电影中李红琴是一个悲剧人物，假如你是李红琴，请你写一篇作文介绍李红琴的经历，表达她的感受和看法。请你着重描写她怀孕后的心理感受和之后的打算。

　　2)　电影没有告诉我们妹妹吉芳后来的生活是什么样的，你希望吉芳的生活是什么样的？是一直生活在福利院？被鲁晓娟领养？被李红琴领养？或者还有别的结局？　请你写一篇文章作为吉芳的自传（autobiography），介绍她从出生到18岁的生活。

　　3)　请你找一个感兴趣的角度，写一篇关于这部电影的评论。

阅读延伸 Reading Comprehension

人贩之妻的人间质朴情感
——影片《亲爱的》的两个突破

　　中国电影走向世界的最大障碍是电影的说教。每部电影总想拼命去说点什么"正能量"的东西，例如"这个社会还是好人多"、"人人都有爱心"、"生活在变好、社会在进步"等等，不这样恐怕难以通过审查。一位美国人说："如果你没去过中国，看中国的电影你会以为中国是那样美好，但是如果去看中国的社会现实则完全两样。这种方式来制作电影，塑造出来的人物当然缺乏可信度，能够耐看的电影作品也就很少。

　　但是看过新近拍摄的《亲爱的》却让我感到有点意外。《亲爱的》题材有突破：影片再现了社会现实，没有太多捏造"这个社会还是好人多"，而是直接面对一个不可回避的严肃社会现实问题：拐卖孩子。影片将人贩之妻作为主角来描写，这与以前任何作品也不同。

　　影片的另外一个突破是对人物人性的挖掘。因为几十年来中国的艺术作品总喜欢按照好人、坏人划线，艺术作品中人物阵线分明，好坏一目了然。《亲爱的》描写人贩之妻有与生俱来的母性，她除了是一个人贩之妻，也是一个爱子女如命的母亲，为了子女不惜牺牲自己的一切。一个蒙昧的女子身上存在着人间最纯粹的爱和最质朴的情感，这是人性、人之常情、是人类的共性，与好人坏人没有关系。这也是影片让人落泪之处。电影对于人性的深刻描写也体现在别的人物上：影片中一位小律师地位卑微事业失败，在现实面前忍气吞声，在弱者面前装腔作势。但是在冷漠的外表下，他也有柔软的心和帮助别人的愿望。人性是复杂的。在丰富的中国社会和纷繁复杂的人物面前，中国的电影作品常常显得是那样单调、苍白。复杂的社会、复杂的人物才是一个社会的真实写照。

中国深刻揭露社会问题的影片常常通过不了审查，就像贾樟柯（Jia Zhangke）的《天注定》（A Touch of Sin），国内到现在还不能放映。这种现象的原因还是政府缺乏自信，过高估计了艺术作品对社会的影响。美国电影《教父》（The Godfather）把黑手党的家庭故事写得如此生动，惊心动魄，里面人物性格丰富多彩。《教父》1972上映，问世以后竟然掀起了一股黑帮电影新潮流。《教父》曾经荣获第45届奥斯卡最佳电影、最佳男主角及最佳改编剧本三大奖项，被视为是最经典的电影之一。美国政府没有因为影片反映的黑手党生活而加以禁止，看了这部电影的人也没有受影响去组织杀人越货，只是作为一段历史去认识了解。

相对于当前中国电影界充斥着的拜金主义、脱离现实的假古典主义作品，描写社会现实、让人内心产生震撼与共鸣的《亲爱的》便越发珍贵。导演陈可辛勇敢再现现实的创作是值得鼓励的。（借用影片中寻子团的口号："鼓励！鼓励！鼓励鼓励鼓励！"对他给予鼓励）中国的电影业要出优秀作品，缺的不仅仅是好的导演和演员，更缺乏一个宽松自由的、非强加于人的创作环境，需要鼓励艺术家大胆突破。

电影《亲爱的》的结尾在情节上也是一个转折，李红琴蹲在医院的过道上，镜头慢慢的离她远去。她应该是永远无法兑现对于女儿吉芳的承诺了。在承担由人贩子引起的家庭悲剧和伦理困境同时，李红琴还意外怀孕，真是雪上加霜。这种略带黑色幽默和苦涩滋味的结局给人们留下深思：这个女人不尽的苦难还在前面，我们不知道"这个社会好人在哪"、她的"生活是不是会变得更好"。

（文章改编自汤伟发表在《华夏文摘》上的文章《人贩之妻的人间质朴感情》）

阅读以上文章，回答下面的问题：

1 文章的作者说中国电影如果不美化社会现实，就难以通过审查。请你上网了解信息：
   什么是审查？为什么中国有电影的审查制度？

2　文章的作者认为，中国政府审查电影的原因是什么？

3　作者认为《亲爱的》这部电影的两个突破是什么？你同意作者的观点吗？为什么？

4　为什么作者在文中拿美国的电影《教父》举例子？他想论证什么？

5　在电影的结尾，李红琴怀孕了。本文的作者对电影结尾有什么样的理解？你同意他的看法吗？为什么？

繁體字課文

《親愛的》：尋子路上的愛與恨

導讀：

　　《親愛的》這部電影根據真實的新聞事件改編而成，由陳可辛（Peter Chan）執導，於2014年9月在全國上映。這是中國大陸第一部引起巨大轟動的打拐題材的電影，被觀眾評為年度最感人的電影。該片匯集了黃渤（Huáng Bó）、趙薇（Zhào Wēi）、佟大為（Tóng Dàwéi）、郝蕾（Hǎo Lěi）等眾多明星，但真正打動觀眾的並不是強大的明星陣容，而是片中拐賣兒童背後的種種故事、人物和細節。該片獲得了第16屆中國電影華表獎優秀故事片獎，女主角趙薇憑借出色的演技入圍第30屆中國電影金雞獎（30th Golden Rooster Awards）最佳女主角獎（Best Actress），並獲得第34屆香港電影金像獎（34th Hong Kong Film Awards）最佳女主角獎。

正文：

　　《親愛的》作為一部題材敏感、風格紀實、具有重大現實意義的電影，獨具匠心地給觀眾呈現了一個曲折動人的故事。這部電影兼具商業性與批判性：票房累計達到3.5億人民幣，完成了廣泛傳播的商業使命，同時也揭露了人口拐賣這一嚴重的社會問題，具有發人深省的社會力量。

　　電影圍繞著田鵬（Tián Péng）被拐賣的事件展開，講述了以田文軍（Tián Wénjūn）和魯曉娟（Lǔ Xiǎojuān）為代表的一群丟失孩子的父母尋找孩子的故事，繼而引出了拐賣兒童事件背後法律與道德的沖突、血緣與親情的矛盾。田文軍和魯曉娟是一對離異夫妻，兩人生活的唯一交集就是可愛的兒子鵬鵬（Péngpeng）。然而，田鵬於一次外出玩耍時失蹤。絕望和崩潰之中，田文軍與魯曉娟踏上了漫漫尋子之路，並在途中結識了許多和他們一樣無助的父母。人口拐賣似乎離我們的生活有一段距離，但這卻是如今一些不幸的家庭面臨的災難，讓很多父母一輩子無法釋懷。我們會在電視上、廣播裏看到聽到各種聲淚俱下的父母，寄希望於好心的路人來為他們提供被拐賣孩子的消息。人販子拐賣兒童所改變的絕不僅僅是一個孩子的人生，而是讓整個家庭都支離破碎。

　　幸運的父母歷經千辛萬苦找回被拐的孩子，可是對於孩子來說，對親生父母的記憶已經蕩然無存。電影中鵬鵬被找回來以後，請求警察叔叔把爸爸媽媽抓起來，他在很長一段時間都選擇沈默，第一次主動跟田文軍說話是說他想家，想要回到以前在農村的家。對於年幼的鵬鵬來說，他早已忘記了日日夜夜牽掛著他的親生父母，他無法理解大家為什麼要切斷他和過去的聯系而強迫他重新融入一個新的家。李紅琴（Lǐ

Hóngqín）對田鵬的親生父母充滿了愧疚，但是她還是忍不住一次次徘徊在田文軍家門口想偷偷看看田鵬。而找回孩子的父母很怕再一次失去孩子，田文軍連晚上出去扔垃圾的時候都要背著熟睡的鵬鵬。曾經被拐賣的孩子在兩個家庭之間無所適從，名義上的家庭團聚，其實對孩子來說無疑是二次拐賣。

　　電影中的李紅琴是一個悲劇角色，導演借此角色表現了倫理和法律的衝突、血緣和親情的矛盾。農村婦女李紅琴是人販子的妻子，她一直被丈夫欺騙，以為自己不能生育，從而把所有的母愛都給了兩個來歷不明的孩子。吉芳（Jífāng）被送到福利院以後，她不顧一切地想要回孩子，滿口方言沒有受過什麼教育的她在大城市遭受了歧視、指責，甚至為了證明吉芳（Jífāng）是棄嬰而出賣了自己的身體。在倫理上，她是孩子感情深厚的養母；在法律上，她是人販子的妻子，無法證明她與吉芳領養關系的合法性。這種養育關系與血緣關系的矛盾在被拐兒童的養父母和親生父母之間屢見不鮮。

　　在現實生活中有更多不幸的父母，為了尋子傾其所有，但這輩子也許都無緣再見到自己的孩子。電影中的老韓這個角色很好地詮釋了這種絕望。老韓發起了尋子團，苦苦尋子八年卻一無所獲。有一次，當他外出尋子的時候，他唱起了崔護（Cuī Hù）的詩「去年今日此門中，人面桃花相映紅；人面不知何處去？桃花依舊笑春風。」其實這首詩寫的是詩人自己的愛情故事：桃花依舊，可是牽掛的那個人卻不在了。電影通過這首詩巧妙地暗喻老韓多年尋子無果的無奈和失望。老韓夫婦最終還是向現實妥協了，他們決定生二胎。但是在當時計劃生育政策的社會背景下，他們想生第二個孩子必須獲得准生證，他們必須給被拐的孩子開一個死亡證明，這讓老韓憤怒不已。老韓夫婦對於丟失的孩子的感情，是一種混合著自責、背叛的複雜的愛，這也是很多尋子無果而被迫開始新生活的父母的真實寫照。

　　影片留給觀眾一個開放式的結局：李紅琴發現自己懷孕了，曾經被丈夫告知沒有生育能力的她拿著檢查結果在醫院的長廊裏抱頭蹲下，心中五味雜陳。李紅琴陷入了兩難選擇，如果想要爭取養女的撫養權，她就得放棄腹中的孩子；可是對於一直渴望做母親的她來說，怎麼忍心放棄自己的親生孩子？她還能兌現對吉芳的承諾帶她回家嗎？為了領養吉芳她傾其所有，到頭來收獲的卻是另一個謊言。腹中的孩子到底是老天對她的恩賜還是跟她開的一個玩笑？這恐怕是一個比丟失孩子更悲涼的悲劇。

第八课
《我不是药神》：小人物的救赎
Dying to Survive: The Redemption of Underprivileged People

学习目标：

1　通过学习本篇课文，掌握文中的词汇和句型。

2　能够运用所学的词汇流利且成段地叙述文章的主要内容，描述电影的故事情节及人物性格。

3　能够运用本课所学的内容对有关医药费用、制药业及医疗体系患者生存困境等话题进行描述、讨论及分析。

4　能够通过比较、分析不同国家和社会的医疗福利体制，调查并探讨药价高昂背后的原因，并能成段地叙述及报告。

5　能够从布景（setting），服装与化妆（costume and makeup）等元素来分析电影如何塑造不同人物角色。能够以具体场景为例，分析电影特写镜头、长镜头、灯光的使用方式及艺术效果。

导读：

　　《我不是药神》是2018年由中国大陆导演文牧野（Wén Mùyě）执导的一部**现实主义**题材的剧情片。影片讲述了一位名叫程勇（Chéng Yǒng）的**印度神油**店老板，通过**贩卖**用于治疗**慢性粒细胞性白血病**的印度**仿制药**"格列宁（Gélièníng）"一步步成为"药神"的故事。这部影片上映后，在全国引起了巨大轰动，最终票房累计达到31亿元，为中国内地票房第九名。导演文牧野凭借此片获得了台湾电影金马奖最佳新导演奖及最佳原著剧本奖、第26届北京大学生电影节最佳导演以及最佳导演**处女作**奖等奖项。

　　该电影改编自2015年的真实事件，**主人公**为江苏（Jiāngsū）无锡（Wúxī）市一家出口企业的老板陆勇（Lù Yǒng）。影片引发了人们对中国社会中白血病**患者**的生存**境遇**、中国社会的**医疗**卫生**体制**、**制药业**以及中国大陆进口药价的规范管理等**一系列**问题的讨论。有影评人称，这部电影是中国大陆电影近年来现实主义批判题材的佳作，体现出电影**审查**制度的进步，可与美国的《达拉斯买家俱乐部》（*Dallas Buyers Club*）相**媲美**。

DOI: 10.4324/9781003276340-12

正文：

当人们批判着中国国产电影在现实主义题材上的**缺陷**与不足时，《我不是药神》这部电影出现了，它着实让人感到眼前一亮，赢得了观众的**青睐**。**借助**喜剧的外包装，这部电影向观众展示了一个残酷又温情的现实世界，直击大家的**灵魂**深处。

中年男子程勇经营着自己的**保健品**小店，收入微薄的他不仅要跟前妻争夺孩子的抚养权，还要承担父亲**高昂**的手术费。在白血病患者吕受益（Lǚ Shòuyì）的请求下，他**铤而走险**，走上了贩卖印度仿制药的道路。随着几个**合伙人**的加入，包括为救患白血病的女儿而被迫做舞女的思慧（Sīhuì），英文流利的病友刘**牧师**和**沉默寡言**的"黄毛"，程勇一步步成为了仿制药在中国的独家**代理**商。可新困难也**接踵而至**：假药贩子以**揭发**其卖假药为**威胁**，**迫使**他交出印度格列宁的代理权，**小舅子**曹斌（Cáo Bīn）也**奉命**调查假药，于是这门带来巨大利益的生意变成了一场关于救赎的战斗。电影真实展示出**形形色色**的小人物面临的种种困境：程勇救人却要受到法律的**制裁**，癌症患者购买仿制药求生却被视为违法，黄毛因患白血病不想**拖累**家人而离家出走等，观众的情绪也跟着这些人物的命运**起伏**。

有了这些真实困境的铺垫，影片中关于医药的争议的话题便更能**打动人心**。在电影中，药企被**刻画**成**无良**的商家，他们出售的**正版**药高达四万块钱一瓶。普通的**工薪阶层**无法承担如此高昂的药费。电影中的老奶奶**哀求**警察不要继续追查**走私**仿制药的人时，说的话令人**动容**："四万块钱一瓶的正版药，我吃了三年，房子吃没了，家人被吃**垮**了……谁家能不遇上一个病人，你就能保证一辈子不生病吗？"警察曹斌因此也心软了，老奶奶说的正是残酷的社会现实：许多抗癌的进口药物都没有纳入到**医保**中，药费对于癌症病人来说，就像压在身上的最后一根**稻草**。能否把药价降低到普通大众都能接受的范围内，让大家都**受益**？为药企**辩护**的人士**声称**，药企的研究**成本**巨大，这其中不仅**涉及**到药物的开发，还包括**临床**的研究，每一步都需要巨额的花费。除了国际上**屈指可数**的几个**巨头**药企之外，几乎没有公司有能力独立开发一种新药。因此，药物研发出来之后的前几年都在**专利**有效期内，价格高昂是**无可非议**的。为此政府能做些什么？能否改进医疗**福利**制度让大众都享受到国外的正版药？好在电影结尾给出了好消息，"格列宁"被列入了医保，癌症病人曾经一个月要花费几万元买药，如今只要三四千元就可以维持一年用量。

此外，影片中也多次呈现另一个非常重要的主题：法律和**情理**的冲突。警察局局长坚决支持法律的**正义**，他强调说，"我们作为**执法**者，就应该站在法律这一边"。然而**刑警**曹斌却因为自己的**信仰**一次次与冰冷的法律相悖，最终选择退出办案，跟"药神"站到了一起。曹斌作出选择时是困难的，可以说他经历了好几次发人深省的法与情的**思辨**：一边是合情不合法的印度格列宁，一边是合法不合情的瑞士格列宁；一边是成千上万的白血病患者的生命，一边是走私**违禁**药物的违法犯罪。这样的冲突让他**左右为难**，但也是他不得不面临的**抉择**。这也是程勇、黄毛、牧师、思慧等人面临的抉择。一旦法律和情理发生冲突，二者谁应该**优先**？

　　这部现实主义题材的电影，反映出的种种问题都能引发观众的**共鸣**。虽然电影也存在**不尽如人意**的地方，比如对于反派人物的刻画显得**脸谱化**。电影对药企和执法机关的道德控诉也显得有些**苍白**。但不同于一般的**爆米花**式的商业喜剧片，这部电影让观者大笑的同时，也同样为角色的命运感到悲伤，对社会的现实展开严肃思考，从这个意义上来说，这已经是一部成功的电影。

生词：

导读

	简体	繁体	拼音	词性	英文翻译
1	救赎	救贖	jiùshú	n.	redemption, salvation
2	现实主义	現實主義	xiàn shí zhǔ yì	n.	realism ~主义：-ism, 资本主义capitalism, 社会主义 socialism, 人道主义 humanitarianism
*	印度神油		yìn dù shén yóu	n.	Literally translated as "Indian God Oil." Men's external oil health supplies. It is a brand of sex delay spray for men (topical anesthetic).
3	贩卖	販賣	fànmài	v.	sell, traffic 贩卖书籍bookselling 贩卖人口human trafficking
*	慢性粒细胞性白血病	慢性粒細胞性白血病	Man xìng lì xì bāo xìng bái xuè bìng	p.n.	chronic myelogenous leukemia (CML) 白血病 leukemia
4	仿制药	仿製藥	fǎngzhìyào	n.	generic drug 仿制：v. copy, fabricate 仿制品 imitation
5	处女作	處女作	chǔnǚzuò	n.	debut, first publication
6	主人公		zhǔréngōng	n.	protagonist
7	患者		huànzhě	n.	patient, sufferer 白血病患者；精神病患者 患+some disease 患白血病/结核病
8	境遇		jìngyù	n.	circumstances, one's lot 人生境遇 life situation

	简体	繁体	拼音	词性	英文翻译
9	医疗	醫療	yīliáo	n.	medical treatment 医疗保障 medical security 公费医疗 state-funded medical service
10	体制	體制	tǐzhì	n.	system, setup 国家体制，教育体制
11	制药业	製藥業	zhìyàoyè	n.	pharmaceutical industry
12	一系列		yíxìliè	phr.	a series of 一系列问题
13	审查	審查	shěnchá	v./n.	examine, investigate, inspect; investigation, review
14	媲美		pìměi	v.	compare favorably with, be on a par with 与 ... 相媲美

正文

	简体	繁体	拼音	词性	英文翻译
15	缺陷		quēxiàn	n.	defect; fault; flaw
16	青睐	青睞	qīnglài	v.	青睐literally (to look at someone or something with your) black eyes (instead of showing the white of eye), indicating that you like the person/thing; show appreciation In modern Chinese, it is often used as follows: 受到/获得/赢得……的青睐
17	借助	藉助	jièzhù	v.	have the aid of, draw support from, with the help of 借助外国资本
18	灵魂	靈魂	línghún	n.	soul
19	保健品		bǎojiànpǐn	n.	health care products ~品 is a suffix, 补品，正品，仿冒品
20	高昂		gāoáng	adj.	high (price)
21	铤而走险	鋌而走險	tǐng ér zǒu xiǎn	idm.	risk danger in desperation
22	合伙人	合夥人	héhuǒrén	n.	partner
23	牧师	牧師	mùshī	n.	pastor, minister
24	沉默寡言		chén mò guǎ yán	idm.	be scanty of words
25	代理		dàilǐ	v./n.	act on behalf of someone in a responsible position; agent 代理权 attorneyship, authority of agency 代理商 agent

(Continued)

正文 (Continued)

	简体	繁体	拼音	词性	英文翻译
26	接踵而至		jiē zhǒng ér zhì	idm.	things come one after another
27	揭发	揭發	jiēfā	v.	expose; unmask; bring to light 揭发罪行 expose a crime 揭发丑闻muckrake
28	威胁	威脅	wēixié	v./n.	threaten; imperil; menace; threat
29	迫使		pòshǐ	v.	force 迫使somebody + vp
*	小舅子		xiǎojiùzi	n.	wife's younger brother
30	奉命		fèngmìng	v.	act under orders
31	形形色色		xíngxíng-sèsè	idm.	all manner of man or thing; of all forms; of great variety and diversity
32	制裁		zhìcái	v./n.	sanction; punish; punishment
33	拖累		tuōlěi	v.	drag; cumber with
34	起伏		qǐfú	v.	rise and fall; ups and downs 地势起伏 心情起伏
35	铺垫	鋪墊	pūdiàn	n.	foreshadowing
36	打动人心	打動人心	dǎ dòng rén xīn	vp.	touch one's heart; touching, appealing
37	刻画	刻畫	kèhuà	v.	depict; portray
38	无良	無良	wúliáng	adj.	unscrupulous. usually goes with 企业/厂家/商家
39	正版		zhèngbǎn	n.	legal copy; authorized edition 正版书，正版药，正版电影
40	工薪阶层	工薪階層	gōng xīn jiē céng	n.	wage-earning class; blue- and white-collar workers
41	哀求		āiqiú	v.	entreat; implore; beseech
42	走私		zǒusī	v.	smuggle; smuggling 走私毒品 drug smuggling
43	动容	動容	dòngróng	v.	change countenance; be visibly moved ……令人动容
44	垮		kuǎ	v	collapse; fall; tumble
45	心软	心軟	xīnruǎn	v.	be softhearted; be tenderhearted
46	医保	醫保	yībǎo	n.	medical insurance
47	稻草		dàocǎo	n.	straw
48	受益		shòuyì	v.	profit by benefit from 从……受益； 让A受益 benefit A

	简体	繁体	拼音	词性	英文翻译
49	辩护	辯護	biànhù	v./n.	speak in defense of; argue in favor of; to defend; defense
50	声称	聲稱	shēngchēng	v.	claim; assert; declare
51	成本		chéngběn	n.	cost
52	涉及		shèjí	v.	involve; relate to
53	临床	臨床	línchuáng	adj.	clinical
54	屈指可数	屈指可數	qū zhǐ kě shǔ	idm.	can be counted on one's fingers; very few
55	巨头	巨頭	jùtóu	n.	magnate; tycoon
56	专利	專利	zhuānlì	n.	patent
57	无可非议	無可非議	wú kě fēi yì	idm.	be without rebuke; above [beyond] reproach
58	福利		fúlì	n.	material benefits; well-being
59	情理		qínglǐ	n.	reason; sense
60	正义	正義	zhèngyì	n.	justice, righteousness
61	执法	執法	zhífǎ	v.	enforce the law
62	刑警		xíngjǐng	n.	criminal police
63	信仰		xìnyǎng	n.	faith, belief
64	思辨		sībiàn	v./n.	analyze mentally; make intellectual enquiries; speculation
65	违禁	違禁	wéijìn	adj.	prohibited 违禁药品 banned substance
66	左右为难	左右為難	zuǒ yòu wéi nán	idm.	be in a dilemma; be in an awkward predicament
67	抉择	抉擇	juézé	v./n.	choose; make a choice; choice
68	优先	優先	yōuxiān	v.	take precedence; have priority
69	共鸣	共鳴	gòngmíng	v./n.	resonance; resonate
70	不尽如人意	不盡如人意	bú jìn rú rén yì	idm.	unsatisfactory, not so desirable
71	脸谱化	臉譜化	liǎnpǔhuà	phr.	literary characterization similar to the types of facial makeup in Chinese operas; lacking individuality; formulaic
72	苍白	蒼白	cāngbái	adj.	pale
73	爆米花		bàomǐhuā	n.	popcorn 爆米花电影 (popcorn movies) refers to movies that are only for entertainment purposes.

语法结构 Grammar Patterns

1　A（可以/能/不可以/无法……）与B相媲美

Something can be compared favorably with something else. B is usually something that is well known to the public.

例句：这部电影是中国大陆电影近年来现实主义批判题材的佳作，体现出电影审查制度的进步，可与美国的《达拉斯买家俱乐部》相媲美。

This film is a masterpiece of critical realism amongst mainland Chinese films in recent years. It reflects the progress of the film censorship system and is comparable to *Dallas Buyers Club* in the United States.

一位知情人士表示，微软公司正准备推出一款可与苹果iPad相媲美的平板电脑。

A person familiar with the matter said that Microsoft is preparing to launch a tablet computer comparable to Apple's iPad.

中国一直致力于打造能够与好莱坞相媲美的电影制作公司。

China has always been committed to building a film production company comparable to those in Hollywood.

2　……让somebody眼前一亮

Something that is special lights up one's eyes.

例句：当人们批判着中国国产电影在现实题材上的缺陷与不足时，《我不是药神》这部电影出现了，它着实让人感到眼前一亮。

Until the appearance of the film *Dying to Survive,* there was a lot of criticism on the deficit in Chinese domestic films focusing on realistic themes. It really lit up people's eyes.

这个新电影以犀利明快的风格让人眼前一亮。

The new movie lights up people's eyes with its sharp and lively style.

漂亮的容颜固然可以让人眼前一亮，丰富的内涵却能让人经久不忘。

Although a beautiful face can light up people's eyes, a rich inner beauty can make people remember you for a long time.

3　赢得……的青睐/喜爱/信任/认可/……　Win sb.'s favor/love/trust/approval …
受到……的青睐 be favored by...

例句：《我不是药神》这部电影出现了，它着实让人感到眼前一亮，赢得了观众的青睐。

The movie *Dying to Survive* appeared, and it really lit people's eyes and won the favor of the audience.

北京东城区新开的这家以巴西烤肉为特色的自助餐赢得了许多客人的青睐。

This newly opened buffet featuring Brazilian barbecue in Dongcheng District, Beijing, has won the favor of many customers.

在职场中，敢于承担责任的人，自然会赢得别人的信任。

In the workplace, those who dare to take responsibility will naturally win the trust of others.

4 借助something, …… With the help of ...

例句：借助喜剧的外包装，这部电影向观众展示了一个残酷又温情的现实世界，直击大家的灵魂深处。

With the help of the packaging of a comedy, this movie shows the audience a cruel and tender real world, hitting the depths of everyone's soul.

借助媒体的宣传，这位总统候选人极大地扩展了自己的影响力。

With the help of media advertisement, this presidential candidate has greatly expanded his influence.

借助网络，李子柒很快成为了红遍全中国的美食短视频制作者。

With the help of the Internet, Li Ziqi quickly became a short video producer of gourmet food that is popular throughout China.

5 ……跟着……起伏/摆动/摇摆/……
to go ups and downs/swing/vacillate with ...

例句：观众的情绪也跟着这些人物的命运起伏。

The mood of the audience also fluctuates with the fate of these characters.

这部小说的情节曲折生动，读者的心情也跟着主人公的命运起伏。

The reader's mood goes up and down with the fate of the protagonist as the plot of this novel is full of twists and turns.

近期股市涨涨跌跌，极不稳定，股民的心情也跟着股票走势起伏不定。

The stock market has risen and fallen recently, which is extremely unstable, and the mood of stockholders has fluctuated with the stock trend.

6 最后一根稻草 the last straw, the straw that broke the camel's back (metaphor)

S 就是/就像/成了压垮sb.的最后一根稻草

例句：在中国，不仅看病难、看病贵，而且当人们一不小心患了重症，若没有医保，药费就像压在患者身上的最后一根稻草。

In China, it is difficult and expensive to see a doctor. Moreover, when people accidentally suffer from a serious illness, without medical insurance, the cost of medicine is like the last straw on the patient.

去年年底流出的政治丑闻成为了压垮他的最后一根稻草。

The political scandal that flowed out at the end of last year became the last straw that crushed him.

这些无法忍受成本上升的小型出口企业，全球经济危机成了压在它们身上的最后一根稻草。

The global economic crisis has become the last straw for these small export companies that cannot tolerate rising costs.

7 **引发/引起……的共鸣 something strikes a chord or something resonates.**

例句：这部现实主义题材的电影，反映出的种种问题都引发观众的共鸣。

The problems reflected in this realistic film resonated with the audience.

她试图提高最低工资的提议在低收入人群中中引起了强烈的共鸣。

Her proposal to increase the minimum wage resonated amongst low-income people.

越来越多的迹象表明，在本周世界领导人峰会上，增加开支来刺激经济复苏的呼吁将不会引起共鸣。

There are more and more signs showing that at this week's World Leaders Summit, calls for increased spending to stimulate economic recovery will not resonate.

成语解释 Idioms

1 **形形色色xíngxíng-sèsè：形容事物种类繁多，各式各样。**
It means all sorts of, different kinds of. It could modify people, objects, etc.

约会相亲平台上聚集着形形色色的人，要注意安全。

There are all kinds of people on dating platforms. Please pay attention to safety issues.

我国五十六个民族的服装形形色色，各不相同。

The clothing of the fifty-six ethnic groups in our country is of all shapes and colors.

2 **接踵而至jiē zhǒng ér zhì: 指人们前脚跟着后脚，接连不断地来。形容人接连而来或事情持续发生。**
It means one thing or one person comes after another.

网络普及后，大众的生活便利了，但网络引起的各种各样的道德问题也接踵而至。
After the popularization of the internet, people's lives have become more convenient, but various moral problems caused by the internet have also come one after another.

她因为自己的精彩演出而获得了世界范围内的声誉，各种奖项也接踵而至。
She has won a worldwide reputation for her wonderful performances, and various awards have come one after another.

3 **屈指可数qū zhǐ kě shǔ：扳着手指就可以数清楚，形容数量稀少。**
An amount that can be counted on one's fingers, meaning very few.

敦煌石窟可以说是中国目前屈指可数的一级古迹之一。
The Dunhuang Grottoes can be said to be one of the few first-class monuments in China.

社会上的有钱人不少，但因彩票中奖而致富的人则屈指可数。
There are a lot of wealthy people in society, but only a handful of people get rich by winning lottery tickets.

4 **无可非议 wú kě fēi yì: 没有什么好批评的。**
Something is above or beyond reproach. Something is blameless.

药物开发出来之后前几年都在专利有效期内，价格高昂是无可非议的。
After the drug was developed, it was within the validity period of the patent in the first few years, and the high price is beyond reproach.

新冠疫情期间，政府禁止所有人非必要外出的机会，虽然说这种处理问题的方式有些极端，但也无可非议。
During the COVID-19 pandemic, the government prohibits everyone from going out unnecessarily. Although this method of handling the problem is a bit extreme, it is justifiable.

5 **左右为难zuǒ yòu wéi nán: 形容无论怎样做都有难处。**
It means that someone is caught in a dilemma or an awkward predicament.

放了假是和同学外出旅游，还是在家多陪陪父母，这让我左右为难。

I was in a dilemma: whether to travel with my classmates, or stay at home to spend more time with my parents during the vacation.

面对中央政府的压力，地方政府感到左右为难，除了搁置和拖延调查，没有别的办法。

Facing the pressure from the central government, the local government felt a dilemma. They had no other way except to shelve and delay the investigation.

6　不尽如人意bú jìn rú rén yì：不完全使人满意。

It is used to describe something that is unsatisfactory or undesirable.

最近几年这位运动员由于伤病困扰，在场上的表现一直不尽如人意。

In recent years, due to injuries, the athlete's performance on the court has been unsatisfactory.

我们经验不足，这次的工作难免有不尽如人意的地方。

We lack experience. It is hard to avoid that people might feel dissatisfaction about this work.

文法练习 Grammar and Vocabulary Exercises

1　用所给的词语填空。

主人公、巨头、铺垫、制裁、缺陷

1) 《活着》这部小说的_____叫福贵，这本书描绘他从任性纨绔的富家子弟到贫穷苦难的孤寡老人的一生。
2) 不论谁触犯了法律，都将受到严厉的_____。
3) 这款新型汽车存在某些_____，因此厂商不得不召回已售车辆。
4) 文章开头的景物描写为后面的情感抒发做了_____。
5) 沃尔玛作为世界零售连锁业的_____，也面临着巨大的挑战。

代理、辩护、声称、优先、威胁

1) 面对歹徒的_____，他毫不惧怕。
2) 张经理生病住院期间，公司一切业务都由李副经理_____。
3) 日本的研究人员_____，气候变化的影响预计将在本世纪下半叶给人类社会造成巨大影响。
4) 周律师在法庭上为他做出的精彩_____，赢得了众人的赞赏。
5) 学校的教职工有权_____获得学校提供的住宿。

2　选择合适的词语填空

成千上万　　接踵而至　　屈指可数　　无可非议　　左右为难

1) 春运期间，＿＿＿＿＿＿的打工者聚集在火车站等待归家的列车到来。
2) 政府在对待难民的问题上采取的行动是＿＿＿＿＿＿的。
3) 在亚洲地区，像法国卢浮宫（the Louvre Museum)那样规模的美术馆，可谓＿＿＿＿＿＿。
4) 一位学习成绩优秀、给别人做了好榜样，一位是组织活动经验丰富、领导能力出众，老师为选谁当班长而感到＿＿＿＿＿＿。
5) 2020年真可以说是多灾多难的一年，各种意想不到的祸患＿＿＿＿＿＿。

3　请你用所给的生词和结构回答问题。

1) 请你介绍一下《我不是药神》这部电影。

   （现实主义；让 …… 眼前一亮；赢得 …… 的青睐；处女作；医疗；体制；一系列）

2) 《我不是药神》这部电影里刻画的黄毛，有什么特点？

   （合伙人；沉默寡言；拖累；抉择；优先）

3) 正版药价格高合理吗？

   （屈指可数；成本；涉及；专利；让……受益；无可非议）

电影初探 Film Exercises

1　课前预习问题

1) 看电影时记录电影中出现的5–10个生词，整理到生词笔记中。
2) 电影中出现了哪些人物？他们经历着什么样的生活？因为"药"，他们的生活发生了什么样的变化？
3) 在这部电影中，令你印象深刻的场景有哪些？请举出三个例子。
4) 请你选出你最喜欢的三句台词，上课的时候跟同学一起讨论赏析。
5) 这部电影以喜剧的方式揭露了许多社会现实。请你谈谈电影中反映出的一到两个社会问题。

2　根据对电影和课文的理解，请判断下面的句子是否正确。

1) 刑警曹斌跟程勇的妻子是姐弟关系。（　）
2) 在中国市场上，不仅有格列宁正版药和印度仿制药，还有以张长林为代表的药贩子卖假药。（　）

3) 程勇最初决定铤而走险，去印度走私仿制药，是因为他同情吕受益。

4) 程勇放弃格列宁的代理权后，继续做印度神油的生意。（ ）

5) 老吕最终是因为白血病医治无效而死亡。（ ）

6) 黄毛是为了保护程勇不被警察发现而不幸牺牲的。（ ）

3　电影片段分析：

A　请观看程勇得知老吕试图自杀的消息后去医院看他的场景（大概在电影的01:07:00 – 01:08:00）。

问题：

1）请从服装与化妆（costume and makeup）的角度分析电影是如何表现老吕的健康状况和精神状况的。

2）老吕说对程勇说"吃个橘子吧"，"橘子"作为电影中反复出现的道具，代表了什么意思？电影中还有哪几处出现了橘子？分别传递了什么信息？

3）护士来给老吕做清创（debridement），程勇和老吕的妻子坐在病房外面的椅子上等待。一束光把老吕的妻子和程勇分开，请分析这个镜头的光线在两人身上有什么不同，导演想要利用光线对比表达什么？请分析此处程勇和老吕妻子的特写，当听到老吕痛苦的哀嚎时，程勇和妻子二人的表现有什么不同，请描绘二人的心理活动。

B　请观看假药贩子王长林向警察举报程勇销售假药后，程勇被逼无奈向众人宣布自己安排的片段（大概在电影的 00:56:00 – 01:04:10）。

问题：

1）在这个片段中，大家聚在一起的原因是什么？程勇向大家宣布了什么事情？

2）程勇说了一句话，叫"天下没有不散的宴席"，请你查一查，这句话是什么意思？

3）程勇说："我是个卖神油的，我管得了那么多吗？你们能有今天，全得他妈谢谢我，我他妈上有老下有小，我被抓进去他们怎么办啊？"说这句话时他的情绪很激动，请体会他的感情，并说说他的难处是什么？

C　请观看警察曹斌在听到老奶奶请求他不要再追查仿制药的话，将人释放后，找到局长，与局长进行谈话的片段（大概电影的01:24:00 – 01:25:30），请将曹斌和局长的大致内容用中文记录下来。

问题：

1) 在这一段中，曹斌和局长在讨论什么问题？法理与情理，局长和曹斌分别站在哪一边？他们的立场分别是什么，法大于情还是情大于法？

2) 在发生类似法律和情理冲突的情况下，你会站在哪一边？请说说你的理由。

3) 请观察电影中局长和曹斌聊天时两个人站的位置，这样的拍摄视角，有什么特别的用意？

文化小课堂 Cultural Elements

1 电影中什么地方可以反映出中国文化中的子女要赡养老人的传统美德？

2 电影故事发生的地点在上海，也就是中国的长江三角洲地区，制造业相当发达的地区，电影中程勇靠卖药赚到钱以后开的工厂，非常的具有地方特色。程勇开设的是什么工厂？请上网搜索长江三角洲地区的资料，简单介绍一下这个地区的特点。

3 在吕受益去世前，程勇为了买到仿制药第二次去了印度，在印度药店门口，他看到一行人推着两尊神像在路上经过。请上网查阅资料或者跟同学讨论，这两尊神像是什么神？代表了什么寓意？这个电影镜头暗喻了什么？

讨论交流 Discussion

1 思考并谈谈电影中每个人物面临的困境。请说说他们的工作，家庭，以及分别需要应对的困难。假如你是这个人物，你会怎么做？

2 电影中有句台词，"这世上只有一种病，穷病，这种病你没法治，也治不过来啊。"在你看来，什么是穷病？为什么说穷病治不过来？在你看来，这句话是否适用于现在的社会？造成穷病的根本原因是什么？穷病跟社会的贫富差距，国家的医疗体制等有什么关系？请思考一下，社会/国家/个人是否要帮助穷人？帮助穷人应该是谁的责任？

3 正版药、仿制药、假药的区别是什么？电影里程勇贩卖印度的仿制药，跟张长林这个假药贩子贩卖假药的做法都是不合法的，为什么一个被人们当作英雄，一个被人讨厌？

4 药价的问题：一些药物的价格很高，主要是哪些原因造成的？印度是可以销售仿制药的，而中国则不允许，政府把所有的仿制药都当作假药来处理，目的是严厉打击假药市场。你认为，能不能允许民间仿制药这样的"山寨（shānzhài, cheap copy）"产品存在，使买不起正版药的老百姓获益？能和不能的原因分别是什么？

5　情理与法律的冲突：电影中，警察曹斌为了捍卫正义与法律，必须要做出逮捕程勇的决定，而考虑到那么多白血病患者的生命，在情理上，他又不允许自己这么做。这是典型的情理与法律的冲突。在你看来，遇到像文中所说的法律和情理的冲突时，最有效的解决办法是什么？在现代社会中，还有哪些情理与法律发生冲突的例子？

6　在电影中有个场景，病友们被警察带到警察局后，满头白发的老奶奶哀求赵斌不要追查印度药，这时电影给了老人的脸一个特写镜头，你认为这个特写镜头有什么特别的含义？请你跟同学讨论一下，电影中哪些特写镜头和长影头的使用让你印象深刻？并说说这样的镜头语言的含义。

表达演示 Projects and Presentations

1　活动

1) 角色扮演：电影结尾处，程勇坐着警察的车离开法院，所有的人都来为他送行，包括已逝的老吕和黄毛。设想在这个场景中，你是其中的一个人物，一位记者过来采访你，让你谈谈对程勇的了解以及来到现场的原因，你会说什么呢？

2) 结对练习：两位同学一组，一位是程勇的辩护律师，一位是法官，模拟程勇的审判现场，并最后给程勇宣判。请法官自行决定如何给程勇判刑，并陈述这样判刑的理由。

3) 写作练习/故事改写：请在不改变仿制药与正版药巨大差价这条主线的基础上，对电影故事进行改写，使其有不同的结局，可改变一部分支线。请说明改编的理由，分析改编的电影故事与原故事相比，有什么特别之处？

2　写作

1) 请你以电影中某一个角色为视角，创作一篇文章，写他自己的故事和他对整个事件的观察与看法（角色可以是程勇、思慧、老吕等等）

2) 请你上网或者利用身边的资源，了解你的国家生存在社会医疗保障体系之外的病人/患者/弱势群体等，去调查一下他们的生活是什么样的？面临什么样的生存困境？他们的生活是怎么维持下去的？然后选择一个角度，写一篇议论文章。请运用至少2个具体的例子来说明。

3) 美国电影《达拉斯买家俱乐部》跟《我不是药神》有许多相似之处，请你观看《达拉斯买家俱乐部》这一部电影，看完以后选择一个角度，写一篇对比两部电影的影评。

4) 请你选择一个国家/地区（美国/加拿大/日本等等），调查这个国家或地区治疗白血病的正版药（类似格列宁的药）的价格，并跟踪一下这个药的价格变化。看看在价格高昂的时期，老百姓有没有提出什么异议，政府有没有采取什么措施，并研究他们的反馈和提议对药品的价格有没有影响？调查完以后，请根据你的调查结果来谈谈药企、国家医疗保障和老百姓三者之间的关系。思考他们是否也存在电影中反映出的问题和冲突，可以将中国与这个国家/地区作对比。

阅读延伸 Reading Comprehension

陆勇：《我不是药神》背后的原型人物

陆勇是一名白血病患者，也是江苏无锡一家针织品出口企业的老板，他曾被许许多多的白血病患者称为"药神"。2002年，陆勇被查出患有白血病。当时医生推荐他服用瑞士诺华公司生产的名为"格列卫"的抗癌药。服用这种药品，可以稳定病情、正常生活，但需要不间断服用。这种药品的售价高达23500元一盒，一名慢粒白血病患者每个月需要服用一盒，药费加治疗费用几乎掏空了他的家底。

为了自己，也为了帮助病友，他开始从印度购买仿制"格列卫"抗癌药，药效和正版药几乎相同，但一盒仅售4000元。陆勇开始服用仿制"格列卫"，并于当年8月在病友群里分享了这一消息。随后，很多病友让其帮忙购买此药，人数达数千人。

2014年因涉嫌贩卖"假药"，陆勇被警方带走。之后千余名白血病病友签名为陆勇求情，最终法院对这起案件"撤回起诉"，陆勇不用去坐牢。

《我不是药神》发行以后，陆勇发微博，对电影表示了不满，称电影发布以来，给自己带来了不小的困扰。"预告片中的'我'是一个卖印度神油的小店主，从非法贩卖印度药品中赚了大钱，抱着一大堆钱睡觉。大家出于对我的关心和支持，纷纷向我表达了对该片的不满，认为会让观众觉得我真的从中赚钱，损害了我的名誉。但是我想，**公道自在人心**，只要我确实没有干过对不起良心的事，我就可以睡得安稳。"

另外，陆勇也对电影中的搞笑行为表示不满，认为他们的"爆笑"是建立在患者痛苦之上，"这种消费患者的行为，不值得称道。在我的字典里，'命不是钱'，命是活生生的。我不知道，这部电影的制片人、演员有没有想过，一位癌症患者看到这样的电影会是什么感受？"

陆勇还和制片人联系，要求在片尾加一小段自己的说明，免得观众误会，"其实，我不想当什么英雄，我只想澄清事实。电影将主人公刻画成一位为讲个人义气而对抗法律的个人英雄令我不满。我从未对法律、对时代感到不满，我和病友们不想造成与社会的对立。我始终敬畏法律，感恩新时代，感恩社会的进步。"

1 阅读这篇文章后，请找出三处陆勇与程勇不同的地方。
2 请你谈谈对文中划线的俗语"公道自在人心"的理解。思考作者为什么这么说？
3 文章提到了三处陆勇对电影不太满意的地方，请把这三处划出来，再选择两处，谈谈你对他不满之处的理解和看法。
4 陆勇曾说："电影就是电影，不可能和现实生活完全一样，我也不能苛求。其实，我想拍一部更像我的电影，我和病友们的真实故事，不需要太多的改编，足以让观众落泪，更足以让观众感受到生命之光，感受到爱的力量。"你喜欢《我不是药神》这部电影对原型人物作出的改编吗？请谈谈你的看法，100字左右。

繁體字課文

《我不是藥神》：小人物的救贖

導讀：

　　《我不是藥神》是2018年由中國大陸導演文牧野（Wén Mùyě）執導的一部現實主義題材的劇情片。影片講述了一位名叫程勇（Chéng Yǒng）的印度神油店老闆，通過販賣用於治療慢性粒細胞性白血病的印度仿製藥「格列寧（Gélièníng）」一步步成為「藥神」的故事。這部影片上映後，在全國引起了巨大轟動，最終票房累計達到31億元，為中國內地影史票房第九名。導演文牧野憑藉此片獲得了台灣電影金馬獎最佳新導演獎及最佳原著劇本獎，第26屆北京大學生電影節最佳導演以及最佳導演處女作獎等獎項。

　　該電影改編自2015年的真實事件，事件主人公為江蘇（Jiāngsū）無錫（Wúxī）市一家出口企業的老闆陸勇（Lù Yǒng）。影片引發了人們對中國社會中形形色色的小人物的生活、白血病患者的生存境遇、中國社會的醫療衛生體制、製藥業以及中國大陸進口藥價過高等一系列問題的討論。有影評人稱，這部電影是中國大陸電影近年來現實主義批判題材的佳作，體現出電影審查制度的進步，可與美國的《達拉斯買傢俱樂部》（*Dallas Buyers Club*）相媲美。

正文：

　　當人們批判著中國國產電影在現實主義題材上的缺陷與不足時，《我不是藥神》這部電影出現了，它著實讓人感到眼前一亮，贏得了觀眾的青睞。借助喜劇的外包裝，這部電影向觀眾展示了一個殘酷又溫情的現實世界，直擊大家的靈魂深處。

　　中年男子程勇經營著自己的保健品小店，收入微薄的他不僅要跟前妻爭奪孩子的撫養權，還要承擔父親高昂的手術費。在白血病患者呂受益（Lǚ Shòuyì）的請求下，他鋌而走險，走上了販賣印度仿製藥的道路。隨著幾個合夥人的加入，包括為救患白血病的女兒而被迫做舞女的思慧（Sīhuì），英文流利的病友劉牧師和沈默寡言的「黃毛」，程勇一步步成為了仿製藥在中國的獨家代理商。可新困難也接踵而至：假藥販子以揭發其賣假藥為威脅，迫使他交出印度格列寧的代理權，小舅子曹斌（Cáo Bīn）也奉命調查假藥，於是這門帶來巨大利益的生意變成了一場關於救贖的戰鬥。電影真實展示出形形色色的小人物面臨的種種困境：程勇救人卻要受到法律的制裁，癌症患者購買仿製藥求生卻被視為違法，黃毛因患白血病不想拖累家人而離家出走等，觀眾的情緒也跟著這些人物的命運起伏。

　　有了這些真實困境的鋪墊，影片中關於醫藥爭議的話題便有了打動人心的力量。在電影中，藥企被刻畫成無良的商家，他們出售的正版藥高達四萬塊錢一瓶。普通的工薪階層根本無法承擔如此高昂的藥費。電影中的老奶奶哀求警察不要繼續追查走私仿製藥的人時，說的話讓人們動容：「四萬塊錢一瓶的正版藥，我吃了三年，房子吃沒了，家人被吃垮了……誰家能不遇上一個病人，你就能保證一輩子不生病嗎？」警察曹斌因此也心軟了，老奶奶說的正是殘酷的社會現實：許多抗癌的進口藥物都沒有納入到醫保中，藥費對於癌症病人來說，就像壓在身上的最後一根稻草。能否把藥價降低到普通大眾都能接受的範圍內，讓大家都受益？為藥企辯護的人士聲稱，藥企的研究成本巨大，這其中不僅涉及到藥物的開發，還包括臨床的研究，每一步都需要巨額的花費。除了國際上屈指可數的幾個巨頭藥企之外，幾乎沒有公司有能力獨立開發一種新藥。因此，藥物研發出來之後的前幾年都在專利有效期內，價格高昂是無可非議的。為此政府能做些什麼？能否改進醫療福利制度讓大眾都享受到國外的正版藥？好在電影結尾給出了好消息，「格列寧」被列入了醫保，癌症病人曾經一個月要花費幾萬元買藥，如今只要三四千元就可以維持一年用量。

　　此外，影片中也多次呈現另一個非常重要的主題：法律和情理的衝突。警察局局長堅決支持法律的正義，他強調說，「我們作為執法者，就應該站在法律這一邊」。然而刑警曹斌卻因為自己的信仰一次次與冰冷的法律相悖，最終選擇退出辦案，跟「藥神」站到了一起。曹斌作出選擇時是困難的，可以說他經歷了好幾次發人深省的法與情的思辨：一邊是合情不合法的印度格列寧，一邊是合法不合情的瑞士格列寧；一邊是成千上萬的白血病患者的生命，一邊是走私違禁藥物的違法犯罪。這樣的衝突讓他左右為難，但也是他不得不面臨的抉擇。這也是程勇、黃毛、牧師、思慧等人面臨的抉擇。一旦法律和情理發生衝突，二者誰應該優先？

　　這部現實主義題材的電影，反映出的種種問題都能引發觀眾的共鳴。雖然電影也存在不盡如人意的地方，比如對於反派人物的刻畫顯得臉譜化。電影對藥企和執法機關的道德控訴也顯得有些蒼白。但不同於一般的爆米花式的商業喜劇片，這部電影讓觀者大笑的同時，也同樣為角色的命運感到悲傷，對社會的現實展開嚴肅思考，從這個意義上來說，這已經是一部成功的電影。

第五单元

动画与科幻

Animation and Science Fiction

第九课
《流浪地球》：带着人类去流浪
The Wandering Earth: Taking Humans to Wander

学习目标：

1　通过学习本课文，掌握文中的词汇、句型。

2　能流利叙述《流浪地球》这部电影的故事情节及主要人物的经历。

3　能分析及探讨与人类未来、人工智能、集体主义价值观等相关的议题。

4　能够阅读并分析《流浪地球》这部电影的相关文本，理解文本的主要观点，并展开思考及分析。通过收集资料、调查及研究等方式就本课的话题进行进一步论证、分析及写作。

5　探讨特效（special effects）、取景（framing）、音效（sound effects）等艺术手法在科幻片这种电影类型中的作用，比较《流浪地球》与其他科幻片特效的相同与不同。

导读：

　　《流浪地球》改编自中国著名科幻作家刘慈欣（Liú Cíxīn）的同名小说，讲述了太阳即将**毁灭**前，人类提出"流浪地球"的大胆计划，带着地球一起奔向另一个**家园**的故事。该电影是中国大陆首部独立制作的科幻大片，于2019年大年初一在中国大陆上映，**反响**热烈。**截至**2020年11月27日，累计票房位列中国电影史上票房第三名。除了在中国大陆上映外，电影也在北美**同步**上映，**流媒体**平台网飞（Netflix）购入了电影的全球放映**版权**。观众称《流浪地球》的制作**水准**令人**刮目相看**，这意味着国产电影在追赶好莱坞科幻大片的道路上又迈出了一大步。电影获得第32届中国电影金鸡奖[1]（Golden Rooster Awards）最佳故事

1　中国电影金鸡奖（Golden Rooster Award）是由中国电影家协会和中国文学艺术界联合会联合主办的电影奖项，创办于1981年，是中国大陆电影界权威、专业的电影奖。与香港电影金像奖、台湾电影金马奖并称"华语电影三大奖"。

DOI: 10.4324/9781003276340-14

片，导演郭帆（Guō Fān）凭借该片荣获第35届大众电影百花奖[2]（Hundred Flowers Award）最佳导演。

正文：

《流浪地球》将背景设定在未来，那时候的人类面临**前所未有**的困境：太阳急速**膨胀**，即将**吞噬**地球。联合政府决定采取"流浪地球"的计划，即利用一切资源，在地球表面建造一万台**行星发动机**，为地球提供动力飞出**太阳系**、**开启**长达两千五百年的流浪之旅，飞往四亿**光年**外的新家园。这次要大**迁徙**的并不是**诺亚方舟**，而是整个地球，因此人类必须经受住行动与情感的**双重考验**。影片主要讲述的是"流浪地球"计划**启动**17年后地球面临的大灾难 —— **木星引力**危机。

通过刻画刘培强（Liú Péiqiáng）一家人的生活，影片向观众展现了地下城及**领航员空间站**的情况。由于人类的生存环境不断恶化，联合政府在每个行星发动机下都建了一座地下城。作为人类的活动中心，刘启（Liú Qǐ）、韩朵朵（Hán Duǒduo）及**姥爷**韩子昂（Hán Zǐ'áng）都生活在地下城中，但是因为地下城空间有限，人们必须通过**抽签**的方式获取居住权，且抽签结果不得**转让**、出借或**赠予**他人。虽然影片没有特意地渲染，但观众仍然能感受到**末日**生存的残酷，地球上八十亿的人口中只有三十亿人能进入地下城，而其余五十亿人不得不**丧命**。为了给地球的流浪之旅提供**预警**、领航及通讯的保障，联合政府也在地球旁建造了领航员空间站。刘培强是其中一位中国**航天员**，为了执行任务而离家十多年，导致父子关系疏远。

父子之间的情感纠葛正是推动故事发展的主线。刘启的成长过程中父母缺席，当年母亲罹患癌症，父亲无奈之下牺牲了爱妻的生存权，让**岳父**韩子昂获得了地下城的**入场券**。刘启始终对此**耿耿于怀**，对父亲的选择怀有恨意。提到父亲，他总是带着叛逆情绪，拒绝与父亲对话。直到地球陷入被木星引力吞噬的危机，他得知父亲要与空间站**同归于尽**的时候，才**释放**出了真感情。刘培强勇敢**无畏**、**大义凛然**，为了拯救地球而牺牲自己，是影片中拯救地球所有英雄的一个重要代表。他们**义无反顾**、**竭尽全力**，才让地球**化险为夷**，这正体现出了中国集体主义的思想。好莱坞电影塑造出一个个追求正义、**惩恶扬善**的大英雄，如蜘蛛**侠**、钢铁侠等，代表的都是美式个人英雄主义价值观，他们**单打独斗**，凭借**超凡**的个人力量拯救世界，而这部电影强调的则是集体的力量，大家**众志成城**，克服生存挑战，更具中国特色。

---

2 大众电影百花奖（Hundred Flowers Award）是由中国电影家协会和中国文学艺术界联合会联合主办的电影奖项。创办于1962年，是中国大陆电影界的观众奖。

　　影片中刘培强拒绝 "**火种**"计划，毅然选择拯救人类的做法，也引发了观众关于**人工智能**与人类情感的讨论。"火种"计划是末日逃亡中的第二套方案：空间站里**冷藏**了人类的**受精卵**、基础**农作物**的种子、动植物DNA**图谱**，以及人类文明的数字**资料库**等。地球灭亡后，空间站会带着这些资源移民到新的星球，重建完整的人类文明。人工智能"莫斯"（Moss）经过计算决定选择"火种"计划，放弃人类，这恰恰揭示出当今人工智能潜在的威胁：如果人类过于依赖机器，给予机器过高的**权限**，就有可能招来灾祸、**自取灭亡**。采取火种方案就可能导致人类赖以生存的家园毁灭，人类消失，剩下空间站在**浩瀚**的宇宙中**飘荡**。正如刘培强所言，没有人的文明又有什么意义呢？机器过于理性，其实就是对人类精神的一种背叛。

　　回顾中国的电影历史，科幻片屈指可数。《流浪地球》无疑填补了中国国产电影在科幻领域的空白，打破了中国科幻市场由美国大片**垄断**的局面。许多人**坦言**，《流浪地球》中**可圈可点**的**特效**和令人震撼的视觉效果，标志着中国电影正式告别了"五毛特效"[3]的时代，是电影史上的一座里程碑。然而与好莱坞电影相比，《流浪地球》的特效还有很大差距。也有不少观众提出情节方面的逻辑**漏洞**，人物性格塑造简单以及过分**弘扬**集体主义价值观等问题。不过看惯了外国大片里纽约、洛杉矶（Luòshānjī）的中国观众，第一次看到极寒天气下**萧条**的北京、上海，加上北京**交通委**极具幽默感的提醒话语，确实**心甘情愿**为其票房贡献一份力量。

生词：

导读

	简体	繁體	拼音	词性	英文翻译
1	人类	人類	rénlèi	n./adj.	humankind
2	流浪		liúlàng	v./n.	wander, roam about; vagabondage, vagrancy
3	毁灭	毁滅	huǐmiè	v.	ruin, destroy, exterminate
4	家园	家園	jiāyuán	n.	homeland
5	反响	反響	fǎnxiǎng	n.	reverberation; reaction 引起热烈的反响 反响热烈
6	截至		jiézhì	prep.	by, up to, as of 截至+time period: 截至2021年；截至今年年底

(Continued)

---

3 五毛特效是网友对国产电视剧特效差的吐槽。由于这类特效效果差，反映出制作技术水平低，网友也由此推断制作成本也低廉，"只值五毛钱"，因此这类特效就被称为五毛特效。

	简体	繁體	拼音	词性	英文翻译
7	同步		tóngbù	adj./ adv.	synchronous; synchronously 同步+V（进行/实施/增长……）
8	流媒体	流媒體	liúméitǐ	n.	streaming media
9	版权	版權	bǎnquán	n.	copyright
10	水准	水準	shuǐzhǔn	n.	level, standard
11	刮目相看		guā mù xiāng kàn	idm.	look at sb. with new eyes, have a completely new appraisal of somebody

正文

	简体	繁體	拼音	词性	英文翻译
12	前所未有		qián suǒ wèi yǒu	idm.	unprecedented
13	膨胀	膨脹	péngzhàng	v.	swell, expand, puff, inflate
14	吞噬		tūnshì	v.	swallow, devour, phagocytose
15	行星		xíngxīng	n.	planet
16	发动机	發動機	fādòngjī	n.	engine
17	太阳系	太陽系	tàiyángxì	n.	solar system ~系：galaxy 银河系：the Milky Way galaxy
18	开启	開啟	kāiqǐ	v.	open, initiate 开启……的大门 开启……的旅程
19	光年		guāngnián	n.	light year
20	迁徙	遷徙	qiānxǐ	v.	migrate
*	诺亚方舟	諾亞方舟	Nuò yà fang zhōu	n.	Noah's Ark
21	双重	雙重	shuāngchóng	adj.	dual, double 双重考验 双重标准
22	考验	考驗	kǎoyàn	n.	ordeal, test
23	启动	啟動	qǐdòng	n./v.	enablement; start, launch, activate 启动……的计划/工程/项目
24	木星		mùxīng	n.	Jupiter
25	引力		yǐnlì	n.	gravitation, gravitational force

	简体	繁體	拼音	词性	英文翻译
26	领航员	領航員	lǐnghángyuán	n.	pilot, navigator
27	空间站	空間站	kōngjiānzhàn	n.	space station
28	姥爷	姥爺	lǎoye	n.	maternal grandfather 姥姥 maternal grandmother In the southern part of China, 外公/外婆 is used to address one's maternal grandfather and grandmother.
29	抽签	抽籤	chōuqiān	v.	draw lots, draw by lot
30	转让	轉讓	zhuǎnràng	v.	transfer the possession of
31	赠予	贈予	zèngyǔ	v.	grant, donate, gift 将……赠予sb.
32	末日		mòrì	n.	end, doomsday 世界末日 the end of the world; doomsday
33	丧命	喪命	sàngmìng	v.	meet one's death, get killed
34	预警	預警	yùjǐng	v.	give early warning
35	航天员	航天員	hángtiānyuán	n.	astronaut
36	岳父		yuèfù	n.	father-in-law 岳母 mother-in-law
37	入场券	入場券	rùchǎngquàn	n.	entrance ticket
38	耿耿于怀	耿耿於懷	gěng gěng yú huái	idm.	hold a grudge, take sth. to heart
39	同归于尽	同歸於盡	tóng guī yú jìn	idm.	perish together, end up in ruin together
40	释放	釋放	shìfàng	n./v.	acquittal; release, free
41	无畏	無畏	wúwèi	adj.	fearless, dauntless, unafraid
*	大义凛然	大義凜然	dà yì lǐn rán	idm.	devotion to righteousness that inspires reverence
42	义无反顾	義無反顧	yì wú fǎn gù	idm.	proceed without hesitation, find it one's duty or obligation to go forward and not to turn back
43	竭尽全力	竭盡全力	jié jìn quán lì	idm.	try one's utmost, exert all one's energies

(Continued)

正文 (Continued)

	简体	繁體	拼音	词性	英文翻译
44	化险为夷	化險爲夷	huà xiǎn wéi yí	idm.	change danger into safety, pass through a dangerous crisis safely
45	惩恶扬善	懲惡揚善	chéng è yáng shàn	idm.	praising virtue and punishing vice
46	侠	俠	xiá	n.	swordsman, chivalrous expert 大侠 chivalrous man 钢铁侠gāngtiěxiá Ironman 蜘蛛侠zhīzhūxiá Spider-Man 蝙蝠侠biānfúxiá Batman
47	单打独斗	單打獨鬥	dān dǎ dú dòu	v.	fight alone
48	超凡		chāofán	adj.	extraordinary 超凡的力量/能力/才能
49	众志成城	衆志成城	zhòng zhì chéng chéng	idm.	collective purposes form a fortress
50	火种	火種	huǒzhǒng	n.	kindling material
51	人工智能		rén gong zhì néng	n.	artificial intelligence, AI
52	冷藏		lěngcáng	v.	refrigerate, cold storage
53	受精卵		shòujīngluǎn	n.	fertilized egg
54	农作物	農作物	nóngzuòwù	n.	crops
*	图谱	圖譜	túpǔ	n.	mapping
55	资料库	資料庫	zīliàokù	n.	database
56	权限	權限	quánxiàn	n.	limits of authority 设置权限 set permission 在权限内 within the power/authority of 超出权限 beyond the power/authority of
57	灾祸		zāihuò	n.	disaster, misfortune, calamity
58	自取灭亡	自取滅亡	zì qǔ miè wáng	idm.	court destruction, cut one's own throat
59	浩瀚		hàohàn	adj.	vast, unbounded
60	飘荡	飄盪	piāodàng	v.	flutter, drift
61	回顾	回顧	huígù	v.	look back, retrospect
62	垄断	壟斷	lǒngduàn	v.	monopolize
63	局面		júmiàn	n.	situation

	简体	繁體	拼音	词性	英文翻译
64	坦言		tǎnyán	v.	say frankly
65	可圈可点	可圈可點	kě quān kě diǎn	idm.	remarkable, praiseworthy, commendable
66	特效		tèxiào	n.	special effects
67	漏洞		lòudòng	n.	hole, gap, leak
68	弘扬	弘揚	hóngyáng	v.	carry forward, develop and expand, advance and enrich
69	萧条	蕭條	xiāotiáo	n./adj.	stagnancy, depression, sag; desolate, bleak 大萧条 the Great Depression 经济/股市/生意萧条 萧条的景象/村庄
70	交通委		jiāotōngwěi	n.	transport administration commission
71	心甘情愿	心甘情願	xīn gān qíng yuàn	idm.	be most willing to, be totally willingly content oneself with ...

语法结构 Grammar Patterns

1 **开启……之旅 （探索/追梦/美食/欧洲/非洲……）**

   start the journey of ... (exploration/chasing dreams/gourmet/touring Europe/ Africa)

   例句：联合政府决定采取"流浪地球"计划，在地球表面建造一万台行星发动机，为地球提供动力飞出太阳系，开启长达两千五百年的流浪之旅。
   The coalition government decided to adopt the "Wandering Earth" plan to build 10,000 planet engines on the surface of the earth to provide power for the earth to fly out of the solar system and start a 2,500-year wandering journey.
   中国国家主席习近平抵达荷兰，对荷兰进行国事访问，开启欧洲之旅。
   Chinese President Xi Jinping arrived in the Netherlands, paid a state visit to the Netherlands, and embarked on a trip to Europe.
   14 位来自农村的留守儿童受到基因会的捐赠来到上海参加比赛，开启一场追梦之旅。
   Fourteen left-behind children from rural areas received donations from a charity and came to Shanghai to participate in the competition, starting their journey of chasing dreams.

2 **经受住……的考验/打击/挑战/威胁/影响……**

   stand the test/strike/challenge/threat/impact of ...

例句：这次要大迁徙的并不是诺亚方舟，而是整个地球，因此人类必须经受住行动与情感的双重考验。

This time the great migration is not Noah's Ark, but the entire earth. Therefore, humans must withstand the dual test of action and emotion.

美国拜登总统发表就职演说，称美国经受住了疫情的考验。

President of the United States Joe Biden delivered an inaugural speech, claiming that the United States has withstood the test of the epidemic.

异地相处多年，两个人的恋情经受了住距离的考验，如今成功地步入了婚姻的殿堂。

Having lived separately for many years, the relationship between the two has withstood the test of distance, and now they have successfully entered the palace of marriage.

3 不得+V（转让/赠予/安排/组织/干涉……）
not be allowed to do something

例句：抽签结果不得转让、出借或赠予他人。

The lottery award is not allowed to be transferred, lent or given away.

教育部规定，学校不得安排学生从事商业性活动。

The Ministry of Education stipulates that schools must not arrange for students to engage in commercial activities.

外交部发言人表示，其他国家不得干涉中国内政。

A spokesperson for the Ministry of Foreign Affairs stated that other countries are not allowed to interfere in China's internal affairs.

4 ……的历史

回顾过去+（a certain period of time）/这一周/这一年/这十年……
Look back .../In retrospect ...

例句：回顾中国的电影历史，科幻片屈指可数。

Looking back at the history of Chinese cinema, there are very few science fiction films.

电视台主播回顾了过去一周上海市的重要新闻和社会热点。

The TV anchor reviewed the important news and hot social issues in Shanghai in the past week.

Zoom 全球首席信息官Harry Moseley 回顾了2020 年，分析了疫情对我们个人和专业生活的影响，并对2021 年进行了展望。

Harry Moseley, Zoom global chief information officer, reviewed the year 2020, analyzed the impact of the epidemic on our personal and professional lives, and looked forward to 2021.

5 **填补……的空白/空缺**
fill up gaps/vacancy of ...

例句：《流浪地球》无疑填补了中国国产电影在科幻领域的空白。
Wandering Earth undoubtedly fills the gap in the field of science fiction in Chinese domestic films.
他们的研究成果填补了科学技术上的空白。
Their research results have filled the gaps in science and technology.
机构正积极进行招聘以填补的职位空缺。
Institutions are actively recruiting to fill vacancies.

6 **打破/开创/改变……的局面……**
break/create/change the situation of ...

例句：《流浪地球》打破了国内科幻市场由美国大片垄断的局面。
Wandering Earth broke the monopoly of American blockbusters in the domestic science fiction market.
中国自行研制成功了一枚芯片，打破了市场由德国和日本垄断的局面。
China has successfully developed a chip, breaking the situation that the market is monopolized by Germany and Japan.
在社交场合，一两个笑话可轻松打破尴尬的局面。
In social situations, a joke or two can easily break the embarrassing situation.

7 **弘扬……的价值观/理念/思想/传统/精神 ……**
promote and carry forward the value/idea/thought/tradition/spirit of ...

例句：然而与好莱坞电影相比，《流浪地球》的特效还有很大距离，也有不少观众提出情节方面的逻辑漏洞，人物性格塑造简单以及过分弘扬集体主义价值观等问题。
Compared with Hollywood movies, the special effects of *Wandering Earth* are still far from those movies. Many viewers also raised the issue of logical loopholes in the plot, simple character creation issues and excessive promotion of collectivist values.
从小到大，父母经常教育他要弘扬中华民族勤奋勇敢的优良传统。
From childhood to adulthood, his parents often taught him to carry forward the fine traditions of the Chinese nation of diligence and bravery.
本公司的宗旨在于弘扬开拓创新、永不满足的精神。
The company's purpose is to promote a pioneering, innovative and never-satisfied spirit.

成语解释 Idioms

1 刮目相看 guā mù xiāng kàn：别人已经有了进步，不能再用老眼光看待。have a completely new appraisal of somebody/something; A see B in a new light A对B刮目相看；B令/让A刮目相看

张明短时间内在外语学习方面取得了巨大的进步，真是让人刮目相看。
Zhang Ming has made tremendous progress in foreign language learning in a short period of time, which is really impressive.
我一定要做到更好，让以前看不起我的人对我刮目相看。
I must do better to make people who looked down upon me previously look at me with admiration.

2 前所未有 qián suǒ wèi yǒu：从来没有过的，以前所没有过的。hitherto unknown; unprecedented

昨天股票价格暴跌到了前所未有的最低纪录。
Yesterday the stock price plunged to an unprecedented lowest record.
近年来中国的一些民营企业遇到了前所未有的挑战。
In recent years, some private enterprises in China have encountered unprecedented challenges.

3 耿耿于怀 gěng gěng yú huái：指对所经历的事情总是不能忘掉，一直放在心里。take sth. to heart; constantly remembering in one's heart; deeply concerned at heart

同事之间有些小矛盾，过去就算了，不要老是耿耿于怀。
Forget about trivial disagreements among colleagues, and don't take them to heart.
结婚三年了，她始终对丈夫曾经的风流史耿耿于怀。
After three years of marriage, she was still deeply concerned about her husband's romantic history.

4 义无反顾 yì wú fǎn gù：从道义上只有勇往直前，不能犹豫回顾。find it one's duty or obligation to go forward and not to turn back; proceed without hesitation

抗日战争时，许多热血青年都义无反顾地投身战场。
During the War of Resistance Against Japan, many enthusiastic youths devoted themselves to the battlefield without hesitation.

我相信英雄就是，不管后果如何，当需要做一件事的时候就会义无反顾。

I believe that a hero, no matter what the consequences, when there is a need to do something, does it without hesitation.

5 化险为夷 huà xiǎn wéi yí: 指使危险转变为平安。
change danger into safety; emerge safely out of danger

幸亏台风转向，才让这支登山队化险为夷，平安下山。

Thanks to the turning of the typhoon, the mountaineering team was able to go downhill safely without danger.

他做事历练稳重，总能在危机关头随机应变，化险为夷。

He is experienced and stable in his work, and he can always adapt to situations in times of crisis and turn dangers into a breeze.

6 惩恶扬善 chéng è yáng shàn：惩罚恶势力，奖励、宣扬善良的意志。
praising virtue and punishing vice

《西游记》讲述了唐三藏师徒四人一路去西天取经，打败各路妖魔鬼怪的故事，表现了惩恶扬善的主题。

Journey to the West tells the story of Tang Sanzang and his three apprentices going all the way to the west to learn from the scriptures and defeat various demons and ghosts, expressing the theme of punishing evil and promoting good.

法律的目的是惩恶扬善，但也无法做到绝对公平。

The aim of the law is to punish evil and reward good, but it cannot be absolutely fair.

7 可圈可点 kě quān kě diǎn: 文章精彩，值得加以圈点，形容表现好，值得肯定或赞扬。**remarkable, praiseworthy**

作为职业篮球队员，他的表现真是可圈可点。

As a professional basketball player, his performance is really worth noticing.

奥黛丽·赫本在热门电影《罗马假日》中的表现均可圈可点。

Audrey Hepburn's performance in the hit film *Roman Holiday* is praiseworthy.

8 心甘情愿 xīn gān qíng yuàn: 意思是心里完全愿意，没有勉强。多指自愿做出某种牺牲。**be totally willingly content oneself with ...**

为了获得升职加薪，他心甘情愿牺牲自己的休息时间来工作。

In order to get a promotion and salary increase, he willingly sacrificed his rest time to work.

她心甘情愿陪丈夫去世界上任何一个地方，即使再苦再累，她也不会后悔。

She is willing to accompany her husband to any place in the world, no matter how hard and tiring it is. She will not regret it.

文法练习 Grammar and Vocabulary Exercises

1　看拼音写汉字，并用这些词语填空。

jiāyuán　　wúwèi　　qiānxǐ　　　　　piāodàng
guāngnián　hàohàn　zhòngzhìchéngchéng　péngzhàng

　　根据作家刘慈欣在小说《流浪地球》里所描写的，许多年后，太阳急速＿＿＿＿＿＿，地球的环境恶化，因此人们必须进行一场大规模的＿＿＿＿＿＿，离开太阳系，寻找四亿＿＿＿＿＿＿以外的新居住地。到达新的＿＿＿＿＿＿之前，人类需要在＿＿＿＿＿＿的宇宙中＿＿＿＿＿＿两千五百年，必须靠着勇敢、＿＿＿＿＿＿的坚强意志生存下来。在这场旅程中，人类赖以生存的地球可能会经历意想不到的危机时刻，大家必须＿＿＿＿＿＿，共同面对挑战。

2　选择合适的词语填空

释放　耿耿于怀　权限　萧条　吞噬　双重　局面　竭尽全力

1) 经济危机下，整个国家工业＿＿＿＿＿＿，大批的工人失业。
2) 夜晚一个人呆在郊区的破旧房子里，她感到阴森恐怖，仿佛要被恐惧一点一点＿＿＿＿＿。
3) 做好了充分的准备，就能恰当自如地应对各种复杂的＿＿＿＿＿＿。
4) 过了这么多年，他仍然对丈夫当年的出轨行为＿＿＿＿＿＿。
5) 他最近面临着工作丢失和父母去世的＿＿＿＿＿＿打击，心情跌到谷底。
6) 虽然家里条件非常困难，但是他还是＿＿＿＿＿＿供儿子上大学。
7) 深呼吸是＿＿＿＿＿＿压力的好方法。
8) 目前你还没有评论这篇文章的＿＿＿＿＿＿，等获得资格后再评论吧。

3　请用本文中所学的成语回答下面的问题。

1) 好莱坞电影里的超级英雄们有什么共同的特点？（惩恶扬善）
2) 他在篮球总决赛中表现如何？（可圈可点）

3) 小李每天都在公司加班到夜里十点，公司这样的安排很不合理吧？（心甘情愿 、 刮目相看）

4) 新冠疫情给美国的餐饮行业造成了什么样的影响？（前所未有）

4　请你用所给的生词和结构回答问题。

1) 流浪地球计划中，人们进入地下城的政策是什么样的？

（人类；抽签；转让；赠予；入场券；丧命）

2) 请介绍电影中的刘培强这个角色。

（航天员；无畏；义无反顾；同归于尽；化险为夷）

3) 作为目前为止中国最成功的一部科幻片，《流浪地球》有什么特点？

（特效；打破了……的局面；末日；众志成城；单打独斗）

电影初探 Film Exercises

1　课前预习问题

1) 记录电影中5–10个生词、词组或者感兴趣的语句，整理在自己的生词本中。

2) 记录电影中让你印象深刻的2个场景，将场景叙述出来，并说明让你印象深刻的原因。

3) 在观看电影的过程中，记录下至少两处跟物理学有关的细节，比如地下城的人到地上时得穿防护服、戴头盔等，因为地表温度只有-80度。

4) 这部电影跟你看过的科幻电影有何异同? 举具体的例子来说明。

2　根据对电影的理解，请判断下面的句子是否正确。

1) 在电影中，所有人都有机会搬到地下城去居住。（　）

2) 韩子昂是韩朵朵的亲爷爷。（　）

3) 刘启在电影中开的运载车是姥爷韩子昂年轻时驾驶的车。（　）

4) 小时候刘启父亲跟他讲过木星表面都是氢气（qīngqì, hydrogen），因此在木星引力危机时，刘启想到可以将氢气和氧气（yǎngqì, oxygen）结合，制造强大的动力。（　）

5) 刘培强中校驾驶飞船引爆了木星，地球从而摆脱了木星引力，拯救地球的计划成功了。（　）

3 电影片段分析：

A 观看电影中刘培强在空间站中通过莫斯与地面上的王磊上尉聊天的
整个过程（大约在电影的00:39:00 – 00:42:30），完成以下问题。

1) 刘培强对王磊上尉下达的命令是什么？
2) 刘启与刘培强对话产生冲突的原因是什么？刘启责怪父亲刘培
强做错了什么事？
3) 刘培强做出决定的原因是什么？你怎么看待刘培强所做的决定？

B 观看电影中爷爷韩子昂去世的整个片段（大概在电影的
00:47:00 – 00:54:00），完成下面的问题。

1) 影片中爷爷为什么要摘掉头盔？
2) 这个片段从爷爷韩子昂的角度讲述了他救女孩的故事，请把韩
子昂的这段叙述记录下来。
韩子昂：地球停转的第17天，＿＿＿＿＿＿＿＿＿＿＿＿＿＿
＿＿＿＿＿＿＿＿＿＿＿＿＿＿＿＿＿＿＿＿ 带朵朵回家。
3) 爷爷回忆解救韩朵朵的这个故事，从哪些方面说明了地球生存
环境的险恶？

C 观看电影中韩朵朵和刘启等人在苏拉威西三号转向发动机点燃木
星时被困住，韩朵朵向空间站请求救援的片段（大概在电影的
01:31:00 – 01:37:00），完成下面的问题。

1) 跟空间站联系上后，朵朵提出了什么方案？空间站刚开始为什
么否定了朵朵的方案？
2) 刘培强向联合政府请求支援时遭到联合政府的拒绝，刘培强是
如何继续请求支援的？请把他的话记录下来。
刘培强：今天是中国新年的第一天，＿＿＿＿＿＿＿＿＿＿＿＿
＿＿＿＿＿＿＿＿＿＿＿＿＿＿＿＿＿＿＿＿＿＿＿＿＿＿＿。
3) 接通全球广播后，韩朵朵主要说了什么？她是怎么理解希望
的？请把她对希望的解释记录下来。

文化小课堂 Cultural Elements

1 电影中每当运载车启动时，车里的广播都会播报一句话，这句话是什
么？在你看来，这句话在电影中有什么特别的作用？
2 电影中描述的联合政府拥有哪些权力？电影中的运载车、地下城、空
间站等等都是谁的财产？这体现了什么样的价值观？
3 在电影中，你观察到哪些中国元素？（例如从人们穿的防护服都是红
色的，是喜庆的颜色，跟中国春节相呼应。）

讨论交流 Discussion

1 请根据电影内容对刘培强一家人作出介绍，包括他们的名字、性格特点以及人生经历等。

2 你认为电影中的主角是谁？是刘培强、刘启，还是别的角色？说说你的原因。

3 电影中所展现的地下城和空间站分别是什么样的？人们在地下城的生活跟地球表面的生活有哪些不同？

4 在你看来，电影的主题包括哪些？最重要的主题是科幻还是亲情？请说明原因。

5 国家电影局局长王晓晖认为，《流浪地球》弘扬的中国核心价值观，很好地满足了广大观众的审美需求，展现出了不同于西方的文化元素。请你上网查一查，什么是社会主义核心价值观？《流浪地球》是怎么体现中国的核心价值观的？

6 你喜欢电影的结局吗？说说你的原因。

7 跟同学讨论这部电影中让你印象深刻的特效画面。你认为电影中的科幻效果（画面、特效、音乐等）怎么样？跟好莱坞的大片相比有何异同？

表达演示 Projects and Presentations

1　活动

1) 模拟会议。学生分成四组，分别代表四个国家，每个国家有若干位代表在联合政府会议上发表对于"流浪地球"计划的看法。会议的前提是：太阳会在100年后吞噬地球，人类必须想出最佳的生存办法。联合政府提出了"流浪地球"计划，包括建立地下城，人们通过抽签进入等电影中提到的方案。请每个国家的代表就这个计划提出自己的看法，国家代表不仅要考虑全人类的生存，也要考虑本国人民的利益，最后请代表们投票表决是否通过"流浪地球"这个计划。

2) 角色扮演。电影中刘启与刘培强父子关系紧张，刘培强因为工作而牺牲了家庭，父子之间有种种误会和来不及表达出的情感，请创作与表演刘启与刘培强最后一次通话，将父子之间复杂的感情和关系表现出来。

3) 电影改编。请同学发挥想象力，对电影的故事情节和结局作出改编（例如将电影改成以弘扬个人英雄主义价值观的故事）。全班可分成三组，小组合作改编，谈谈改编的方式及改编的理由。

　　4)　研究报告。全班分成若干小组组：上网研究中国科幻电影发展的
　　　　历史，并将发展的历史记录下来，每组负责一个历史时期，做一
　　　　个五分钟左右的报告，将科幻电影史呈现出来。

2　写作

　　1)　请选择电影中的任何一个人物，以这个人物为视角，写一篇叙事
　　　　性的文章，注意表现出这个人物的性格特点和心理活动。
　　2)　电影续集创作：为电影创作续集《流浪地球II》。
　　3)　请选择一个你感兴趣的角度，写一篇与此电影有关的影评。
　　4)　阅读《流浪地球》这部短篇小说，读完后写一篇比较小说与电影
　　　　的文章。

阅读延伸 Reading Comprehension

中国科幻电影的发展历程及困境

　　中国的科幻电影一直被认为是中国电影产业的短板。其实中国科幻电影的起步并不晚，1968年的电影《小太阳》中，人们通过建造反射镜来增加农作物产量的科幻情节，甚至得到了《流浪地球》小说作者刘慈欣的大力称赞，称其"具有更大的科幻内核"。八十年代时随着好莱坞大片《星球大战》等进入中国，在国内掀起了一阵科幻狂潮，也因此产生了第一批稳定的科幻电影迷。在此背景下，多部优秀科幻电影也随之诞生，如《霹雳贝贝》、《珊瑚岛上的死光》等。

　　进入21世纪后，虽然各项技术均有较大发展，但科幻电影的质量和类型都停滞不前，除特效方面与好莱坞有较大差距外，剧情逻辑和深度也有待大幅提升。比如2006年中国首部原创3D动画电影《魔比斯环》上映后仅仅取得300万的惨淡票房。2009年的《阿凡达》、《2012》等美国大片恰恰相反，凭借着精良的制作和强大的视觉冲击风靡全球，在中国市场也占据了极高的份额。

　　中外科幻文化底蕴的差异也许是造成中国科幻电影困境的原因之一。中国自古以来推崇儒家、道家等传统哲学体系，拥护现实主义，反对具有抽象性的思辨。而西方则推崇在希腊逻辑思辨体系基础上建立起来的哲学体系，主张人是独立的个体，鼓励人们求知创新的思想。文化背景的不同导致双方的科幻底蕴差异较大，对科幻电影的发展道路自然有巨大的影响。

　　另外，中国电影技术的薄弱也是科幻电影难以发展起来的一个重要原因。好莱坞科幻片的制作团队可以说是全球最成熟的制作团队，从剧本创作、现场拍摄到后期特效制作，每一步流程都已经十分成熟。而目前国内科幻电影的制作水准远远低于国外，在动作捕捉、CG动画等特效上与美国存在很大差距。

当然，我国不仅缺乏相应的技术，也缺乏拍摄科幻片的导演及编剧人员。相比于爱情片、武侠片、喜剧片等题材，科幻片的拍摄流程还远不成熟，因此投资方对其也会持更加谨慎的态度。

然而，2019年《流浪地球》的成功使中国更多导演和投资者注意到了中国科幻电影的巨大市场潜力。这部作品也可被列为开创先河的优秀作品之一。作为首部被搬上银幕的刘慈欣的作品，春节档上映的《流浪地球》以其严谨的剧情逻辑和精美的特效赢得了观众的青睐。笔者认为，《流浪地球》成功的关键在于其对中国科幻电影的开拓意义，在未来的时间里，定会出现更多制作更精良、剧情逻辑等更有深度的作品。

阅读文章，思考并回答下面的问题：

1　哪部作品被看成中国科幻的起步作品？这部作品的影响如何？
2　进入21世纪后，中国科幻电影的发展如何？
3　中国科幻电影难以发展起来的原因有哪些？你认为哪个原因是最主要的？
4　作者对中国科幻电影的未来有没有信心？为什么？

繁體字課文

第九課：《流浪地球》：帶著人類去流浪
The Wandering Earth: Taking Humans to Wander

導讀：

　　《流浪地球》改編自中國著名科幻作家劉慈欣（Liú cíxīn）的同名小說，講述了太陽即將毀滅前，人類提出「流浪地球」的大膽計劃，帶著地球一起奔向另一個家園的故事。該電影是中國大陸首部獨立製作的科幻大片，於2019年大年初一在中國大陸上映，反響熱烈。截至2020年11月27日，累計票房位列中國電影史上票房第三名。除了在中國大陸上映外，電影也在北美同步上映，流媒體平台網飛（Netflix）購入了電影的全球放映版權。觀眾稱《流浪地球》的製作水準令人刮目相看，這意味著國產電影在追趕好萊塢科幻大片的道路上邁出了一大步。電影獲得第32屆中國電影金雞獎[1]（Golden Rooster Awards）最佳故事片，導演郭帆（Guō Fān）憑藉該片榮獲第35屆大眾電影百花獎[2] (Hundred Flowers Award) 最佳導演。

正文：

　　《流浪地球》將背景設定在未來，那時候的人類面臨前所未有的困境：太陽急速膨脹，即將吞噬地球。聯合政府決定採取「流浪地球」的計劃，即利用一切資源，在地球表面建造一萬台行星發動機，為地球提供動力飛出太陽系，開啟長達兩千五百年的流浪之旅，飛往四億光年外的新家園。這次要大遷徙的並不是諾亞方舟，而是整個地球，因此人類必須經受住行動與情感的雙重考驗。影片主要講述的是「流浪地球」計劃啟動17年後地球面臨的大災難 —— 木星引力危機。

　　通過刻畫劉培強（Liú Péiqiáng）一家人的生活，影片向觀眾展現了地下城及領航員空間站的情況。由於人類的生存環境不斷惡化，聯合政府在每個行星發動機下都建了一座地下城。作為人類的活動中心，劉啟（Liú Qǐ）、韓朵朵（Hán Duǒduo）及姥爺韓子昂（Hán Zǐ'áng）都生活在地下城中，但是因為地下城空間有限，人們必須通過抽籤的方式獲取居住權，且抽籤結果不得轉讓、出借或贈予他人。雖然影片沒有特意地渲染，但觀眾仍然能感受到末日生存的殘酷，地球上八十億的人口中只有三十億人能進

1　中國電影金雞獎（Golden Rooster Award）是由中國電影家協會和中國文學藝術界聯合會聯合主辦的電影獎項，創辦於1981年，是中國大陸電影界權威、專業的電影獎。與香港電影金像獎、臺灣電影金馬獎並稱「華語電影三大獎」。
2　大眾電影百花獎（Hundred Flowers Award）是由中國電影家協會和中國文學藝術界聯合會聯合主辦的電影獎項。創辦於1962年，是中國大陸電影界的觀眾獎。

入地下城，而其餘五十億人必須喪命。為了給地球的流浪之旅提供預警、領航及通訊的保障，聯合政府也在地球旁建造了領航員空間站。劉培強是其中一位中國航天員，為了執行任務而離家十多年，導致父子關係疏遠。

父子之間的情感糾葛正是推動故事發展的主線。劉啟的成長過程中父母缺席，當年母親罹患癌症，父親無奈之下犧牲了愛妻的生存權，讓岳父韓子昂獲得了地下城的入場券。劉啟始終對此耿耿於懷，對父親的選擇懷有恨意。提到父親，他總是帶著叛逆情緒，拒絕與父親對話。直到地球陷入被木星引力吞噬的危機，他得知父親要與空間站同歸於盡的時候，才釋放出了真感情。劉培強勇敢無畏、大義凜然，為了拯救地球而犧牲自己，是影片中拯救地球所有英雄的一個重要代表。他們義無反顧、竭盡全力，才讓地球化險為夷，這正體現出了中國集體主義的思想。好萊塢電影塑造出一個個追求正義、懲惡揚善的大英雄，如蜘蛛俠、鋼鐵俠等，代表的都是美式個人英雄主義價值觀，他們單打獨鬥，憑藉超凡的個人力量拯救世界，而這部電影強調的則是集體的力量，大家眾志成城，克服生存挑戰，更具中國特色。

影片中劉培強拒絕「火種」計劃，毅然選擇拯救人類的做法，也引發了觀眾關於人工智能與人類情感的討論。「火種」計劃是末日逃亡中的第二套方案：空間站裡冷藏了人類的受精卵、基礎農作物的種子、動植物DNA圖譜，以及人類文明的數字資料庫等。地球滅亡後，空間站會帶著這些資源移民到新的星球，重建完整的人類文明。人工智能「莫斯」經過計算決定選擇「火種」計劃，放棄人類，這恰恰揭示出當今人工智能潛在的威脅：如果人類過於依賴機器，給予機器過高的權限，就有可能招來災禍、自取滅亡。採取火種方案就可能導致人類賴以生存的家園毀滅，人類消失，剩下空間站在浩瀚的宇宙中飄蕩。正如劉培強所言，沒有人的文明又有什麼意義呢？機器過於理性，其實就是對人類精神的一種背叛。

回顧中國的電影歷史，科幻片屈指可數。《流浪地球》無疑填補了中國國產電影在科幻領域的空白，打破了中國科幻市場由美國大片壟斷的局面。許多人坦言，《流浪地球》中可圈可點的特效和令人震撼的視覺效果，標誌著中國電影正式告別了「五毛特效」[3]的時代，是電影史上的一座里程碑。然而與好萊塢電影相比，《流浪地球》的特效還有很大差距。也有不少觀眾提出情節方面的邏輯漏洞，人物性格塑造簡單以及過分弘揚集體主義價值觀等問題。不過看慣了外國大片裡紐約、洛杉磯（Luòshānjī）的中國觀眾，第一次看到極寒天氣下蕭條的北京、上海，加上北京交通委極具幽默感的提醒話語，確實心甘情願為其票房貢獻一份力量。

3　五毛特效是網友對國產電視劇特效差的吐糟。由於這類特效效果差，反映出製作技術水平低，網友也由此推斷製作成本也低廉，「只值五毛錢」，因此這類特效就被稱為五毛特效。

第十课
《哪吒之魔童降世》：生而为魔，改写命运
Ne Zha: Born to Be a Devil to Rewrite Fate

学习目标：

1　通过学习本课文，掌握文中的词汇、句型。
2　提高描述和分析能力，能流利成段地叙述电影的故事内容，分析电影中不同的人物角色，阐述及评论课文的主要观点。
3　丰富中国文化知识，了解中国神话小说的常见元素、代表作品、故事特点等。
4　能够围绕着跟课文主题相关的哪吒故事、中国神魔故事、中国动画产业等话题做正式的口头报告、写作。
5　了解二维（2D）动画和三维（3D）动画的不同制作方式。能够从电影的特效、配音（dubbing）、音乐、镜头等不同元素多角度评论电影。

导读：

　　《哪吒Nézhā¹之**魔童**降世》是一部2019年上映的**三维**动画片，是导演饺子²的**长篇**动画处女作。《哪吒》创下了50亿人民币的票房纪录，成为了中国票房最高的动画电影，也是**迄今为止**非美国好莱坞制作的全世界票房最高的动画电影，这让大家看到了中国动画产业的**潜能**。《哪吒》无论是画面、特效，还是人物、剧情，都处于相当优秀的水准。凭借着出色的**综合**素质，《哪吒》获得了第33届金鸡奖最佳美术片奖（Best Animated Feature），第16届中国动漫金龙奖³最佳动画长片奖金奖、最佳动画**配**

1　哪吒这个名字来自于梵语（Fànyǔ, Sanskrit），是梵语音译词"哪吒俱伐罗（Nalakūvara或Nalakūbara）"的简称。哪吒的神话传说最早来自于古波斯（Persia）和古印度，传入中国以后，哪吒从佛教中的护法神，逐渐被纳入道家（Taoism）文化，最终演变成道教神仙（immortal)的形象。
2　饺子，名杨宇，1980年出生于四川省，中国内地动画导演、编剧、制作人。2008年发行的动画短片《打，打个大西瓜》（*See Through*）是其成名作。
3　动漫金龙奖是中国最有影响力的动漫奖项之一，英文全称是China Animation & Comic Competition Golden Dragon Award（CACC），金龙奖的使命是鼓励华语原创漫画、动画的创作和发展。

DOI: 10.4324/9781003276340-15

音奖（Best Voice Acting）等奖项。导演饺子凭借《哪吒》获得第35届大众电影百花奖最佳编剧奖（Best Screenplay）。

正文：

哪吒是中国明代**神话**小说《西游记》（*The Journey to the West*），《南游记》（*A Journey to the South*）和《封神演义》（*Investiture of the Gods*）中的一个人物。哪吒的传统形象是一个**光脚、丸子头**、包子脸、**莲花衣**，长得像女童的可爱男童。他自出生不久便师从太乙真人[4]，有三头八臂[5]的能力，**神通广大，骁勇善战**，是惩恶扬善的少年英雄。哪吒作为中国**代代相传**、家喻户晓的神话人物，以其为主角的影视、小说、游戏等作品**层出不穷**，其中最经典的便是1979年的动画电影《哪吒闹海》（*Nezha Conquers the Dragon King*）。《哪吒闹海》几乎是80、90年代出生的每个中国人的童年回忆，电影的悲剧色彩和反抗**强权**的精神感动了无数中国人。《哪吒闹海》之于中国人的意义，就像《狮子王》之于美国人的时代意义。

新《哪吒》围绕着哪吒与东海龙王**太子**敖丙（Áobǐng）两个角色展开，在情节上做了很大改动。本应是**灵珠转世**的哪吒因为太乙真人的**失误**而被**魔丸**转世，生来便**注定**是**混世魔王**。哪吒的性格**喜怒无常**，陈塘关（Chéntángguān）的老百姓一提到哪吒就**谈虎色变**，又怕又恨。哪吒生活在偏见和被孤立的痛苦中，为了**掩饰**内心受到的伤害，他表现得**自暴自弃**，时常搞恶作剧来惩罚村民。为了让孩子得到老百姓的认可，李靖（Lǐ Jìng）夫妇**恳求**太乙真人收哪吒为**弟子，传授**他**斩妖除魔**的**武艺**以**造福苍生**。可是哪吒**急于**证明自己，希望大家对他刮目相看，在斩妖除魔的训练中他无法控制自己**冲动**的情绪，常常**伤及无辜**。在这期间哪吒认识了龙王太子敖丙，合力打败了水妖。他们一起踢**毽子**，成了彼此唯一的朋友。敖丙由灵珠转世，生性善良，可是**身不由己**，一出生便被迫背上了拯救龙族的责任。龙族曾经神通广大，后来**归顺天庭**，可**妖族**的背景使他们得不到天庭的信任，被**镇压**在海底。申公豹（Shēn Gōngbào）和龙王**设法**让敖丙**跻身**天界来改变龙族的命运。在改变命运和坚守正义之间，敖丙面临着**善恶**的选择。

面对人们的误解和**天劫**的来临，自出生就被认为是混世魔王的哪吒却没有向命运妥协，他最后凭借自己的能力拯救了老百姓，完成了一个英

---

4 太乙真人(Tàiyǐ Zhēnrén): Taiyi Zhenren is a deity in Chinese mythology and Taoism. Taiyi describes the union of yin and yang energies, and Zhenren is the Daoist word for the perfected man. According to the classical novel *Investiture of the Gods*, he is the renowned teacher of Nezha, the celestial being destined to restore balance and peace in the world.

5 三头八臂bì是太乙真人传授给哪吒的法术，在战斗时能变身成三个头和八条手臂，可同时使用八件武器攻击敌人。

雄的自我**蜕变**。"反抗"始终是哪吒故事的主题，新版《哪吒》反抗的是命运，强调以自我意识来对抗世俗价值观，哪吒喊出的"**我命由我不由天**"正体现了这种**发挥**个人的**能动性**来决定自我价值的精神。 以1979年的《哪吒闹海》为代表的传统哪吒故事反抗的是**封建**压迫，**官僚**强权。这种个人反抗强权，正义反抗**邪恶**的悲剧色彩，一定程度上**折射**出了当时文革刚结束的社会政治氛围。从新旧《哪吒》的对比，可以看出中国社会价值观和时代精神的变化。新《哪吒》对于中国传统故事的创造性改编成功迎合了当代人的精神**诉求**，体现了时代精神，无疑给传统故事注入了新鲜**血液**。

　　新版《哪吒》不仅在剧情上进行了**彻头彻尾**的改编，在人物**设定**上也更**丰满**、更生动。电影中哪吒的母亲殷（Yīn）夫人一改传统女性的**柔弱**形象，成了武艺高强，斩妖除魔的事业女性。像现代社会的大多数女性一样，她在陪伴孩子成长和个人事业之间努力寻找平衡。哪吒的父亲李靖也不再是一个**冷酷**严厉、畏惧强权的父亲，而是**不善言辞**却充满爱意，甚至为了儿子**甘愿**牺牲自己的生命。**包容**的母爱和沉默的父爱构成了新版《哪吒》的情感**内核**，电影中哪吒父母的付出和无奈，都是现代社会亲子关系的缩影，让观众产生深深的情感共鸣。

　　新版《哪吒》也存在着很多不足。1979年的《哪吒》成为经典流传下来，与其**民族特色**是分不开的，无论是音乐、**布景**，还是人物动作，都饱含了丰富的民族文化色彩。与之相比，新版《哪吒》的科技特效在不少怀旧的观众眼中也**黯然失色**。电影中设计的过多**笑料**也让很多观众略感**肤浅**。为了搞笑，电影设计了很多**丑角儿**，例如**结巴**的申公豹，**健壮**的娘娘**腔**，这些廉价笑点暗含着对**弱势**人群的不尊重，拉低了观众的**趣味**。我们期待未来的动画电影能为搞笑注入更多文化灵魂。

生词：

导读

	简体	繁体	拼音	词性	英文翻译
1	魔童		mótóng	n.	evil child, demon child
*	降世		jiàngshì	v.	to be born, come to earth
2	三维	三維	sānwéi	adj.	three-dimensional (3-D) 维度 dimension
3	长篇	長篇	chángpiān	adj./n.	long, full-length; long literary piece 长篇小说
4	迄今为止	迄今爲止	qì jīn wéi zhǐ	phr.	so far, until now, up to now
5	潜能	潛能	qiánnéng	n.	potential 发挥潜能 realize one's potential 挖掘潜能 draw out sb.'s potential

	简体	繁体	拼音	词性	英文翻译
6	综合	綜合	zōnghé	adj.	comprehensive, overall 综合能力all-round capabilities 综合素质overall quality 综合国力comprehensive national strength
7	配音		pèiyīn	v./n.	dub (a film, etc.); dubbing

正文

	简体	繁体	拼音	词性	英文翻译
8	神话	神話	shénhuà	n.	mythology, myth, fairy tale
9	光脚	光腳	guāngjiǎo	n./adj.	bare feet; barefoot
*	丸子头	丸子頭	wánzitóu	n.	丸子：ball; meatball 丸子头：bun (a hairstyle)
10	莲花	蓮花	liánhuā	n.	lotus flower
11	神通广大	神通廣大	shén tōng guǎng dà	idm.	omnipotent, be infinitely resourceful, have far-reaching supernatural power
12	骁勇善战	驍勇善戰	xiāo yǒng shàn zhàn	idm.	brave and battlewise
13	代代相传	代代相傳	dài dài xiāng chuán	idm.	hand down from generation to generation, pass/carry on from generation to generation
14	层出不穷	層出不窮	céng chū bù qióng	idm.	emerge in an endless stream, appear/follow one after another
15	强权	強權	qiángquán	n.	power, might 反抗强权fight against the power
16	太子		tàizǐ	n.	crown prince
*	灵珠	靈珠	língzhū	n.	the Spirit Pearl
17	转世	轉世	zhuǎnshì	v.	reincarnate
18	失误	失誤	shīwù	n.	fault, mistake 发球失误serve a fault 重大失误serious mistake
*	魔丸		mówán	n.	the Demon Orb
19	注定	註定	zhùdìng	v.	be destined 命中注定be predestined
*	混世魔王		hùn shì mó wáng	idm.	fiend in human shape, devil incarnate, monster
20	喜怒无常	喜怒無常	xǐ nù wú cháng	idm.	be subject to changing moods, be given to capricious moods, be moody

(Continued)

正文 (Continued)

	简体	繁体	拼音	词性	英文翻译
*	陈塘关	陳塘關	Chéntáng guān	pn.	place name 关：strategic pass; check point 山海关Shanhaiguan Pass (the strategic pass at the eastern end of the Great Wall)
21	谈虎色变	談虎色變	tán hǔ sè biàn	idm.	turn pale at the mere mention of a tiger—get anxious at the mention of sth. terrifying
22	掩饰	掩飾	yǎnshì	v.	cover up (mistakes, faults, etc.), gloss over, conceal
23	自暴自弃	自暴自棄	zì bào zì qì	idm.	abandon oneself to despair, give up on oneself up, hopeless, have no urge to make progress
24	恳求	懇求	kěnqiú	v.	entreat, implore
25	弟子		dìzǐ	n.	disciple, pupil, student, follower
26	传授	傳授	chuánshòu	v.	pass on 传授技能impart skills 传授知识pass on one's knowledge
27	斩妖除魔	斬妖除魔	zhǎn yāo chú mó	phr.	kill the devils and demons
28	武艺	武藝	wǔyì	n.	martial arts skill 武艺高强be highly skilled in martial arts
29	造福苍生	造福蒼生	zào fú cāng shēng	phr.	造福：benefit 苍生：the common people 造福苍生benefit the whole, bring benefit to the common people 造福人民benefit the populace 造福后代 benefit the future generations
30	急于	急於	jíyú	phr.	be anxious ... , be eager to ... 急于+V. 急于 获胜 be eager to win

	简体	繁体	拼音	词性	英文翻译
31	冲动	冲動	chōngdòng	adj./n.	impulsive; impulse
32	伤及无辜	傷及無辜	shāng jí wú gū	idm.	to harm the innocent
33	毽子		jiànzi	n.	shuttlecock 踢毽子vo. play shuttlecock
34	身不由己		shēn bù yóu jǐ	idm.	involuntarily, do sth. not of one's own free will
35	归顺	歸順	guīshùn	v.	pledge allegiance, submit, surrender, yield 归顺朝廷yield to the court 归顺天庭 (often used in classical expressions, in colloquial language 向……屈服)
36	天庭		tiāntíng	n.	the imperial court in heaven
37	妖族		yāozú	n.	the demon family/clan 族：clan 龙族、妖族
38	镇压	鎮壓	zhènyā	v.	suppress, repress, put down
39	设法		shèfǎ	v.	do what one can, manage to, think of a way
40	跻身	躋身	jīshēn	v.	join the ranks of; enter the ranks of; rank among 跻身上流社会 among the upper classes 跻身前十 join the ranks of top ten
41	善恶	善惡	shàn'è	n.	good and evil 善恶标准criterion of good and evil deeds 善恶不分unable to tell good from evil
42	天劫		tiānjié	n.	the punish from God (suffer shocks by lighting) 劫：calamity，disaster
43	蜕变	蛻變	tuìbiàn	v./n.	transform; change qualitatively; transformation 自我蜕变 self-evolution and growth
44	我命由我不由天		Wǒ mìng yóu wǒ bù yóu tiān	phr.	I decide my fate, not God. 形容人不向命运屈服，努力改变自己的命运。

(Continued)

正文 (Continued)

	简体	繁体	拼音	词性	英文翻译
45	发挥	發揮	fāhuī	v.	put to good use 发挥才能exercise one's talent 发挥专长exercise one's expertise
46	能动性	能動性	néngdòng xìng	n.	initiative; impetus 发挥能动性exercise one's initiative
47	封建		fēngjiàn	n./adj.	feudalism; feudal 封建压迫 the oppression of the feudalism 封建社会 feudal society
48	官僚		guānliáo	n.	bureaucracy
49	邪恶	邪惡	xié'è	adj.	evil, sinister, wicked, vicious
50	折射		zhéshè	n./v.	refraction; mirror, reflect
51	诉求	訴求	sùqiú	v./n.	to demand, to request, to pursue; demand, petition, pursuit
52	血液		xuèyè	n.	blood
53	彻头彻尾	徹頭徹尾	chè tóu chè wěi	idm.	out-and-out, through and through, downright, thoroughly, to the core, from head to foot
54	设定	設定	shèdìng	v./n.	set; setting
55	丰满	豐滿	fēngmǎn	adj.	full and round, well-developed 体态丰满have a well-rounded figure 人物形象丰满well-rounded portrayal of characters
56	柔弱		róuruò	adj.	weak, delicate
57	冷酷		lěngkù	adj.	grim, ruthless, unfeeling
58	不善言辞	不善言辭	bú shàn yán cí	phr.	not good at articulation, inarticulate, ineloquent 言辞: one's words, what one says 言辞恳切be sincere in what one says 言辞激烈speak with indignation 注意言辞 watch your mouth
59	甘愿	甘願	gānyuàn	adv.	willingly, be willing to 同"心甘情愿"

	简体	繁体	拼音	词性	英文翻译
60	包容		bāoróng	adj./v.	tolerant, inclusive; pardon, forgive
61	内核		nèihé	n.	kernel, core, essence
62	民族特色		mín zú tè sè	np.	distinctive national characteristic
63	布景	佈景	bùjǐng	n.	setting, theatrical scenery
64	黯然失色		àn rán shī sè	idm.	suffer an eclipse, be cast into the shade, pale by comparison
65	笑料		xiàoliào	n.	laughing stock, joke
66	肤浅	膚淺	fūqiǎn	adj./n.	superficial, shallow; superficialness
67	丑角儿	醜角兒	chǒujuér	n.	clown, buffoon
68	结巴	結巴	jiēba	v./n.	stammer, stutter; stammerer, stutterer
69	健壮	健壯	jiànzhuàng	adj.	robust, physically strong
70	娘娘腔		niángniang qiāng	adj./n.	sissy, womanish; girly man
71	弱势	弱勢	ruòshì	n.	in a comparatively weak position, disadvantage 弱势群体/人群disadvantaged group
72	趣味		qùwèi	n.	taste; fun 低级趣味poor taste 高雅趣味 good taste

语法结构 Grammar Patterns

1　创下……的纪录 set a record for...
　　打破……的记录 break the record for...

例句：《哪吒》创下了50亿人民币的票房纪录，成为了中国票房最高的动画片。

Ne Zha set a record for 5 billion yuan at the box office, which made it the highest box office animated film in China.

1988 年，杨文意打破了50米自由泳的世界纪录。

In 1988, Yang Wenyi broke the world record in the 50-meter freestyle.

周杰伦的唱片《范特西》创下了销售40万张的记录。

Jay Chou's studio album *Fantasy* set a record of 400,000 copies sold.

2 迄今为止so far; up to now

迄今为止，S……

S是迄今为止……（最adj.的N）。

例句：《哪吒》是迄今
为止非美国好莱坞制作的全世界票房最高的动画电影，这让大家看到
了中国动画产业的潜能。

Nezha is the highest-grossing non-Hollywood animated film in the world to date, which shows the potential of the Chinese animation industry.

迄今 为止，科研人员对于该疾病的治疗仍然没有任何突破。

So far, scientific researchers have not made any breakthroughs in the treatment of the disease.

《封神演 义》是迄今为止在中国知名度最高、普及度最广的神魔小说。

Investiture of the Gods is the most well-known and popular novel in the gods-and-demons genre.

3 A之于B，就像/如同B之于C

A is to B what C is to D

例句：《哪吒闹海》之于中国人，如果《狮子王》之于美国人，都有
特殊的年代意义。

Nezha Conquers the Dragon King is to Chinese people what *The Lion King* is to Americans; both have a special significance to their respective generations.

读书之于思考的价值，如同运动之于身体。

Reading is to the mind what exercise is to the body.

数据之于科学家如同文字之于诗人，有着非常重要的意义。

Data is of great significance to scientists, as words are to poets.

4 ……让sb.谈虎色变。Somebody becomes extremely nervous when he is informed of something that he once fell victim before.

一提到……，（S.）就/便谈虎色变。

Someone gets anxious at the mere mention of sth. scary.

例句：一提到哪吒，陈塘关的老百姓就谈虎色变。

At the mention of Ne Zha, the people of Chentangguan turn pale.

一提起癌症，人们便谈虎色变。

People turn pale at the mere mention of cancer.

秦二世是中国历史上的暴君，让老百姓谈虎色变。

The Second Emperor of Qin was a tyrant in Chinese history who made people extremely scared.

5　**A折射（了/出）B；　A是B的折射（多用于文学、艺术、电影等作品的分析）**

（figurative）A mirrors B; A reflects B （This grammar pattern is mostly used in the analysis of works of literature, art and movies.）

例句：电影中个人反抗强权，正义反抗邪恶的悲剧色彩，一定程度上折射出了当时文革刚结束的社会政治氛围。

In the film, the tragic struggle of man vs. society and good vs. evil reflects, to some extent, the social and political atmosphere just after the Cultural Revolution.

这部电影勾起了很多人的青春回忆，也折射出80年代人们的生活面貌和社会价值观。

This movie evokes youthful memories of many people and reflects the life and social values of people in the 1980s.

成功的文学形象之所以能被读者所接受，是因为他们都是现实生活的折射，具有本质的真实性。

The reason why successful literary images can be accepted by readers is that they are the reflection of real life and have essential authenticity.

6　**给/为……注入新鲜血液。** **infuse fresh blood into ...**
　　为……注入灵魂 put the soul into...; breathe life into ...

例句：《哪吒》对于中国传统故事的创造性改编体现了时代精神，无疑给传统故事注入了新鲜血液。

Nezha's creative adaptation of traditional Chinese stories embodies the spirit of the time and undoubtedly injects new blood into traditional stories.

是时候招聘一些新人了！我们公司需要注入新鲜血液。

It's time to hire some new people! Our company needs an infusion of new blood.

这位艺术家的肖像画如此逼真，仿佛为每幅作品都注入了灵魂。

This artist's portraits were so extremely faithful to the original subjects that it seemed as if their souls had been injected into each work.

7　**黯然失色 appear very dull or poor in comparison; be eclipsed**
　　A使B黯然失色；与A相比，B黯然失色

例句：与饱含民族特色的1979版《哪吒》相比，新版《哪吒》的科技特效在不少怀旧的观众眼中黯然失色。

Compared with the 1979 version *Nezha*, which had its own distinctive artistic portrayal of Chinese cultural elements, the computer-generated special effects of the new version failed to render those iconic features in the eyes of nostalgic onlookers.

他虽然是一个优秀的运动员，但与他获得奥运金牌的哥哥相比就黯然失色了。

Though an excellent athlete, he was completely eclipsed by his brother who won an Olympic gold medal.

她动人的歌声与表演使舞台上华丽的灯光也黯然失色。

Her beautiful singing and performance put the gorgeous lights on the stage to shame.

成语解释 Idioms

1　**骁勇善战** xiāo yǒng shàn zhàn：**勇猛；善于战斗**。brave and battlewise

宋朝有一位名叫岳 飞的大将军，他骁勇善战，百战百胜。

Yue Fei was a great general during the time of Song dynasty. He was a very good fighter, and he won every battle.

木兰虽然是女人，可是在战场上骁勇善战，以一抵百。

Although Mulan was a woman, she was as brave and skillful as a hundred men on the battlefield.

2　**代代相传** dài dài xiāng chuán：**一代一代地相继传承下去**。
hand down from generation to generation

"孝"是中国人代代相传的传统美德。

Filial piety is a traditional virtue passed down from generation to generation in China.

这幅画是我家代代相传的宝物，极为珍贵。

This painting is a treasure that has been handed down from generation to generation in our family and is extremely valuable.

3　**层出不穷** céng chū bù qióng：**比喻事物或言论接连出现，没有穷尽**。
emerge one after another, appear frequently, be too numerous to be counted

进入21世纪以来，以哪吒为主角的影视、小说、游戏等作品一直层出不穷。

Since the beginning of the 21st century, films, novels, games, and other works featuring Nezha have emerged one after another.

当今世界，战争、恐怖主义、经济危机、流行疾病等问题层出不穷，人类面临着一个又一个挑战。

In today's world, wars, terrorism, economic crisis, epidemics and other problems keep cropping up. Mankind is faced with one challenge after another.

4　**喜怒无常xǐ nù wú cháng: 形容人一会儿高兴，一会儿生气，情绪变化无常，难以捉摸。**

be moody, be given to capricious moods

睡眠不足可能使人喜怒无常。

Lack of sleep may make a person moody.

小王的老板很难伺候，她沉默寡言而且喜怒无常。

Mr. Wang's boss is very difficult, uncommunicative and moody.

5　**自暴自弃zì bào zì qì : 自己甘心落后，不求上进。**

abandon oneself to despair, no desire to make progress

我的同事是个不求上进的人，每天得过且过，自暴自弃。

My colleague is a guy who makes no effort to seek progress, drifting along day by day.

她大学 时有一个男朋友，不求上进，毕业以后找不到工作就开始吸毒酗酒，自暴自弃。

She had a boyfriend in college who had no desire to make progress. After graduation, he couldn't find a job and began to drink and use drugs.

文法练习 Grammar and Vocabulary Exercises

1　看拼音写汉字，并用这些词语填空。

tánhǔsèbiàn	dàidàixiāngchuán	qiánnéng	tiānjié	zhuǎnshì
néngdòngxìng	chètóuchèwěi	qǐjīnwéizhǐ	tuìbiàn	

　　《哪吒之魔童降世》是_____中国票房最高的动画电影，展现了中国动画产业的_____。作为_____、家喻户晓的神话人物，哪吒几乎是每个中国人的童年回忆。电影对原著做了_____的改编，新电影中的哪吒由魔丸_____，他混世魔王的身份让老百姓_____。但在亲情的感染下，哪吒决定发挥个人的_____来反抗世俗的偏见，改写自己的命

运。他拯救了陈塘关的老百姓，并从 _____ 中幸存下来，最终赢得了老百姓的尊重，令大家对他刮目相看。

2   选择合适的词语填空

掩饰   综合素质   注定   弱势群体   肤浅   设法   传授

1) 政府应该加强基础设施建设，帮助 _____ 克服生活困难，同时也为他们提供法律保障。
2) 在我每次需要帮助的时候，你都出现在我身边，你是我命中 _____ 的缘分，没有人可以取代。
3) 她笑了笑，端起酒杯喝酒来 _____ 自己的尴尬和不安。
4) 以高考选拔为重点的教育体制培养了学生的考试能力，却忽略了学生的 _____ 。
5) 王老师是我的人生导师，她不仅 _____ 给我知识，还教我做人的道理。
6) 在《亲爱的》这部电影中，田文军从来没有放弃，一直 _____ 寻找儿子的下落。
7) 没想到你是这么 _____ 的人，找女朋友的时候只看对方的长相。

3   成语练习

根据语境，补充完成下面的句子。

1) 中国社会的价值观随着时代的发展而变化，可是 _____ 。（请使用"代代相传"）
2) 妻子怀孕以后变得**喜怒无常**，_____ 。
3) 孩子犯了错误，父母在批评的时候要讲究策略，_____ _____ 。（请使用"自暴自弃"）
4) 一年一度的情人节快要到了，不知从何时起，情人节已经变成了商家赚钱的一个机会，_____ 。（请使用"层出不穷"）
5) _____ ，是很多美国孩子心中的偶像。（请使用"骁勇善战"）
6) 人的性格常常都有两面性，有的人在朋友和家人面前能说会道，好像有说不完的话，可是 _____ 。（请使用"不善言辞"）

4   请你用所给的生词和结构回答问题。

1) 看电影以后，请介绍哪吒这个人物。

（神话 代代相传 神通广大 骁勇善战 转世 弟子 斩妖除魔）

2) 新版《哪吒》创下了40亿的票房纪录，你觉得电影《哪吒》为什么这么受欢迎？

（综合素质　彻头彻尾　丰满　迎合……的诉求　为……注入新鲜血液）

电影初探 Film Exercises

1　课前预习问题

1) 看电影前请上网了解哪吒这个人物。他在中国传统神话中时什么样的角色，他做了哪些事？

2) 看电影时记录5–10个生词，并整理在自己的生词本中。

3) 请你去影评网站上（例如Rotten Tomatoes 烂番茄）看看大家对这部电影的评论，把你看到的一些具有代表性的或者你认同的评论翻译成中文，整理出来。

4) 看了电影以后你有什么没看懂的地方，或者想和同学讨论的问题，请你列出来。

2　根据对电影和课文的理解，请判断下面的句子是否正确。

1) 电影中的太乙真人说的是四川方言。（　）

2) 太乙真人和申公豹（Shēngōng Bào）都是元始天尊的弟子。（　）

3) 哪吒的父母一开始就告诉了哪吒他的真实身份，他是魔丸（mówán）转世。（　）

4) 电影中哪吒和龙太子敖丙（Áobǐng）是在海边踢毽子的时候认识的。（　）

5) 电影中的水妖的口水可以把人石化，解药是水妖的鼻涕。（　）

3　电影片段分析：

A　观看1979年的《哪吒闹海》的电影片段：前15分钟（从哪吒出生到哪吒闹海）或者大概第35分钟到第45分钟之间（龙王大闹陈塘关），在音乐、布景、画面、特效等方面比较《哪吒闹海》和新《哪吒》。

B　观看电影中在山河社稷图中哪吒和父母的的谈话（大概从电影的01:39:00 – 01:04:00）。回答下面的问题：
根据哪吒的回忆，请描述每次哪吒出门老百姓是如何对待哪吒的。
父亲如何向哪吒解释大家都害怕他的原因？你赞同哪吒父母这种欺骗的方式吗？如果你是哪吒的父母，你会怎么做？

文化小课堂 Cultural Elements

1　请你上网查阅了解中国传统神话故事中的元素，并选择3个你感兴趣的元素给同学介绍。（比如道教元素：太乙真人，仙人，法术等等；三届：天庭，地狱，民间；不同人物：神仙，妖族，凡人。）

2　电影中出现了很多打斗的武艺，如变身术；也有很多法器（weapons），
如哪吒的风火轮（Wind Fire Wheels）、乾坤圈（qiánkūnquān, the
Universe Ring）、混天绫（húntiānlíng, Red Armillary Sash）、火尖枪
（huǒjiānqiāng, Fire-tipped Spear）等等。请跟同学讨论中国神话故事
中的武艺和法器有什么特点，跟你以前看过或者读过的神话故事中的
法术和法器有什么不同？

讨论交流 Discussion

1) 电影中的哪个场景让你印象深刻？请跟同学分享并说说为什么这个场
景让你印象深刻。

2) 品味电影中不同角色的配音特点。谈谈不同角色的配音给你什么不同
的印象，分析电影是如何从配音来塑造人物角色的。

3) 读经典版本的《哪吒》故事（可以参考百度百科中《封神演义》版本
的哪吒故事简介）。比较经典哪吒故事和电影《哪吒之魔童降世》，
电影对原著做了什么改编？保留了什么情节？谈谈你更喜欢哪个版本
的故事并说说为什么。

4) 中国古代人对于"命"有几种不同看法，请上网查阅并跟同学讨论下面
几种命运观：1. 天命难违 2. 人定胜天 3. 顺其自然 4. 因果报应
请谈谈《哪吒》这部电影所表现的命运观。你相信命中注定还是命运
由自己决定？

5) 请你上网查一查什么是"性善论"，什么是"性恶论"，是由谁提出的？
你赞同哪种观点？在电影《哪吒》中是如何表现善恶的？

6) 请上网查阅资料，然后跟同学一起分享二维动画和三维动画的制作方
式有什么不同。选择你喜欢的二维和三维动画片为例子来具体解释二
维和三维动画的制作特点。

表达演示 Projects and Presentations

1　活动

1) 电影中的哪吒是一个小诗人，他创作了不少打油诗来表达自己的
情绪，请你把下面的一首诗翻译成英文，并用中文介绍下1.这首诗
有什么特点 2.表达了哪吒什么样的感情。

我是小妖怪，逍遥又自在。
杀人不眨眼，吃人不放盐。
一口七八个，肚子要撑破。
茅房去拉屎，想起忘带纸。

2)　在电影的最后，大家都知道是申公豹偷换灵珠和魔丸以及背后的阴谋，请3–5个同学一组，分别饰演不同的角色（申公豹，元始天尊，太乙真人，天庭的玉皇大帝等等），设计台词，模拟一个针对申公豹的审讯。

3)　在敖丙去参加哪吒的生辰宴之前，他和父亲龙王并没有太多对话，但是龙王带领整个龙族为敖丙穿上了坚不可摧的万龙甲。你认为此时此刻敖丙的内心活动是什么？请2–3名同学一组设计台词表现龙王，敖丙，还有申公豹三个人的对话，展现每个角色的想法。

2　写作

1)　写一篇影评来谈一谈你《哪吒之魔童降世》的观看感受。
2)　请你为电影《哪吒之魔童降世》写一个续集故事。
3)　参考《封神演义》中的哪吒故事，给哪吒写一个人物传记。

阅读延伸 Reading Comprehension

中国动画发展史

　　动画是一种综合艺术，它是汇集绘画、漫画、电影、科技、摄影、音乐、小说等于一体的艺术表现形式。动画产业被称为21世纪最具发展潜力的文化产业。中国动画电影至今大概有100年的历史，这100年的历史大致可以分为五个阶段，分别是萌芽期、繁荣期、衰弱期、回春期和提速期。

　　从1926年到1948年，是中国动画的萌芽发展期。这一时期为中国的动画产业作出巨大贡献的就是万氏四兄弟，他们是中国动画的开拓者，在1926年推出了自己第一部动画电影《大闹画室》（*Uproar in the Studio*），这也是中国最早有意义的动画电影。《大闹画室》片长仅有10分钟，而且没有声音，但它讲述的故事简单却充满趣味。在1937年，迪士尼出品了世界首部动画长篇《白雪公主》，万氏兄弟受到《白雪公主》的启发，在1941年，做了《铁扇公主》（*Princess Iron Fan*）。制作团队历时两年，画了两万幅原画，才做出了一个80分钟《铁扇公主》。它借鉴了山水画、中国古典戏剧以及美式漫画的手法，在全亚洲引起了巨大轰动，赢得了口碑和票房双丰收。而且它同时也影响了当时一位日本少年，他就是手冢治虫（Osamu Tezuka），也就是后来《铁臂阿童木》的作者。他当时才14岁，然后他看了这部《铁扇公主》之后，毅然决定放弃医学事业，开始投身动画事业，后来他成为了日本动画产业最具影响力的人之一。

　　中国的动画电影随着社会经济的发展从50年代到80年代迎来了创作高峰。在1955年，中国首部彩色动画片《乌鸦为什么是黑的》诞生，这部动画片是我国历史上首部获得国际电影节奖的动画片。1957年上海美术电影制片厂正式成立，它是中国历史上影响力最大获奖作品最多的美术电影制片基地， 正式标志着中国动画产业发展进入了繁荣期。上海美术电影制片厂成立后，中国动画的发展在60年代达到了顶峰，这一时期出现了非常多元化的创作,各种动画类型如水墨、剪纸、布偶、木偶等等百花齐放，中国动画在创作上处于世界领先的行列，在全世界范围内享有很高的声誉。1961年的《大闹天宫》（The Monkey King），这是中国动画顶峰期的代表作，作为动画经典影响了几代人。《大闹天宫》创作风格饱含了中国壁画、年画、京剧等传统元素，每一个镜头都充满意境，可以说是当时世界最先进的制作水准，获得了世界范围内的六项大奖。中国动画历史上的第一座高峰之后，也诞生了很多家喻户晓的动画电影，比如《没头脑与不高兴》、《孔雀公主》、《黄金梦》等，都是在上个世纪60年代的时候制作的。

繁荣期过后，中国动画进入了一个衰落期。从1966年开始了长达10年的文革，在这10年间，中国的动画作品只有十几部，平均一年只有一部。这个时候，动画片基本无法再进行浮想联翩的艺术创作，中国动画由高峰落入了低谷。

文革结束后，中国动画迎来了回春期。如果《大闹天宫》是中国动画电影历史上第一座高峰，那么第二个高峰就是《哪吒闹海》。1979年的《哪吒闹海》是为了庆祝新中国成立30年而制作的，这是我国第一部大型彩色宽荧幕动画长片，在国内外获得多个大奖。之后在1980年到1990年的期间，也出现了很多广受欢迎的优秀作品：1980年的《雪孩子》，1981年出品的《三个和尚》，还有同年的《九色鹿》都是经典作品。80年代，中国的动画也开始发展短片动画，如1984年《黑猫警长》，以及1986年的《葫芦兄弟》，是最为经典的动画系列。然而到了90年代，中国动画电影不但没能继续发展，反而进入了一个低谷期。在商业化和产业化迅速发展的90年代，原本精工细作的动画电影创作模式已经跟不上时代发展，国外的动画大量涌入中国市场，国人看到了自己同国外的动画差距，自信开始慢慢消退。所以在这一时期中国动画几乎停滞不前，代表作仅仅只有一部，那就是《宝莲灯》。从1990年到2000年，中国动画几乎全面走向了低幼化。低幼化无深度的故事内容、廉价低端的动画效果以及平面脸谱化的动画人物充斥着市场。

2000年以后，中国动画产业止步不前，大家都在期盼着能诞生一部具有改革意义的动画电影。2008年的时候，饺子在网上发布了一个短片作品——《打，打个大西瓜》，似乎让人们看到了动画电影转型的希望。 饺子就是《哪吒之魔童降世》的导演杨宇，他的《打，打个大西瓜》其实算是中国动画的一个转型，代表着长期的低幼化作品开始向成人化的转型。之后，2015年的《大圣归来》，2016年的《大鱼海棠》，2017《大护法》，被称为中国动画电影重新崛起的"三大"。《大圣归来》更是让彩条屋影业公司（Coloroom）一下子成为了众人追捧的国产电影品牌。2019年的三部作品《白蛇缘起》，《哪吒之魔童降世》和《罗小黑战记》都让观众们眼前一亮，国人又重新恢复了曾经动画产业的自信。

从1926年至今，不过百余年的时间，中国动画电影的发展经历了很多波折。随着新一代动画人的成长和制作技术的创新发展，期待在不久的将来中国也会拥有世界级的动画制作公司，为观众们创作出一部部广受好评的经典佳作。

（文章改编自冰茶茶发表在豆瓣网的文章
《国产动画的发展史》）

阅读文章，回答下面的问题：

1　根据本文，中国的动画产业可以分为哪几个阶段？请你列出各阶段的名称和时间。
2　《铁扇公主》在中国电影史上有什么地位？它的影响体现在什么方面？（请至少说出两个影响）。
3　在中国的动画电影史上，哪个时期处于世界领先水平？这一时期最具影响力的一部动画作品是什么？
4　文革以后中国电影事业发展开始恢复，可是为什么在90年代却没能继续发展？90年代中国动画的质量如何，存在什么问题？

繁體字課文

《哪吒之魔童降世》： 生而為魔，改寫命運

導讀：

　　《哪吒Nézhā[1]之魔童降世》是一部在2019年上映的三維動畫片，是導演餃子[2]的長篇動畫處女作。《哪吒》創下了50億人民幣的票房紀錄，成為了中國票房最高的動畫電影，也是迄今為止非美國好萊塢製作的全世界票房最高的動畫電影，這讓大家看到了中國動畫產業的潛能。《哪吒》無論是畫面、特效，還是人物、劇情，都處於相當優秀的水準。憑藉著出色的綜合素質，《哪吒》獲得了第33屆金雞獎最佳美術片獎（Best Animated Feature），第16屆中國動漫金龍獎[3]最佳動畫長片獎金獎、最佳動畫配音獎（Best Voice Acting）等獎項。 導演餃子憑藉《哪吒》獲得第35屆大眾電影百花獎最佳編劇獎（Best Screenplay）。

正文：

　　哪吒是中國明代神話小說《西遊記》（*The Journey to the West*），《南遊記》（*A Journey to the South*）和《封神演義》（*Investiture of the Gods*）中的一個人物。哪吒的傳統形象是一個光腳、丸子頭、包子臉、蓮花衣，長得像女童的可愛男童。他自出生不久便師從太乙真人[4]，有三頭八臂[5]的能力，神通廣大，驍勇善戰，是懲惡揚善的少年英雄。哪吒作為中國代代相傳、家喻戶曉的神話人物，以其為主角的影視、小說、遊戲等作品層出不窮，其中最經典的便是1979年的動畫電影《哪吒鬧海》（*Nezha Conquers the Dragon King*）。《哪吒鬧海》幾乎是80、90年代出

1　哪吒這個名字來自於梵語（Fànyǔ, Sanskrit），是梵語音譯詞「哪吒俱伐羅」（Nalakūvara或Nalakūbara）的簡稱。哪吒的神話傳說最早來自於古波斯（Persia）和古印度，傳入中國以後，哪吒從佛教中的護法神，逐漸被納入道家（Taoism）文化，最終演變成道教神仙（immortal）的形象。

2　餃子，原名楊宇，1980年出生於四川省，中國內地動畫導演、編劇、製作人。 2008年發行的動畫短片《打，打個大西瓜》（*See Through*）是其成名作。

3　動漫金龍獎是中國最有影響力的動漫獎項之一，英文全稱是China Animation & Comic Competition Golden Dragon Award（CACC），金龍獎的使命是 鼓勵華語原創漫畫、動畫的創作和發展。

4　太乙真人 (Tàiyǐ Zhēnrén)：Taiyi Zhenren is a deity in Chinese mythology and Taoism. Taiyi describes the union of yin and yang energies and Zhenren is the Daoist word for the perfected man. According to the classical novel *Investiture of the Gods*, he is the renowned teacher of Nezha, the celestial being destined to restore balance and peace in the world.

5　三頭八臂bi是太乙真人傳授給哪吒的法術，在戰鬥時能變身成三個頭和八條手臂，可同時使用八件武器攻擊敵人。

生的每個中國人的童年回憶，電影的悲劇色彩和反抗強權的精神感動了無數中國人。《哪吒鬧海》之於中國人的意義，就像《獅子王》之於美國人的時代意義。

新《哪吒》圍繞著哪吒與東海龍王太子敖丙（Áobǐng）兩個角色展開，在情節上做了很大改動。本應是靈珠轉世的哪吒因為太乙真人的失誤而被魔丸轉世，生來便註定是混世魔王。哪吒的性格喜怒無常，陳塘關（Chéntángguān）的老百姓一提到哪吒就談虎色變，又怕又恨。哪吒生活在偏見和被孤立的痛苦中，為了掩飾內心受到的傷害，他表現得自暴自棄，時常搞惡作劇來懲罰村民。為了讓孩子得到老百姓的認可，李靖（Lǐ Jìng）夫婦懇求太乙真人收哪吒為弟子，傳授他斬妖除魔的武藝以造福蒼生。可是哪吒急於證明自己，希望大家對他刮目相看。在斬妖除魔的訓練中他無法控製自己沖動的情緒，常常傷及無辜。在這期間，哪吒認識了龍王太子敖丙，合力打敗了水妖。他們一起踢毽子，成了彼此唯一的朋友。敖丙由靈珠轉世，生性善良，可是身不由己，一出生便被迫背上了拯救龍族的責任。龍族曾經神通廣大，後來歸順天庭，可妖族的背景使他們得不到天庭的信任，被鎮壓在海底。申公豹（Shēn Gōngbào）和龍王設法讓敖丙躋身天界來改變龍族的命運。在改變命運和堅守正義之間，敖丙面臨著善惡的選擇。

面對人們的誤解和天劫的來臨，自出生就被認為是混世魔王的哪吒卻沒有向命運妥協，他最後憑藉自己的能力拯救了老百姓，完成了一個英雄的自我蛻變。「反抗」始終是哪吒故事的主題，新版《哪吒》反抗的是命運，強調以自我意識來對抗世俗價值觀，哪吒喊出的「我命由我不由天」正體現了這種發揮個人的能動性來決定自我價值的精神。以1979年的《哪吒鬧海》為代表的傳統哪吒故事反抗的是封建壓迫，官僚強權。這種個人反抗強權，正義反抗邪惡的悲劇色彩，一定程度上折射出了當時文革剛結束的社會政治氛圍。從新舊《哪吒》的對比，可看出中國社會價值觀和時代精神的變化。新《哪吒》對於中國傳統故事的創造性改編成功迎合了當代人的精神訴求，體現了時代精神，無疑給傳統故事注入了新鮮血液。

新版《哪吒》不僅在劇情上進行了徹頭徹尾的改編，在人物設定上也更豐滿、更生動。電影中哪吒的母親殷（Yīn）夫人一改傳統女性的柔弱形象，成了武藝高強，斬妖除魔的事業女性。像現代社會的大多數女性一樣，她在陪伴孩子成長和個人事業之間努力尋找平衡。哪吒的父親李靖也不再是一個冷酷嚴厲、畏懼強權的父親，而是不善言辭卻充滿愛意，甚至為了兒子甘願犧牲自己的生命。包容的母愛和沉默的父愛構成了新版《哪吒》的情感內核，電影中哪吒父母的付出和無奈，都是現代社會親子關係的縮影，讓觀眾產生深深的情感共鳴。

新版《哪吒》也存在著很多不足。1979年的《哪吒》成為經典流傳下來，與其民族特色是分不開的，無論是音樂，佈景，還是人物動作，都飽含了豐富的民族文化色彩。與之相比，新版《哪吒》的科技特效在不少懷舊的觀眾眼中也黯然失色。電影中設計的過多笑料也讓很多觀眾略感膚淺。為了搞笑，電影設計了很多醜角兒，例如結巴的申公豹（Shēn Gōngbào），健壯的娘娘腔，這些廉價笑點暗含著對弱勢人群的不尊重，拉低了觀眾的趣味。我們期待未來的動畫電影能為搞笑注入更多文化靈魂。

CPSIA information can be obtained
at www.ICGtesting.com
Printed in the USA
LVHW010725091222
734813LV00004B/165